大宋群星闪耀时

下册

陈望北 著

开明出版社

目录

卷六 ◎ 宋神宗赵顼

卷七 ◎ 宋哲宗赵煦

卷八 ◎ 宋徽宗赵佶　宋钦宗赵桓

卷四

宋仁宗赵祯（下）

富弼：领导，这个题我不会做，换套卷子行不?

1

大宋仁宗天圣八年，公元 1030 年，春天。刚过正月，风依旧刺骨。

天还没亮，皇宫集英殿外，却早已人头攒动。

集英殿是大宋皇帝举行国宴和面试学子（即殿试）的地方，非重要活动不开放。

今年虽不是三年一度的春闱年，但是，年初中书突然发文：加开一届制科。

制科考试不同于科举。

科举又称为常科，是大宋选拔官员的主要途径。

制科则不同，只有当国家急缺顶尖人才时才会加开一届制科考试。

而且，科举考试一旦中第就不再允许考了；而制科只要有朝中大员推荐，谁都可以考试。

所以，制科考试比科举要难很多——大宋三百年历史，科举考出了四万多名进士，制科只通过了四十一人。

因为跟你一起在制科考试中竞争的人，可能有初出茅庐的地方才俊，也可能有往届科举学霸，还可能有关系错综复杂的勋亲贵戚。

今天正是这届制科殿试的日子。

仁宗皇帝四更就已经起床，天不亮就开始了对这届学子一对一的面试。

集英殿外，考生们站在寒风中不停地跺着脚，一来通过活动取暖，二来缓解即将面圣时的紧张情绪。

正在这时，集英殿的大门打开了，从里面走出一名身着青衫、垂头丧气的年轻人。

年轻人刚跨出大门，外面的学子们呼啦一声就围了过去——

"辅仁兄，官家都问了什么问题？"

"辅仁兄，官家今年是重诗赋还是策论？"

……

年轻人头也不抬，挥挥手算是回应，在周围几名禁军的簇拥下迅速离开了。

紧随年轻人之后，走出一位手执拂尘的老公公，他尖着嗓音朝殿外的学子道："各位才俊们，传官家口谕。"

大家一听皇帝有话说，赶紧闭上了嘴，原本嘈杂的广场上立时安静了下来，所有人都弓着身子，竖起了耳朵。

看大家都安静下来，老公公整了整衣服，尽量学着官家的口吻继续道："官家口谕，集英殿广场外搭建了两座帐篷，为大家准备了姜汤、火炉，大家可自行取用。学子们都是国家栋梁、地方才俊，让大家在这里受冻，朕实在过意不去。"

听完老公公传的口谕，在场的所有人一起跪在地上，山呼万岁。可是等站起身后，却依旧没有人散去，更没有人去帐篷里喝姜汤。

老公公好像早就猜到了结果，苦笑一声，继续叫道："下一名学子，富弼进殿。"

话音刚落，就听见一个爽朗的声音从人群中传来："富弼到。"说着，一名身穿白衣的年轻人挤过人群，跟着老公公步入集英殿。

2

虽然天刚蒙蒙亮，但集英殿内灯炬辉煌。

常、制考试为帝国选贤择能，历来为各朝各代头等重要的大事，各朝皇帝都很重视。

仁宗皇帝赵祯也不例外，为了这次制科考试，他已经和中书三省各部郎官一起连续熬了几个通宵。

此刻，赵祯端坐在大殿中间的龙椅上，身上丝绸做的龙袍熠熠生辉。

待富弼礼毕，赵祯才悠悠道："你就是富弼？晏殊晏丞相的乘龙快婿？"

"回官家，小民正是富弼。晏丞相不弃弼之才疏落拓久试不第，招为国婿，弼心甚惭！"

听完富弼几句话，赵祯不禁对他心生好感，想不到才名满天下的富弼居然如此谦虚，难怪文章诗文与欧阳修齐名的晏殊愿意招一个布衣为女婿了。

不过，现在不是聊这个的时候。

赵祯微微斜了一下身子，拿过案旁的考生名单翻开，边看边道：

"朕看今年制科推荐名单上，推荐你的人并不是晏殊，而是范仲淹。"

"回官家。弼少贫，客居京城，贫甚无所依，幸亏范大人收留，得共笔砚，约交杵臼。此次制科，范大人更是不吝羽翼，与欧阳公一起推举弼参加考试。范大人公正无私，一心为国，弼实敬佩之。"

"哦！"赵祯不禁发出一声赞叹。富弼的名声早就流于坊间，就连整日困于深宫中的皇帝赵祯也多次听说。

晏殊是他的岳父，自不必说。

范仲淹更是号称帝国柱石，文章辞赋冠绝天下，领兵打仗亦能统摄边疆。他既然能将居无定所、屡试不第的布衣富弼请入府中，订为忘年之交，看来富弼绝非庸庸之才。

赵祯正在思考，这时刚才引富弼进殿的老公公亦步亦趋地走到皇帝面前，递给他一份考卷。

赵祯接过考卷，捋了捋胡子，沉吟半晌，方道："既如此，我们按照科举惯例，今日考诗赋！第一题是……"

"官家，若考诗赋，今日不考也罢！"还未等赵祯说完，富弼打断他道。

"哦？科举考试数百年，历朝历代都是考诗词歌赋，尔为何说不考也罢？"赵祯不悦道。

与太祖、太宗这些武将出身的祖宗不同，仁宗赵祯是一个彻底的文人，一向对自己吟诗作赋的水平颇为自负，所以对那些个自视甚高的清流学子们也多看不起。比如那位才气盛名著满天下的柳永柳三变，仁宗就打发他去"奉旨填词"去了。

今天，听富弼如此说，赵祯也以为富弼是那种沽名钓誉之辈，所以心里难免生厌。

富弼何等聪明岂能听不出皇帝的不满，不过他并不急于回答，而是缓缓抬起头来，问道："官家于科举外加本次制科考试，所为何事？"

赵祯轻轻一笑，道："当然是为国选材，为民选官。"

"谢官家始终以家国为重，实为天下黎庶之幸。"赵祯话音未落，富弼再次跪地，一匍到地道："可是以草民愚见，科举考试重诗赋义理而轻策评政论，却于国有百害而无一益。"

"此话怎讲？"赵祯疑惑道。

"回官家。"看皇帝似要听下去，富弼这才起身敛袂侃侃道："汉魏晋以来国家选拔人才的主要方式是中正制，这种制度在一定程度上助推了大军阀、大氏族势力的形成，以至于这些家族势力具有与中央相抗衡的实力，比如河阳司马家、淮南谢氏、晋阳李杨军团。自隋文帝统一南北之后，深悟此政之弊，固大兴科举，目的就是为削弱氏族势力，让布衣平民亦有从政上升之途。所以，科举之初所考内容无非策论，策论水平的高低则代表了考生的治国理政之水平。但后来，尤其是唐中以来，奢靡淫亵之风日盛，科举考试内容也开始注重诗赋义理，讲究骈词藻句，而忽略了原本应该坚持的策论，选出的人才也多文坛巧匠，而非经世致用之才。韩愈、柳宗元这两位前朝文豪深感长此以往，国将无可用之才、民无可恃之官，这才有了韩、柳之古文运动。"

富弼一席话下来，铿锵有力，余音绕梁，赵祯听得频频点头。看皇帝正听得津津有味，富弼轻咳一声，这才引到本朝："自我朝太祖、太宗开元以来，虽对科举内容数易其题，但皆都不离诗词歌赋之宗，范（仲淹）欧（欧阳修）二公曾多次为此上书，可收效甚微。固草民冒死恳请官家易题，考策论。"

说着，富弼又是一拜。

"这个……"赵祯不禁一愣。富弼说的这些，赵祯不是不清楚，范仲淹、欧阳修这些文章大家也曾多次在廷议中谈及此事，可是科举考试乃国之重器，奈何沉疴日久，一时很难更易，赵祯是想改而又不敢改。

富弼听出皇帝语气中的犹豫，继续道："官家，更易科举试题，废旧朝循例，立万世之表率，无异于昭告天下，我大宋选材不以诗词为长，不重文章歌赋，唯有能者居。此等旷世之功，官家还有何犹豫？"

听完富弼的话，赵祯猛地从龙椅上站起来，在空旷的大殿内来回踱着步子。是啊，科举这么多年来选出来多少真正的经世致用之才？还不是些工谗淫巧之辈。既如此，今天朕就给他改了！

想到这里，赵祯快步走到案前，冲台下的富弼道："朕依你所言，今天考策论……"

史载，"（弼）以不能诗赋恳辞，诏试策论各一首"。

3

又一夜。

皇帝赵祯的寝宫里，赵祯正仰靠在龙案后面的椅子上焦急地等待着。

这时候，一个小太监双手托着一份奏折匆匆跑了进来。

"名单出来了？"赵祯急切地问道。

"回官家，出来了。"小太监边给皇帝展开手里的名单，边回答道。

"富弼考上了吗？名列第几？"赵祯来不及看奏折上密密麻麻的字，直接问道。

"茂材异等科，第四。"

赵祯直接翻到茂材异等科，找到富弼的名字，这才如释重负道：

"朕果然没有看错，富弼此考必中。"

说着，他在后面的任用建议栏下写道：

富弼辩才了得，可堪大用，宜到郡县任职，期满后擢鸿胪寺留职，中书会吏部商酌。

意思是：富弼这小子能说会道，以后就干外交工作吧！让他说个够！

到底谁才是天下第一？

1

公元 1042 年，宋仁宗庆历二年。今年又是大宋三年一度的"科举高考年"。那时候的高考称为"春闱"，意思是在春天考试。

所以，春节刚过，这京城的各大酒店旅馆里住满了从全国各地来京赴考的举子们，就连平时游客很少问津的地下室招待所里也不乏满口之乎者也的穷酸书生。连日的崇政殿殿试已经结束，还未放榜。

闷头苦读，十年寒窗，一朝来到首都汴梁，到处的灯红酒绿，满目的宝马雕鞍，虽还没有"春风得意马蹄疾，一日看尽长安花"的恣意，但也不乏"骑马倚斜桥，满楼红袖招"的放纵。

汴河两岸的院街内各大妓馆、酒店、勾栏瓦肆更是灯火长明，昼夜鸦鸣莺啼……

今晚，国子监外那家著名的"新丰酒吧"里也是人满为患。请客的人名叫：杨寘（zhì）。

杨寘，史曰"好学有文"。意思是，杨寘这小子从小就是个学霸，擅写作文。

杨寘到底有多擅长写作文？

你要知道这句"好学有文"的评语是当时文坛大佬欧阳修对杨寘的评价就能想象出来了。

不过，现在的杨寘还年轻，只有二十九岁，虽然也早已名动天下，但毕竟还未取得功名，这排场与京城的那些豪商巨贾、缙绅官员们差了不少——今晚来的客人大都是落魄学子，虽是买醉却没有请歌伎作陪！

所以，今晚这酒局主要在喝，并不设局，简单了很多。

酒入愁肠，三分走肾，七分上头。几杯酒下肚，在座的各位都有点微醺。杨寘坐在当中，手鞠酒杯频频招架，更是醉眼迷离。

这时，座下一油腻青衫东倒西歪地走到杨寘身边，手撑桌沿，断断续续道："杨兄可否推测一下今年的殿试考题《应天以实不以文赋》谁得魁首？"

话音刚落，原本嘈杂的包房内立即安静了下来。大家都知道，大宋每三年才举行一次科举，曰常科。每次参加考试的举人虽有数千之多，但这些考生都是通过省考选拔出来的精英。帖经墨义哪个不是出口即诵？诗赋政论哪个不是信手拈来？个个都是人精，谁比谁的文章差多少？谁能得第一，还真不好评判。

就在大家沉默的时候，杨寘将杯中之酒一饮而尽，站起身，冷笑一声道："舍我其谁？……"

2

学霸杨寘，字审贤，今年刚刚二十九岁。

除了"学霸"这一人设，杨寘还有另外一个标签——狂。当然，杨寘的狂也是有资本的：

第一，杨寘有一个好大哥。杨寘的大哥名叫杨察，字隐甫。仁宗景祐元年（公元 1034 年），年仅二十三岁的杨察高中大宋高考第二名，也就是榜眼。随后，杨察被大诗人、当朝宰相晏殊看中，招为晏殊的乘龙快婿。

第二，杨寘有个好妈。杨爸英年早逝，杨妈一个人拉扯杨察、杨寘两兄弟。

杨妈教育儿子只有一个秘诀——打！

没有考满分，打！

没有考全班第一，打！

没有考全市第一，打！

没有考全省第一，打！

史曰："小不中程，则扑之。"意思是，有一点小毛病，就打。

那年，老大杨察高中榜眼。报喜的人敲锣打鼓赶到杨妈面前，没想到杨妈怒不可遏，对大儿子一顿臭骂："才考了个第二，你真是把老杨家的人丢尽了。相信老二肯定比你强，一定能考个状元回来。"

杨寘就是在这样的环境中长大的，前有大哥天下第二的招牌挡着，后有老妈的皮鞭赶着。当然，杨寘也没有让杨妈失望，门门功课都是满分，回回考试都是第一，年纪轻轻就已经名满天下，跟欧阳修、范仲淹这些大咖们称兄道弟。

而且，今年高考，杨寘（国子监）会试、省试都是第一，如果在殿试中再能考第一就是传说中的"三元及第"了。要知道，在中国近千年的科举考试中，能连中三元的也只有十几个人而已。所以，杨寘吹"舍我其谁"的时候，座中人并不感觉奇怪，文人相轻嘛，大家都能理解！

3

就在杨寘和几个落魄学子一起吹牛的时候，在国子监不远处的太学宿舍里，一位身着白衫的年轻学子正在收拾自己的行囊。

春闱刚结束，难得的放松时机，家在外地的太学生们皆三五成群结伴饮酒，家在京城的则早早回家休息。作为帝国最高学府的太学，此刻显得格外清静。

白衫学子把衣服被褥叠好，书札收入箱内，一切都收拾得干净整齐了。他用袖子在额上擦了擦汗，立在窗边，若有所思，消瘦的身影被烛光拉得更长，显得更加落寞……

这时候，门吱呀一声，被人推开了。白衫学子回头一看，眼神立即由暗转亮。他快走几步，一把抓住来人的双手，愉悦道："介甫，你怎么来了？"

"子固兄，听说你要走，怎么也不给小弟说一声？"来人身着黑色单衫，头戴青色璞头，目光炯炯。

白衫学子把来人让进座中，倒了杯水，这才坐下悠悠地说道："巩二十岁入太学，至今已逾四年了。在这四年里，不说悬梁刺股、萤窗雪案，但也是废寝忘食寒窗苦读，只期待今年能高中金榜，光耀门楣，还报座师。没曾想，一篇《应天赋》葬送了我十年心智。巩实无颜面再于京师乞巧⋯⋯"

"子固兄！"还未等他说完，来人就打断了他的话，道："子固兄，你过谦了。我们都知道，现在科举考试重诗赋经义，而轻策评政论。当今这世上谁人不知你曾子固乃天下第一策论大家，一篇《时务策》皇皇万言，纵论古今，试问当今天下谁人能与子固兄比肩？"

"介甫谬赞了。巩之才华不及介甫十之一二。"白衫学子还欲谦辞，不想被来人一把按住。

来人语调铿锵道："自古寸有所长，尺有所短。科举本就不是子固兄所长，又何谈颜面尽丧？诗词歌赋，不过文人毛锥子笔下的游戏耳，岂能经世济用，教化万民？既然子固兄精善策论，更应该以天下为己任，匡扶朝室，砥定江山。"

听完来人此语，白衫学子猛地站起身，向着来人躬身一揖，惭愧道："听介甫贤弟一言，巩茅塞顿开。请受愚兄一拜！"

来人忙起身还礼，两人的双手紧紧握在一起，相视而笑⋯⋯

白衫学子正是当时只有二十四岁却早已名满天下的太学生曾巩，字子固，日后的"唐宋八大家"之一。

而黑色单衫的来者名叫王安石，字介甫——日后大宋政坛、文坛神一般存在的人物，当时只有二十二岁。

所以，公元1042年这场科举考试，是一场才子之间的对决。

4

夜已经很深了。

帝都皇宫的勤政殿内依旧灯火如炬：皇帝仁宗赵祯正在连夜审读中书刚送来的科举试卷和获奖名单！

"今年谁是第一啊？"仁宗边浏览试卷，边故作漫不经心地问道。

"回官家，今年的第一名是临川的王安石。"主考官回答道。

"王安石？就是那个立志要'矫世变俗'的临川少年？"

"回官家，正是此人。"主考官边回答，边递上王安石的考卷。仁宗赵祯立即展开，认真读了起来，边读还不住地点头。良久，赵祯才皱着眉头道："不愧是才子，欧阳修、范仲淹他们果然没有看错人。文章也是好文章，不过朕最讨厌的就是这句'孺子其朋'。第一名换个人吧！"

史曰："此语忌，不可以魁天下。"

"回官家，第二名王圭、第三名韩绛都已在朝中供职，按我朝规矩已有职位者不能点为状元。"主考官道。

"那第四名是谁？"赵祯打了个哈欠问道。

"第四名是合肥学子杨寘。"

"杨寘？"赵祯眼睛亮了一下，喃喃道："晏丞相的乘龙快婿杨察的弟弟？我很喜欢杨寘的诗赋文章。第一名就是杨寘了！"……

庆历二年，最负盛名的三大才子的高考成绩终于出炉了：二十九岁的杨寘第一名，三元及第。二十二岁的王安石第四名，未进前三甲。二十四岁的曾巩名落孙山，十五年后才和苏轼兄弟一起中第。

王安石与司马光：我们曾是一对好朋友

1

宋仁宗嘉祐年间，春日。

烟雨掩映下的东京汴梁，惠风送爽。

作为枢密院治下重要机构，群牧司院子内细雨蒙蒙，一簇簇的牡丹开得正盛，娇艳欲滴。院子中间是座凉亭，亭内一群人着绯衣紫，正举觥对酌。

居中为一老者，身形伟岸，肤色黝黑。他举起手中的酒杯，望着座下这帮年轻人，一脸严肃，道："前阵子西北战事吃紧，军马钱粮筹措一事辛苦各位了！作为一司之长，我代表群牧司和朝廷谢谢大家。来，我们一起来满饮此杯！"

说着，老者举杯一饮而尽⋯⋯

这位老者正是群牧司一把手、司使包拯。

包拯"性峭直，务敦厚，不伪辞色悦人"。也就是说，包拯这个人性情老实耿直，不虚伪不做作。

本来喝酒就是为了答谢大家，是一件高兴事儿，但包拯平时太过严肃，就连今天这酒宴之上也是不露任何喜色——这气氛自然就显得有点尴尬！

上司先干了，下边人不敢怠慢，能喝的不能喝的都纷纷端起酒杯一口喝下。

包拯放下酒杯，发现坐在角落里的两位年轻人桌子上的酒杯依旧是满的，于是有些不悦道："君实、介甫，你们两位怎么不喝呢？"

包拯本就不苟言笑，说话直来直去，现在又不高兴，说出来的话自然更加生硬。

看上司不高兴，被叫作君实的那名青衣小吏赶紧站起来，对着面前的黑脸包公鞠了一躬，语带歉意道："包大人，实在抱歉，下官和介甫两人不胜酒力，浮一白则醉矣。今日同僚聚饮，各位当酣饮畅谈，勿强我辈为癫酒无赖子了！"

包拯听完他的解释，呵呵一笑，冷语道："君实与介甫平素相善，又皆满腹经纶，不殖货利，实为士子楷模，故当今官家才选二位共修起居注。不过，老夫也常闻官家经常赐宴二位，难道官家的酒宴上二位也不饮酒？还是嫌我这酒赶不上官家赐给二位的御酒啊？"

说着，包拯特意拿眼看了看旁边兀自吃菜的另一名被叫作介甫的小吏，在座的各位不禁都为两位年轻人捏了一把汗。

君实一听，上司话都说到这份上了，不喝实在交不了差了，于是揖手又是一躬，道："包大人，实在抱歉，既然您如此说，那下官和介甫就只饮一杯，还请您不要见怪。"

说着，君实一手端酒，以袖掩面，面露难色，一口饮下……待君实坐定后，所有人的眼光都落在旁边的介甫身上。

介甫放下手里的筷子，将口中嚼了一半的鸡肉吐在桌子上，一脸无所谓道："各位大人，下官确实不饮酒。请包大人恕罪了！"说完，又兀自吃了起来，丝毫没有理会一脸怒容的包拯。

君实一看介甫这是要和包大人杠上了，忙在桌下用手偷偷掐了掐介甫的大腿。

没想到，介甫一把把君实的手推开，冲着桌子中间的包拯，大声道："君实兄不必掐我。在官家御赐国宴上，在下也不饮酒。"

话音未落，介甫站起身，从座位上拉起一脸紧张的君实，大踏步走出了凉亭……

这个故事中，那位被叫作君实的饮酒小吏名叫司马光（字君实）。另一位坚决拒绝饮酒的年轻人叫王安石（字介甫）。

2

彼时的王安石和司马光还是一对好友，曰"安石与光素厚"。那段时间，王安石、司马光和吕公著、韩维四人同朝为官，又都才高八斗，四个人经常一起踏青访僧，契阔谈宴，当时人称"嘉祐四友"。

四人里面，尤以王安石和司马光的能力最强，关系也最好。王安石学问大，能力强，但却不讲个人卫生。

有一次，王安石脸色漆黑。这可吓坏了王夫人，以为他得了什么大病，赶紧请医生来家里为其诊治。没想到医生来看了之后，十分尴尬地告诉王夫人道："此垢污，非疾也。"

用现在的话说，医生的意思是："大人脸色漆黑，不是病了，而是该洗脸了！"

不洗脸也就算了，王安石还"性不修饰，经岁不洗沐，衣服虽鄙，亦不浣濯"——一年都不洗一次澡，也不换洗衣服。

时间一久，王安石身上生了很多虱子。

那次，王安石实在忍受不了了，就在院子里点了把火烘衣服，以期把虱子烤死。

王安石一边烘衣服，一边骂虱子，一时技痒，提笔写了一首《烘虱》的诗：

> 秋暑汗流如炙輠，敝衣湿蒸尘垢涴。
> 施施众虱当此时，择肉甘于虎狼饿。
> 咀啮侵肤未云已，爬搔次骨终无那。
> 时时对客辄自扪，千百所除才几个。
> ……

熏心得祸尔莫悔，烂额收功吾可贺。

犹残众虮恨未除，自计宁能久安卧。

读这首诗，我们几乎能看到王安石坐在火堆旁边，边抖衣服边骂：该死的虱子，你们可别后悔，老子今天烤死你们就能睡个好觉了！

写完诗，王安石把诗稿递给下人，道："去。给司马相公送去！"

司马光看完这首诗后哈哈大笑，提笔写了一首《和王介甫烘虱》：

天生万物名品夥，嗟尔为生至幺麽。

依人自活反食人，性喜伏藏便垢涴。

……

但思努力自洁清，群虱皆当远逋播。

整首诗共十八句，一百二十六个字，直到最后一句司马光才乐呵呵地对王安石说：介甫啊，你这一身味儿真让坐你身边的朋友受不了，好好洗澡，虱子自然就不找你了！

好朋友的深情，溢于言表！

3

除了和诗，王安石与司马光还有很多相似之处。

王安石"性不好华腴，自奉至俭"。

那年，王安石的母亲去世。王安石回老家为母守制，"以稿秸为荐，就厅上寝于地"。

司马光也是"不喜华靡"。

有一次，皇帝赐宴，给在座的各位都赏了花。别人都戴花，独独司马光不戴。后来同行的人看不过去了，对司马光说皇帝让戴花你还不戴，想违抗圣旨啊。司马光才勉强戴了一枝。

在工作上，两人都与宰相韩琦关系紧张。

韩琦"姿貌英特，眉目森秀"——长得好看。

那年，韩琦担任扬州知州，王安石刚考上进士在扬州当判官，干些抄抄画画的工作。因为王安石经常通宵读书，有时候来不及洗脸就去见韩琦。韩琦以为王安石是晚上喝酒耽误了工作，就教训他说："年轻人要多读书，别贪图享乐！"

王安石也不辩解，回来后对身边人说："韩公根本就不懂我，他除了长得好看，一无是处！"

曰"韩公但形象好尔"。

那年韩琦为了对付西夏，打算征兵二十万戍边。这二十万人没有经过训练直接就开赴西北了。

得知消息后，司马光立即抗议。

韩琦却不以为然地告诉司马光，增兵只是为了吓唬西夏。

司马光一听哭笑不得，你吓唬一天两天行，人家西夏人也不傻，过不了多久就会知道这群人无非是些没有经过训练的老弱病残。

韩琦也不理会司马光，拍着胸脯道："有我呢，放心吧！"对于司马光的合理建议，丝毫没有当回事！

后来，王安石因文章写得好，当了皇帝的贴身秘书——制诰，专门给皇帝起草诏书。

在他为司马光升官写的诏书里夸奖司马光，"操行修洁，博知经术，庶乎能以所学施于训辞；行治，有称于时，政事艺文操行之美，有闻于世；行义，信于朝廷，称于天下"。

读遍王安石的文章，还从来没见过他这么称赞一个人。王安石对司马光的喜爱之情，听来让人肉麻。

之后，王安石在神宗朝当了宰相，两人之间的友谊才逐渐因政见不合出现裂痕。

不过在王安石和司马光两人的关系闹掰之前，司马光曾给王安石写过一封信——《与王介甫书》，试图挽回这段友谊。

他写道：

"孔子曰，益者三友，损者三友。光不材，不足以辱介甫为友；然自接侍以来，十有余年，屡尝同僚，亦不可谓之无一日之雅也。"

总结为一句话：王安石你太有才了，我司马光都不一定能配得上当你的朋友！

而王安石在回信《答司马谏议书》中也说：

"与君实游处相好之日久。……无由会晤，不任区区向往之至。"

意思是：司马光啊，咱俩这么多年的好朋友，没有机会见面，实在是想死我了！

爱好相近，趣味相投，促成了王安石与司马光之间的革命友谊。却没曾想仅仅数年，这友谊的小船说翻就翻了。

司马光的爱情

1

公元 1046 年，宋仁宗庆历六年。

那年，司马光刚刚二十七岁，正在丰城当知县。

就在前不久，司马光突然接到朝廷的诏旨，调他回京，担任大理评事、国子直讲的职务。在僚友们为他践行的酒宴上，一向不喜饮酒的司马光禁不住众人的热情劝酒，喝得有点多，于是即席写了一首诗：

> 不辞烂醉樽前倒，明日此欢重得无？
> 追随不忍轻言别，回首城楼没晚烟。

这首诗不长，但却是司马光众多诗篇里面唯一一篇写喝酒的。如果用现在的歌曲唱出来，那肯定是这首《大约在冬季》：朋友们，我将离开你，请将眼角的泪拭去，漫漫长夜里，未来日子里，亲爱的你别为我哭泣……虽然迎着风，虽然已喝醉，你敬我的酒，都会喝尽。

彼时的司马光，前路虽然凄迷，但依旧还幻想着文学作品里那些纯真的爱情和友情。

2

说起爱情，不得不提司马光的夫人——张夫人。翻遍史书，对张夫人描述只有两个字"贤惠"。

张夫人的父亲名叫张存，官至龙图阁学士。有这么一位父亲在，女儿定也不会太差了。所以，我们推测这位张夫人肯定也是秀外慧中、才貌俱佳的大家闺秀。

宋朝流行"榜下择婿"——朝中的勋亲贵戚、王公贵族都在当年中进士的士子中为女儿选夫婿。那年只有二十岁的司马光金榜题名，作为天章阁待制的张存近水楼台先得月，将自己的女儿介绍给了司马光。司马光与张夫人一见钟情，当年就结了婚。

后来，司马光母亲、父亲先后去世。他不得不丁忧在家，其间张夫人一直陪伴左右，举案齐眉。

此时的司马光相信张夫人会是自己一生的爱人。

三年后，司马光再次复出，历任武成军判官、丰州知县，一干又是两年，"政声赫然"。这才有了朝廷任用他为大理评事的诏命。

司马光上次入京还是为了参加朝廷的高考——春闱。

也是在那一次，他金榜题名、洞房花烛，一年完成了"人生两喜"，这一晃就过去了八年。

八年后的今天，司马光和张夫人再次入京。这次，他遇到了自己人生中的第一位贵人。

这个人名叫庞籍，此时在朝中的官职为枢密副使。

宋朝实行二府制，政事堂主管全国内政事务，枢密院分管军事外交。所以，作为枢密院的二把手枢密副使大体相当于副宰相。

庞籍性磊落，不为畛畦，又是干御史出身，才华横溢，能言善辩。而且，庞籍与司马光的父亲司马池是好友。庞籍一见到司马光立即被他的才华所折服，遂引为"忘年交"。

从这以后，庞籍的人生再也没能离开过司马光。有一年，贝州兵变，朝廷派出的军队多次被打了回来，而且贝州离京城很近，稍不留神叛军就可能攻进京城。所以，那段时间仁宗皇帝很生气，经常骂人，"无一人为国分忧者，日日上殿无有取贼意"。

平定叛乱是庞籍分内之事，为此，司马光给庞籍写了《上庞枢密论贝州事宜书》，提出"以计破之"的建议。

不久，贝州兵变就被压制了下去，庞籍升任枢密使，成了枢密院的一把手。随后，庞籍向皇帝举荐司马光为馆阁校勘、同知太常礼院。

在这段时间里，司马光还结识了另外一位他认为终生是至交的好友——王安石。两人一见如故，交为杵臼，经常诗词唱和，相携郊游。

就在司马光的事业进入快速上升期的时候，庞籍因工作失误被罢免，贬到山东恽州担任知州。庞籍对自己被贬没有丝毫怨言，临走时，他只向皇帝提出了一个条件：让我把司马光带走！

还没等皇帝同意，得知消息的司马光毅然辞职，放弃自己的京官待遇，带上张夫人就跟着庞籍来了山东，任"恽州典学"，几乎成了庞籍的私人秘书。

一年后，庞籍被任命为并州（太原）知州。司马光再次收拾行囊，跟到并州，担任并州通判。

3

司马秘书跟着自己辗转各地，任劳任怨，眼看三十多岁了，还没有孩子，庞籍和夫人刘氏很着急。"不孝有三，无后为大"，再这么耽误下去，不说对不起司马光本人，也对不起自己的老友、司马光九泉之下的父亲，于是二人就去找张夫人商量。

没能为司马光生下一男半女，张夫人比其他人更着急。于是，三人一拍即合：为司马光纳妾！

张夫人把这个主意告诉司马光后，没想到司马光最后只给了一个答复：我不要儿子，我只要爱情！

在司马光的认知里，爱情是唯一的，它温润如玉，经不起半点瑕疵！

可是，庞籍和刘夫人不这么想，是猫还有不爱腥的？是男人还有不偷吃的？于是，他们得到一个结论：肯定是因为张夫人在，司马光不好意思！

一日，庞籍夫人遂邀请张夫人赏花。邀请函里明确注明：此为家眷聚会，司马相公不必参加！

夫人不在家，司马光也没有其他什么夜生活。晚饭后，他就跑进书房读书去了。

恰在这时，门"吱呀"一声被推开了，走进来一位身材婀娜、韶颜稚齿的丫鬟。

史曰"婢靓妆就书院供茶"。

这要是正常人，孤男寡女共处斗室，一个是阆苑仙葩、年富力强，一个是娇波流慧、美玉无瑕，若说没"奇缘"，估计没人信！

可惜司马光不是那位处处留情的"阆苑仙葩"，而是"男中奇葩"。看到浓妆艳抹的丫鬟进来，司马光很不高兴，呵斥道："你是谁？夫人不在，怎么能随便来这里？"……

然后就没有然后了，这事就这么黄了。

4

经过上次那事后，就有人找张夫人，给她出主意：司马相公是谁啊，那是当今才子，世之巨儒，傲骨嶙嶙，一般的里弄丫鬟、乡曲嫚女能进得了他的法眼？您得这么这么这么操作……

张夫人一想，也是，我家相公是什么人，六岁砸缸，七岁诵章，二十中榜，别看他整天谦虚谨慎，整天温良恭俭让，可普天之下他能看得上的人，除了那个王安石，还有谁啊？

于是，张夫人就打算为司马光买一个妾，开出的条件只有一条：会认字，能读书。

消息一散发下去，就立即引起了一场轰动，效果也很好——名满天下的司马光择妾，前来面试的人很多。

经过层层筛选，张夫人最终选择了一个姑娘。这位姑娘可谓肌映流霞，荷粉露垂，杏花烟波，嫣然含笑，媚丽尤绝，最主要的是她还读过书。

张夫人很满意，一番计划之后，决定故技重施。这日夜间，司马光又去书房读书。

姑娘指环臂钏，珠鬟绛帔，推门而入，斜眼看了看书案前面正襟危坐的司马光。

这一次，司马光没有立即生气，但也没有说话，"公略不顾"——假装没看见继续读书。

姑娘一看，司马光没把自己赶出去，看来今晚有戏。"妾思所以尝之"，接下来就是试着找点话题，加深一下感情了。

于是，她壮着胆子走到书桌旁，捡起桌子上一本印有"中丞"两个大字的书放在司马光的面前，柔声道："大人，这中丞是什么书啊？"

司马光这才起身，对着姑娘躬身行礼，正色道："姑娘，这中丞啊不是读的书，而是一种官职名称——尚书。"

说完，司马光就把姑娘请了出去……

从此，司马光的书房里，除了张夫人，再也没有其他女子进去过。直到去世，笃信爱情的司马光也不曾纳妾。

老年的司马光由于没有儿子，最后过继了一个侄子为自己养老送终。

王安石的爱情

1

宋仁宗嘉祐年间，是王安石前半生过得最惬意的几年。

那时候，晏殊、欧阳修这些词坛宿将成名日久，而苏轼、苏辙这些后辈还在老家读书，籍籍无名。大宋文坛正处于青黄不接的年代，亟须有人能填补这段空窗期。

就在这个时候，司马光与比自己小两岁的王安石先后中第。从此，"唐宋八大家"的朋友圈里又多了两把交椅。性格相近，年龄相仿，才学相当，政治理想相同，两人很快结为莫逆，诗词相和，形影不离。

嘉祐六年（公元1061年），王安石与司马光一同被拔擢，进宫在皇帝身边编写《起居注》（注：《起居注》，记录皇帝日常言行的书籍），成了皇帝的小跟班，前途无量。那时候，由王安石、司马光和吕公著、韩维组成的"嘉祐四友"名气响彻大宋文苑，声闻庙堂内外。

四人中，尤以王安石的声名最盛。干了没两年，王安石被擢为知制诰——专门为皇帝起草圣旨，由小跟班晋级为皇帝的专职秘书，着绯衣紫、赐膺九锡似乎指日可待。

彼时的王安石有三大人设：有才；不拘小节；爱情专一。

2

王安石有才，"属文动笔如飞，见者多服其精妙"。王安石那年高考，主考官是江西临川老乡晏殊。

晏殊十四岁中第，年龄小，才气重，能力强，进步很快。他与当时的文坛名将欧阳修合称"晏欧"，但，其实欧阳修还是晏殊的学生。

即使是欧阳修这样的门生，年少成名的晏殊都不太瞧得上。有一次，晏殊与人议论"欧公有文声，似太草草"——欧阳修水平也就那样！

可是，当晏殊看到王安石的考卷时，立即引为天人。当时他女婿杨察的亲弟弟、早就名满天下的大才子杨寘也在同闱中出，晏殊毫不犹豫地把第一名判给了王安石，杨寘只给了第四。

如果按照初试成绩，王安石是妥妥的状元。可是到最后皇帝钦点的时候，由于仁宗是大才子杨寘的铁粉，就把第四名的杨寘排到了第一，王安石成了第四。

为这事儿，晏殊心里很是过意不去。成绩出来后，王安石去向晏殊致谢，晏殊拉着王安石的手说："江西老表早就给我说过你的才能了，这次由我把你选出来，实在是我的荣幸啊！"

最后，晏殊还意犹未尽，一定要找时间请王安石吃饭，曰"休沐日相邀一饭"，且"待遇极致"。

事后，虽然王安石得到了晏殊、欧阳修、曾巩等人的大力推荐，但是混得却不好。不为别的，就因为大宋官场的"地域歧视"——山东山西陕西河南河北这些传统中原地带的文人瞧不上南方人，"本远人，未为中朝士夫所服"。

不过，这也难掩王安石的才气。当时的文坛新秀司马光、韩维等人都以结交王安石为荣，并经常听他讲史论道，王安石的才名一时争扬于朝。

当时，韩维是太子赵仲鍼（后来的宋神宗赵顼）的讲师。赵仲鍼每次听完韩维的课都意犹未尽，对老师的学识不住地称赞。韩维总是高兴地说："今天这堂课的观点可不是我说的，是我的好朋友王安石说的。"

中原文人看不起王安石，在地方基层锻炼的王安石心里更瞧不上他们，甚至不屑与他们一起考试。

那年，上级安排他参加考试进京工作，"安石独否"。

文彦博当宰相后，要对他破格提拔，王安石"乞不次进用"；让他进馆给皇帝当秘书，"不就"。

欧阳修推荐他进京当谏官，"以祖母年高辞"；让他进集贤院，"屡辞"。

让他和司马光一起修《起居注》，给皇帝当跟班，"辞之累日"……多次推辞晋升，王安石有才就是这么任性！

3

那时候的大宋官场，大家早就习惯了那套明争暗斗、虚与委蛇的官场文化。

这让王安石很看不惯，经常写文章骂人，针砭时弊，每每"议论高奇，慨然有矫世变俗之志"。意思是，王安石的话高得不着边，一般人都无法理解他在说什么。

"议论高奇"，不媚俗流，这让王安石除了有司马光、韩维、包拯几个好朋友外，几乎没什么好友。时间一久，那些被王安石瞧不起的人就开始造谣，说王安石的坏话。

对于这些流言，王安石并不理睬。他将大部分时间都用来读书，"虽寝食，手不释卷"。想必此时的王安石一定在心里呵呵冷笑：燕雀安知鸿鹄之志哉！

王安石不拘小节，我行我素，不与大宋官场同流合污，甚至有时候都不会把皇帝放在眼里。

一日，仁宗皇帝召开赏花钓鱼宴，作为皇帝文字秘书的王安石也参加了。

陪官家钓了一天鱼，王安石饿了，正好看见桌子上有一盘食品，于是拿起来就吃，并且"食之尽"。

过了一会儿，仁宗回头一看，"朕的鱼饵哪去了？"原来，刚才王安石吃的正是仁宗钓鱼用的鱼饵。

为这事，仁宗很不高兴，"帝不乐之"——吃了点鱼饵，把皇帝给得罪了。

不过，王安石也不是太在意，找了个理由辞官回家了。

4

仁宗时期的大宋朝继承了宋真宗的政治遗产——"澶渊之盟"，北部边境少有战事。虽然西北的党项人偶尔会出来敲个竹杠，但西夏毕竟国小粮少，对大宋构不成实质威胁。

所以，仁宗时期的宋朝官员都很闲，经常无事可干。史载："近岁贵人，务以声色为得意。"就是说，宋朝的官吏都不务正业，追求声色犬马、妻妾成群的奢靡生活。

有一天，王安石深夜去书房读书。

推开书房的大门，一名年轻姑娘，朱唇皓齿、环珮璆然，正紧张地站在书房里。

王安石上下打量了一下眼前这名女子，才问道："你是哪里来的女子？"

姑娘小声道："我是吴夫人买回来的小妾！"

王安石一听立即就明白了，夫人这是担心自己每日工作太忙无暇顾及身体，给自己买个小妾照顾平时衣食起居。他不动声色地问道：

"你夫家是谁？"

姑娘只好告诉王安石，自己本来是一名军官的夫人。军官运送公家粮食在汴河里翻了船，军粮丢了。根据大宋律法，军官需要偿还国家损失，于是就把家资都卖了。即使如此，军官还欠一些钱没能还上，无奈之下，只好卖妻还债。

王安石一听，很不高兴，"公愀然"，想不到大宋治下国阜民富，居然逼着一名国家公职人员鬻妻还债。于是，他让人把女子的丈夫找来，让他把女子领回家，"令为夫妇如初"。

从此以后，吴夫人再也不敢提给王安石纳妾的事儿了。

苏东坡高考：学霸也作弊

1

公元 1057 年，宋仁宗嘉祐二年。

在宋朝，乃至整个中国历史上这是一个大年，因为在这一年，"唐宋八大家"中将有四位正式出场。

这一年还是大宋朝三年一度的高考年——科举。

按照惯例，全国已经中举的学子都需要在本省先进行初试，取得资格后才能入京会试，曰"草试"。

"草试"关系到进京的船票，十年寒窗不就是想一朝金榜题名嘛，所以谁也不敢掉以轻心。从初冬开始，四川成都郊外的官道上那些背着行李匆匆赶路的学子们就没有断过。

作为天府之国，四川自古才星辈出。前朝乡党陈子昂开创的"风雅兴寄""汉魏风骨"的文风灌注在两川七十二州学子们的心中，凝化在他们的笔端，随着一叶叶北上的扁舟，又散布到全国各地。

想当年大宋初建时，避祸两川的西蜀政权就尚文成风，连当时那个"伪皇帝"孟昶也是享誉天下的文艺青年。

远的不说，就是现在大宋朝文青界的扛把子欧阳修，也出生在四川，这让四川的文人们格外有面子，言必称"醉翁"。

人一多，原本就有些拥挤的成都显得更加热闹。尤其是那条著名的玉林路上，各个酒馆门口的灯笼就不曾熄过，巷子里酒香四溢，人满为患。

这些人里面有两兄弟特别引人注目：他们青袍纶巾，卓尔不群，别人泡酒馆，他们在读书；别人逛勾栏，他们在读书；别人声色犬马，他们还在读书。

这两兄弟中的哥哥今年刚满二十岁，名叫苏轼，弟弟今年十九岁，名叫苏辙。

2

彼时的苏轼和苏辙还不出名，只是万千学子中的一员。

在座的各位举子也还不知道，今年与他们同桌考试的两兄弟在即将到来的大宋高考中将同榜中第，并将光耀整个华夏文坛。

与他们一同中第的还有另外一名稍微年长的学子——曾巩，曾子固。

不过这是后话。

今年四川的草试题有点难。

宋朝那时候的高考，主要分为诗赋和策论两个部分。

诗赋不用说，那是考大家写作水平，有时候发挥好，再符合座师口味，说不定能考出匹黑马，多少有点撞运气的成分。当年的白居易投卷写的是那首"离离原上草"，就一下子赢得了当时主考官的一致肯定，从此一飞冲天。

策论就不同了，这种文章比较难写，那是考大家的读书量和思想深度。一个题目出来，你得首先知道这个题目出自哪里，知道作者当时的语境，然后自己才能发挥一下展开了写。

今年四川考的就是策论题，题目为"策士轻重论"。

出题目的人名叫张方平，此时是益州（成都）的最高行政长官。史载，张方平"颖悟于书，一览不忘"——他读了很多书，后来也坐到了副宰相的位置。

今年这个题目选自唐朝宰相房玄龄的著作《管子注》。房玄龄毕竟是政客，其政声远超文声，所以学子中读他的书的人并不多。

这一下子难倒了大群的考生，也包含苏轼。其实，苏轼读书很多。

传说苏轼苏辙的父亲苏洵对儿子们的要求很严格，为了让他们好好读书特地找人定做了一把铁戒尺，两个孩子学习稍有懈怠就打手心。在如此严厉的教育下，苏轼苏辙两兄弟日夜苦读，甚至不知道院中的榆树什么时候发芽。

当然，这两人读书也比较有特点——不仅读，而且抄。

遇到好的书他们直接把书给抄下来，然后再背。如此一来，两人的书读得是慢了点，但是书法水平却也进步不少。

不过读的书再多，也不可能记得所有的文章。

今天这个题目苏轼就给忘了，史载"轼不得题解"。

苏轼一着急免不了就像其他人一样唉声叹气，看来今年要折在这个草试上，太丢人了。

苏轼一边叹气，一边偷瞄前面正挥毫泼墨的弟弟苏辙，"对案长叹，且目子由（苏辙，字子由）"。

天天同室读书十几年，这点默契还是有的。苏辙回头一看，立即明白哥哥肯定是把这"轻重论"的出处给忘了。于是，苏辙轻咳一声，把毛笔笔头拔下，对着笔管吹了口气。

史曰"子由解意，把笔管一卓，而以口吹之"。

苏东坡何等聪明，立即明白了——《管子注》……

当然，这些事同考场的其他人包括主考官张方平都不知道。

考试后，张方平还很高兴，没想到自己出的题目这么难居然还有人能够写出这么好的文章。于是，他拉着苏洵高兴地说："你家俩公子不得了啊！今年必能高中。"

3

考过四川"草试"后，苏洵带着儿子们进京参加会试。

当年的主考官就是名动一时的大文豪欧阳修，苏轼苏辙的文风暗合欧阳修"文必法古"的诗文改革运动。

第一场策论考下来，苏轼和弟弟苏辙共同上榜，一时名动京城。接下来就是殿试——皇帝在皇宫亲自出题考试。

这时候，苏轼和苏辙犯了愁。

俩人从小一起读书，一起习文，其写作风格和特点差不多，如果一起写，两个人的文章势必会分个高下。

到时候，孰优孰劣一目了然，皇帝朱笔一挥，差的那个人就考不上了。

于是，两人就去问父亲苏洵。

听完儿子们的介绍，苏洵呵呵一笑，道："儿子们呢，你们还是太嫩了。老爹有一个方法可以使你们俩人都能中榜。"

曰："我能使汝皆得之。"

苏轼苏辙两人从小随父学习，知道老爹说有方法，此言肯定不虚，赶紧追问是什么方法。

苏洵这才严肃道："不管官家出什么题，苏轼文章的观点都持支持的态度予以论证，苏辙的文章持反方观点进行阐述。"

曰："一和题一骂题可也。"

果不其然，集英殿御试二苏又皆中。

4

就在苏轼苏辙中第后不久，苏母去世，二人随父回四川丁忧。三年期满后，苏轼苏辙二人一同回京参加制科考试。

这回考试的题目是"礼义信足以成德"。这句话是什么意思呢？

首先，这句话出自古籍《樊迟学稼注》。

樊迟，也叫樊须，是孔子的学生。周朝末期，礼崩乐坏，很多有识之士皆欲救世却苦无良方，即"思救其弊，而导之无术"。此时，樊迟认为要救世就要让老百姓吃饱喝足。怎么才能让大家吃饱喝足呢？首先就得让他们学会种粮食和蔬菜。所以，别人拜孔子为师都是学习经史子集这些，而樊迟却"请学为稼，又欲为圃"——先学种庄稼，后又要学种菜。

孔子也很无奈，说了一句话："小人哉，樊须也。"意思是，樊迟这孩子头被门挤了，又曰"上好礼，则民莫敢不敬；上好义，则民莫敢不服；上好信，则民莫敢不用情"。

所以，《樊迟学稼注》中才有了这句"礼义信足以成德，安用稼哉？"意思是，那些所谓的政治家们守规矩讲诚信就是对百姓最大的好处了，学什么种地啊！

苏轼对这段典故很熟悉，所以运笔如神，很快写就。

不经意间，他抬头一看，弟弟苏辙一个字没写正发愁呢。看来苏辙是把这句话的出处给忘了！

于是，苏轼不动声色，胳膊肘一拐，书桌上的砚台应声落地，墨汁洒了一地。

还没等监考官过来，苏轼大声对旁边的服务人员吆喝道："快给我送砚台和墨汁来！"

曰"厉声索砚水"。

你想想参加殿试监考的人都是皇帝身边的服务人员，连公侯将相见了他们都得客客气气的，哪里见过一个穷考生颐指气使地对自己说话，所以他们都没理会苏轼——你爱写不写，考不上活该！

苏轼一看他们不理自己，只好气鼓鼓地交卷了。当他走过苏辙身边时，骂道："这帮小人！"

苏辙一听，立即意会——"小人哉，樊须也"，此题出自《樊迟学稼注》！

这场考试，苏轼苏辙两兄弟又考上了！

苏东坡：被曾巩耽误的第一名！

1

公元 1057 年，春末。

这日虽已是深夜，但汴河北岸与大内仅一墙之隔的国子监内依旧灯火如炬。

明天就是省试放榜的日子，礼院的考官们正在戒备森严的国子监内抓紧阅卷。

国子监分前后两个院子。

后面的院子正屋为崇文殿，是国子监藏书和省试阅卷的地方。考官们在这里对考生试卷进行弥封、誊录和初筛。大宋建国以来，历任皇帝对科举考试都很重视，弥封和誊录也都是为了防止作弊而施行的新措施。弥封就是把考生卷子上的名字糊起来。誊录是为了防止考官认识考生笔迹，而将糊上名字的试卷由专人誊抄一遍，再分发考官阅誊抄卷。

国子监的前院是辟雍殿，平时主要为皇帝临雍讲学之用，现在则是主副考官对初筛后的试卷进行最终审阅和商定名次的地方。

今年省试的题目是《刑赏忠厚之至论》。

"刑赏忠厚"这个典故出自《尚书·大禹谟》，是一篇介绍远古时期帝舜、大禹和皋陶等人论政施策的文章。这句话的意思翻译一下就是：奖赏时一定要从重，惩罚时要从轻；可有可无的赏赐要奖，证据不足的刑罚要免。

2

大内鼓楼的鼓声刚敲过三更，一个身影从阅卷现场崇文殿急匆匆地走出，径直奔前院而来。

来人顾不上敲门，一把推开辟雍殿的大门，举着手里的一份试卷，兴奋道："欧公，快看，奇文奇文！"

借着大殿内通明的灯光方才看清来人面容清瘦，两鬓斑白，但精神矍铄，神采奕奕。

他一步跨进殿门，将手中的试卷递给早就等候在里面的主考官。今年科举省试的主考官正是名闻天下的大文豪欧阳修。

刚才推门而入的是此次考试的副主考梅尧臣，字圣俞。

欧阳修此时正站在一面硕大的书案前面，他接过试卷，迫不及待地展开，认真地看了起来。看了一会，欧阳修忍不住地轻咳一声，读出声来："……可以赏，可以无赏，赏之过乎仁；可以罚，可以无罚，罚之过乎义……先王知天下之善不胜赏，而爵禄不足以劝也；知天下之恶不胜刑，而刀锯不足以裁也……"

读毕，欧阳修一拳打在身旁的书案上，赞道："果然是千古奇文！旁征博引，纵论古今，读之不觉汗出，快哉！快哉！"

说罢，他又似想到什么，扭头向梅尧臣问道："只是这句'皋陶曰杀之三，尧曰宥之三'，老夫不记得在何处读过。圣俞，你知道出处吗？"

梅尧臣摇摇头道："欧公，今年参加省试的一千二百三十六份考卷下官已经阅完了，这份《刑赏忠厚之至论》结构严谨，文辞简练而又说理透彻，下官读书数十载从没遇到过这么优秀的文章。下官可确认此文定可以流传千古，想必文章的作者一定也是饱读经书之士，这句'皋陶曰杀之三，尧曰宥之三'，说不定来自于某一残本古籍。你我作为考官，能有幸先读此文，已是大幸，又何必管它的出处呢？"

史载"圣俞言，何须出处！"

欧阳修没有言语，只是默默点了点头。他的双眼还在盯着手里的试卷，很明显他已经被这篇文章深深吸引了。

梅尧臣看对方不说话，继续道："欧公，我看今年的省元非此人莫属了！"

"省元！"欧阳修这才回过神来，若有所思道："圣俞啊，我同意你的看法，这篇文章确实文辞洒脱，尽脱五代以来浮靡艰涩之气，旷古难觅。不过，依老夫所见，他还不能是第一名的省元，只能是第二。"

"为什么？"梅尧臣不解道："这明明是……"

欧阳修放下手里的试卷，一只手抓住梅尧臣的肩膀，让他少安毋躁，然后才语重心长道："圣俞啊，你可知道曾巩曾子固？"

"当然知道。'南丰七曾'在我大宋文坛可谓成名已久，他们弟兄七人擅长雄浑超逸，结构严谨的文章。七人中，尤以曾巩曾子固的名气最盛。他的文章我曾拜读多次，可谓古雅本正，温厚典雅，章法严谨，是难得的人才。只是不知道为什么曾巩一直未科举中第。"梅尧臣说到这里，似乎是想到什么，连忙问道："欧公的意思是这篇文章有可能是出自曾子固之手？"

欧阳修这才转过身倒了杯水咽下，幽幽道："除了曾子固，老夫实在想不出这世上还有什么人能写出此等旷古奇文。"

梅尧臣更加不明白了。他紧趋几步，走到欧阳修身边，道："欧公，即使这文章是曾子固所作，那又何妨？"

欧阳修回过身，盯着梅尧臣的双眼，叹了口气道："圣俞啊，你可知道曾巩是老夫的学生？"

"啊？"梅尧臣显然吃了一惊。他似乎明白了，曾巩年轻时曾就读太学，那时候欧阳修似乎正好任国子监祭酒，这么算来曾巩极有可能给欧阳修投献文章，拜于欧阳修门下。

欧阳修看出了梅尧臣脸上的惊讶，他捋了捋胸前的胡须，苦笑一声道："是的。当年曾巩于太学读书，曾给我投献自己的名作《时务策》，老夫当时即惊为天人，唱和不断。后来老夫于太学讲书，曾巩正是座下弟子。"

"虽说曾巩是欧公门生。俗话说举贤不避亲。欧公为国选贤，岂能以其是自己座下就……"

梅尧臣还未说完，欧阳修忙伸手示意他噤声。

欧阳修走到窗前，看了看窗外无人，这才关上窗户，继续道："圣俞兄，你我二人甘冒得罪全天下文人的骂名，推动此次文风更易，已经引起很多朝臣的不满。你知道官家顶住多大压力才决定任命你我二人为此次考试的主副考官？如若到时候给他们以任何口实，他们到时候攻击的不是你我二人，而是当今官家推动的'文风更易'之大策。所以，如果这篇文章是曾巩所作，那只能让他屈居第二了。"

"下官明白了！"梅尧臣双手一揖，躬身一拜，旋即退出大殿……

3

第二天是省试开榜的日子。

天还没亮，贡院门口的小广场上就挤满了来自全国各地的举子们。

贡院是举人们参加科举考试的地方，同时也在这里放榜公示通过省试的名单。

根据宋制，通过省试就可以参加皇帝亲自主持的殿试。殿试一般不再进行淘汰，只是对通过省试的这些人进行排名。也就是说，通过省试就意味着最次也是同进士出身了。

所以，大家都很看重今天礼院即将公布的名单，一大早天不亮就赶了过来。

就在这时，一顶绿呢小轿绕过熙熙攘攘的人群，直接进了贡院后面的侧门。

院子中间的值房内，十几只灯笼把里面照得如同白昼，两名小吏正在几名考官的监督下誊写即将张贴在贡院外面的大红榜。

小轿停在了院子中间，还未等轿子停稳，梅尧臣就一撩轿帘大跨步走了出来。

考官们看到梅尧臣进来，纷纷起来行礼，梅尧臣来不及一一回礼便径直来到红榜前，道："誊写好了吗？"

"回梅主考，今年通过省试的举子一共三百一十六名。这是大内刚刚送回经官家压印的名单。"一名年长的官员指着桌上的名单回答道："名单马上就能誊写好！由主考官欧大人签押后，即可放榜。"

"哦！那就好！今年的第二名叫什么？"梅尧臣装作漫不经心地问道。

那名官员一愣，笑着问道："一般人都关心第一名省元是谁，梅主考怎么偏偏要问第二名呢？"

"没什么。我只是随便问问。"梅尧臣依旧不露声色。

"梅主考请稍等，我这就给您查。"说着，那名官员拿起名单仔细地查找起来。过了一会儿，他指着手里的名单道："查到了。第二名叫苏轼！"

"苏轼？"梅尧臣有点不敢相信自己的耳朵。他一把拿过名单自己又确认了一遍，确定名单没有问题后，他才将名单还给那名官员，道："苏轼是谁？"

"这个举子下官也没见过！只听说他是四川人，还有个弟弟叫苏辙，也同榜中出。"

"哦！是这样啊！"梅尧臣又恢复了原来的镇定，若有所思地问道："那南丰学子曾巩有无中出？"

"回梅主考，曾巩也中了，只是排名要靠后一些……"官员不紧不慢地回答道。

那名官员的话还没说完，梅尧臣已经走出值房的大门，快到轿子前时，他又猛地回头冲值房内的官员道："记得尽快把名单给欧公签押，今天放榜我就不去围观了！"

4

公元 1057 年，宋仁宗嘉祐二年，大宋科举省试名单张榜：

第一名，林希（官至宰相）。

第二名，苏轼。

第三名，章衡（殿试状元）。

……

第某名，曾巩（唐宋八大家之一）。

第某名，苏辙（苏轼的弟弟）。

第某名，章惇（章衡的叔叔，官至宰相）。

第某名，曾布（曾巩的弟弟，官至宰相）。

第某名，曾牟（曾巩的弟弟）。

第某名，曾阜（曾巩的族弟）

……

第某名，吕惠卿（王安石变法的中坚力量，官至宰相）。

第某名，程颢（儒家程朱理学创始人）。

第某名，张载（程颢的表叔，儒家程朱理学创始人）。

……

史曰，欧阳修"可谓识人哉！"

曹皇后：哪个皇后不坑人？

1

大宋仁宗年间，冬。

天还没亮，一辆双辕马车就驶进了皇城后宫。

听到敲门声，看守后宫的小黄门从值房里走出来伸了个懒腰，打着哈欠慢吞吞地打开了后宫的大门。

看到车上的人，原本还睡意蒙眬的小黄门立即弯下腰，战战兢兢地跪在道旁，等马车吱吱呀呀地驶远了才像是醒过神，骨碌一下从地上爬起来，匆忙关上了大门。

马车继续前行。最后终于停在了一处宫门外面，从车上下来一个人，他紧握拂尘，双臂抱在胸口，来回踱着步子。

不久，从宫门内走出两个女子。二人虽皆衣绸着裘，但却浑身缟素，边走边哭，看到门口那人不禁又是一阵号哭："阎公公，都知道您是当今官家身边的大红人，求您在官家面前再为我二人美言几句，把我们留下吧！"

没想到，刚才还面挂微笑的阎公公脸色立即沉了下来，他伸出手在二人的脸上轻拍了两下，尖着嗓音轻蔑道："把你们留下来？想当初你们二人得势时，可曾正眼瞧过老奴？要不是曹贵妃虚与委蛇周全老奴，今天被赶出宫的就是在下了。"

话音未落，他一摆手，门后立即出现了几个小黄门，不由分说就把两个女子架到了马车上。

看着马车顺着来路又消失在前面宫墙的拐角里，一脸严肃的阎公公这才松了口气，摆摆手，在几个小太监的簇拥下向另一个方向走去……

两位被赶出后宫的就是当时最得仁宗宠幸的尚美人和杨美人。

2

想当年，仁宗赵祯成年，继母刘太后为其选妃，要求只有一个——"丑"，理由曰"妖艳太甚，不利少主"。

所以，一开始仁宗的后宫并不是佳丽三千，反倒都是些歪瓜裂枣。

那时候的仁宗也不大爱去后宫浪，就全身心扑在工作上，经常加班加点批改奏折。这一通操作下来，居然也混了个"贤君"的帽子戴。

没承想，刘太后一死，仁宗立马变了脸，招了一大批美女入宫，昼夜轮寝。

这时候的曹丹姝还不是皇后，只是个贵妃。

因为长得不好看，离婚后的曹丹姝才被刘太后选进了宫。

也因为曹丹姝的爷爷是大宋第一名将曹彬，两个伯父曹璨、曹玮也在军中担任要职，家族势力遍布军政两界。所以，虽然一直没有被仁宗临幸，但小曹同学的等级却不断升高，很快从才人、美人到了修容、修仪、淑妃、贤妃，一直到现在的贵妃，离皇后只有一步之遥。

虽然得不到皇帝的垂青，但是小曹同学深得宫娥、太监们的喜欢：哪个宫女病了，熟悉不熟悉的，小曹同学都会去探望；

大小太监受罚挨打了，不论品级高低，小曹同学也都出钱出药；后来，小曹同学更是把后宫花园改造成了菜园，没事的时候就带着宫女太监和那些不受宠的妃子们种菜养鸡，日子过得也算惬意。当然，小曹同学对官家的内侍阁文应最好，引为心腹。

3

那时候，大宋政府的宰相是吕夷简。

史载，吕夷简"聪明亮达"，年少中第。

除了自己有能力，吕夷简还是个名副其实的官二代，他伯父吕蒙正在太宗、真宗两朝担任宰相，父亲吕蒙亨也干到了光禄寺丞、大理寺丞的位置，妥妥的正部级。

那年高考中第后，吕夷简也接了父亲的班，在大理寺干了一阵子司法工作，后来才调到地方任封疆大吏。

吕夷简家族势力强大，为人圆融，而且与被誉为大宋军队柱石的老曹家关系密切。

这就让当时身为皇后的郭皇后很忌惮——虽说这个小曹同学人丑不争宠吧，但她家的势力太强大了，又与当朝宰相有千丝万缕的联系，谁敢保她心里没有觊觎"皇后"这个位置呢。

所以，郭皇后经常防着这位曹贵妃，一直想找个机会在她面前立个威。

那年，刘太后宾天，初夺权柄的仁宗皇帝打算和吕夷简一起搞场整风，要把当年刘太后的同党整下去。

吕夷简要整的第一个人就是政敌枢密副使夏竦。

条陈送上去后，仁宗皇帝就在郭皇后面前骂夏竦，这个夏竦确实不是个好东西，当年要不是他，朕早就亲政了。

没想到郭皇后只是笑笑，也不搭话。

这就让仁宗皇帝心里很没底，怎么？皇后你不这么认为？

郭皇后悠悠一笑，淡淡道："官家您这么信任吕夷简？他就没跟太后合谋？吕夷简不过是套路更深罢了！"

史曰："夷简独不附太后耶？但多机巧，善应变耳。"

仁宗想想，好像一下子想明白了，还真是这么回事！

第二天，上朝，宣读皇帝诏：被罢免的人里第一个是夏竦，第二个就是吕夷简。

郭皇后看吕夷简被贬，心里那个高兴啊，看看后宫谁以后还敢在老娘面前狂妄！

不过令郭皇后没想到的是，吕夷简手里的两把刷子别人玩不了。没多久，仁宗皇帝只好又把吕夷简召回来，算了算了，朕也不跟你计较以前那些事了，你以后给朕好好干！吕夷简也没谦让，嘿嘿一笑，跪地谢恩。

4

在众多妃子里面，仁宗皇帝最宠爱的是尚美人和杨美人，有她俩在，后宫其他妃嫔连龙床的边都没沾过。

为这事，郭皇后气得直咬牙，整天盘算着找那俩小蹄子的碴儿。小曹同学就不这样，该种菜种菜，该浇水浇水，反正扳倒那俩也轮不上自己上官家的床，费那劲干啥。

这天，仁宗皇帝心情好，组织家庭聚会，郭皇后、曹贵妃、杨美人、尚美人都来了。

既然是家庭聚会，就免不了家长里短、东扯西谈。

说着说着，不知道为什么尚美人就跟郭皇后杠上了，两人甚至拳脚相向，曰"（郭）后批其颊"。

意思是，郭皇后扇了尚美人的耳光。

毕竟是皇后，尚美人也不敢扇回去，只好躲到仁宗后面。仁宗护短，以身体护住尚美人。

没想到，郭皇后的耳光一下子打在了官家的脖子上，而且指甲划伤了龙体。

打人打到了朕头上了！仁宗很生气，回头就找太监阎文应抱怨。阎文应看着龙颈上的爪痕，心里边高兴，可找到机会了。可是阎文应脸上依旧痛哭流涕，官家啊，平常百姓家悍妇都不敢打夫君，这皇后怎么能打官家啊？咱得找吕丞相给咱做主。

就这样，这事儿就传到中书去了，中书的一把手就是宰相吕夷简。按说，后宫争宠打斗在历代都不是什么大事，中书无权干涉皇帝后宫。

不过，只要想干，就难不倒吕夷简。

他很快上书说皇后不能"母仪天下"，建议皇帝废皇后。

正在气头上的仁宗看到吕夷简的奏折心里一阵窃喜，这届下属可以，老子正想废皇后呢，老吕的折子就上来了。

当然，有提议废后的，就有请命保后的。

保后党里面的代表人物是文臣范仲淹哥几个。

于是，朝堂上吕夷简带人历数皇后不恭状，要求废后；范仲淹就带着御史们跑到宫外下跪绝食，顺带着骂吕夷简。

毕竟官家的主意已经打定了，任范仲淹他们怎么抗议，废后诏书最后还是如期下发中书各省：

郭皇后被废，迁出宫去。

5

郭皇后倒台以后，尚、杨两美人更加肆无忌惮，经常不把宫女太监们放在眼里，有事没事就给人家小鞋穿，就连官家身边的大红人阎文应也不放在眼里。

仁宗年轻体力好，又好色，史载"尚、杨二美人方有宠，每夕并侍上寝"。

意思是，每天晚上仁宗都得找尚、杨两个美人一起侍寝。

时间一长，仁宗这身体就受不了了，曰"上体为之惫"，有时候严重的时候甚至"累日不进食"。

消息还是从太监阎文应那里传到了朝堂，于是，满朝文武群情激昂，谓之曰"内外忧惧，皆归罪二美人"。

阎文应一看离目标只有一步之遥了。

他一面让人通报仁宗另一位继母杨太后，一面不停在仁宗这里说尚、杨二人的坏话，曰"日夕言之不已"。

终于，仁宗赵祯招架不住了，遂由杨太后做主，"出尚、杨二美人"，把她们两个赶出了皇宫。

郭皇后被废，尚、杨二美人被贬，后宫一下子消停了。

杨太后一看，这不行啊，偌大一个后宫连个当家的都没有，还得选个皇后出来！

仁宗刚犯错误，不敢明说，只好依从太后："太后，您说弄啥就弄啥，儿子没意见！"

选来选去，杨太后感觉那个天天种菜与世无争的小曹同学不错，虽说长得是差点，但不媚主啊，就她了！

于是，由太后做主，曹丹姝终于被封了皇后。

6

当上皇后的曹同学依旧不敢丝毫懈怠，除了龙床上不去，她倒是也把个后宫打理得井井有条。

仁宗赵祯经过上次的风波以后，消停了一阵子，龙体也很快恢复了。

有一天，赵祯在后宫闲逛，看到了以前郭皇后的肩舆，不禁睹物思人，竟然怀念起郭皇后来。

于是，他写了一首诗《庆金枝词》让人转给郭皇后，想再把她给接回来。

郭皇后看到仁宗的情诗后也回了一首，意思只有一个：要想接我回来，还得按皇后仪制才行。

仁宗赵祯和郭皇后的书信传情都没有逃过大太监阎文应的眼线。看到郭皇后的回信，阎文应和吕夷简差点没吓死，曰"闻之大惧"——郭皇后要回来，第一个挨整的估计就是他俩。

一不做二不休。那天正赶上郭皇后身体不舒服，阎文应就派了个太医去给她瞧病，没几天郭皇后竟然一命呜呼了。

史载，"会后有小疾，文应使医者故以药发其疾，疾甚未绝，遂以棺敛之"。意思是，人没死就埋了。

坐稳后位之后，没有子嗣的曹皇后领养了濮王的一个孩子，这个孩子后来改名叫赵曙，即后来的宋英宗！

曹皇后：借个儿子当皇帝

1

宋仁宗宝元二年，公元 1039 年。

虽然已经入秋，但是首都汴梁的清晨没有丝毫凉意。太阳一出来，到处依旧火辣辣如炙烤一般。

今天正是官员们休沐的日子，平日熙熙攘攘的御街两侧倒显得清冷了不少，一辆双辕马车正自南向北行驶，车到皇城宣德门的时候，车夫猛拉缰绳，车子向左边拐去，又拐了个弯，终于进了皇宫的西华门。西华门靠近后宫，不多时车子就绕过紫宸殿，停在了皇后寝宫外面。

宫门外早有一溜的小黄门站在外面，中间是一位衣着华丽的女子，头戴凤冠，怀里抱着一位七八岁的小孩子。

车子停稳后，从上面下来一位绿袍素帽的中年男人，他看到门口的女子慌忙整理了一下衣冠跪在地上："微臣赵允让拜见皇后娘娘！"

"赵大人快起来，咱们都是一家人就不要客气了。"被称为皇后的女子把孩子放在地上，伸手示意来人站起，继续道："赵大人，今天咱就把宗实暂交给您了，您一定要善待于他。在这里，咱就谢过大人了。"

赵允让忙又磕头，道："娘娘这么说就见外了，宗实本就是我的儿子，上天眷顾才被官家收为养子，得以长在皇后娘娘身边。现今官家喜得弄璋，乃当今天下之大幸事，宗实重回本家我亦当喜不自胜。"

皇后重新收敛戚容，蹲下身吻了吻孩子的小脸蛋。

"娘娘，我还能再回来看您吗？"孩子仰起脸，天真地问道。

"当然了。你想什么时候回来就什么时候回来，这里就是你的家。"皇后破涕为笑……

2

那年，大宋官家仁宗赵祯身体不豫，杨太后、曹皇后很着急。赵祯幼年登基，后宫佳丽三千，生了十几个女儿，但是几个儿子却都夭折了。眼看着官家这身体是一日不如一日，曹皇后不得不提议："要不咱在宗室里借个孩子养在后宫吧！万一官家……"

话还没说完，杨太后立即附和，这个办法好，这个办法好！

得到了太后的首肯，这事就好办了，不久，皇帝发诏，要内侍省在宗室里找一个男孩，收为皇帝养子，养在曹皇后宫内。

有关部门选来选去，感觉官家的堂哥、江宁节度使赵允让四岁的小儿子赵宗实无论年龄还是心性都比较符合要求。史曰："天性笃孝，好读书，不为燕嬉亵慢。"意思是，这孩子孝顺父母，敬重长辈，喜欢读书，不贪玩。

仁宗一看，行吧，这孩子不错，就接他入宫吧。

于是，只有四岁的赵宗实就被从家中带到了后宫抚养。

没想到，四年后，暮年的仁宗皇帝宝刀不老，喜得贵子。既然自己有了儿子，养子就送回去吧。于是，赵祯又发诏，封江宁节度使赵允让为濮安懿王，把儿子赵宗实接回去吧！

就这样，赵宗实在曹皇后身边待了四年后，重新回到了老家，也就是本文开头那一幕。

3

曹皇后四年的宫廷教育，造就了赵宗实简朴、谨慎、尊师重道的性格，曰"服御俭素如儒者"。每次见老师，赵宗实都会身穿正装，行师礼，曰："师也，敢弗为礼？"

那年，仁宗的儿子豫王又夭折了，本来经常进宫给皇后请安的赵宗实也不敢去了——大家都知道，皇帝曾收自己为养子，为的就是有一天能有宗室继承大统；后来，皇帝有了儿子，自己才离开的后宫。如果这时候再进宫，被那些多嘴的御史们看到不知道又惹出多少是非。

除了简朴、谨慎以外，赵宗实还比较会来事儿。

嘉祐四年（公元 1059 年），赵宗实的亲爹濮王赵允让薨了，按惯例，赵宗实分了很多家产。他却没有把这些家产抱回家，而是直接分给了那些即将被解散的仆人们。还有一次，有人借了赵宗实的金腰带却还回来一条铜的。仆人一看这不行啊，赶紧报给了赵宗实。赵宗实看了看腰带，摇了摇头，算了算了，就当这条铜腰带是我的吧！

就这样，谨慎的赵宗实声望日隆，不久仁宗任命他为秦州防御使，知宗正寺——除有了实职，还成了大宋皇族事务的实际管理者。

宋仁宗嘉祐七年，即公元 1062 年，病重无子的仁宗皇帝立赵宗实为皇子，赐名赵曙。次年，仁宗崩，赵曙即位，即宋英宗。

周孟阳：都什么时候了，还装低调?

1

公元 1062 年，宋仁宗嘉祐七年。

七月流火，这才刚过了中秋，首都汴梁的夜晚就已经凉风习习。一顶两人抬的蓝呢小轿从南熏门沿御街北行，一路穿蔡河、院街，过了内城的朱雀门、汴河，很快就看到了皇城殿顶的金砖在宫灯烛光的映照下熠熠生辉。

轿子到皇城的宣德门路口右拐，沿着保康门街一直走到东华门对面的一座气势宏大的王府门口。

王府门楣高挂匾额，书曰"濮王府"。

守卫王府的士兵拉开轿帘验过手续后，一位中年男子就匆忙下了轿子，顾不上整理帽靴，径直跑进后院。

仁宗诸子皆早夭，前几年将堂兄濮王四岁的儿子赵宗实过继过来，养在曹皇后宫中。

濮王病逝之后，赵宗实被正式封为宗正室知事，成为处理皇族事务的一把手，大有皇位继承人的意思，现在正居住在此濮王王府中。

来人名叫周孟阳，此时的官职是"潭王宫教授""诸王府记事"，就是在王府里面干些抄抄写写的工作。

不要小看周孟阳官微，但却早已名满天下。

想当年，滕子京谪守泰州，建文会堂，如欧阳修、范仲淹、胡瑗、梅尧臣这等天下闻名的饱学之士俱被邀请。而此时连进士还未考中的周孟阳也在被邀之列，其文才可见一斑。

那年，仁宗皇帝任命赵宗实担任"宗正知事"，一向为人低调谨慎的赵宗实怕招惹皇族其他人的妒忌，于是"力辞之"。这期间赵宗实一共给仁宗写了十八篇辞表，都出自周孟阳之手。

史载："凡上十八表，皆孟阳为文。又从容陈古事以讽，英宗（赵宗实）悚然起拜。"

再加上，周孟阳这个人为人敦厚，所以赵宗实对他很器重，视为肱骨，曰"其质厚，礼重之"。

今天，周孟阳确实有一件天大的事情要找赵宗实，这才顾不上官阶礼仪星夜闯府。

2

这年年初，仁宗身体不豫，多次无法视朝。

关于皇位继承人问题，官家一直没有明确表态，这让韩琦、包拯这些大臣们心里很不安，多次建议仁宗早做打算，立皇子。

三个儿子先后夭折，再看看自己这身体好像也不具备生儿子的能力了，最后仁宗咬咬牙，立吧！那就立侄子赵宗实为皇子吧！

很快，中书起诏：即日起，赵宗实改名赵曙，复岳州团练使，封皇子，入禁中。

收到诏书的当天，赵曙心里很没底，想想当年自己四岁进宫，八岁被赶出皇宫，这才几年啊，又让老子当皇子，这皇子这么好当的吗？要是哪天皇帝又生了儿子还不得再把我赶出来？到时候新皇帝还不得把我这个伪皇子给弄死？算了，这种出力不讨好的事儿，老子再也不干了。

于是，赵曙"力辞之"。

仁宗皇帝不许，继续派大臣来请。赵曙"又辞"。

今天白天，皇帝继续委托中书、门下起诏，着宋太祖从孙、安国公赵从古来宣诏，劝赵曙即日进宫。

赵从古是什么人？那是太祖的从孙，当年贤王赵德芳的孙子，大宋皇族里面说一不二的人物，让他来宣召，官家意思很明白了——接班人就是你。

赵曙也明白这里面的道理，可是想想风险实在太大、成本太高，弄不好哪天就把命丢了。无奈之下，赵曙索性装病，曰"闻诏称疾，益坚辞"，说一千道一万，老子是不会再去了。

3

卫兵对周孟阳很熟悉，他一直从王府前堂跑入后院，也没人拦他。周孟阳来到赵曙的卧室门前，"哐当"一声推开了卧室的门。正躺在床上装病的赵曙吓得手里的书都掉在了地上，一脸惊愕地看着满身灰尘的周孟阳，慌忙下床施礼道："周老师，您来了怎么也不让人通报一声，待学生整衣施师礼才好。"

没想到，周孟阳毫不客气，一把把赵曙拉过来摁在座位上，抱怨道："王爷啊，都什么时候了，您还在这里装病？"

"周老师，不是您一直教育学生要低调的吗？"赵曙一脸不解地问道。

"哎呀，我的小祖宗啊，现在这个时候不是装低调的时候了！官家都已经让安国公来宣诏，意思很明确了，这么好的事儿，你怎么还拒绝呢？"周孟阳气得胡子都翘了起来，不住地在房间里踱着步子。

史载，周孟阳曰："天子知太尉贤，参以天人之助，乃发德音。何为坚拒如此？"

赵曙毕竟年轻，脑筋还没转过来，连忙起身向周孟阳施礼，道："这哪里是好事儿啊，我装病是在避祸呢！"曰"非敢徼福，以避祸也"。

周孟阳听完赵曙这话一时竟不知道从何说起，过了好一会才又道："王爷啊，您这不是避祸，是在招祸啊！"

"此话怎讲？"赵曙急切道。

周孟阳理了理胡须，这才继续道："王爷，您不想想，官家三番五次晋封您，您一再推辞，万一哪天官家改了主意，这皇子换了别人，别人当了皇帝，他会放过您吗？"

史载，周孟阳原话为："使中人别有所奉，遂得燕安无患乎？"

听完周孟阳的话，赵曙一拍大腿。对啊！我怎么没想到这层意思呢？要是让别人当了皇子顺利登基，到时候要整的第一个人估计就是我。看来，这个皇子我不做还不行了！

这时候，正赶上仁宗又派人来请，赵曙不敢再犹豫不决。史载，"及是，意乃决"。

一看赵曙主意定了，周孟阳急忙拉起赵曙进宫谢恩。

走到门口，赵曙还不忘吩咐下边人："你们要看好我的家，等哪天官家生了儿子，我还得回来住呢！"

曰，"谨守吾舍，上有适嗣，吾归矣"。

《宋史·本纪·卷十三》载：第二天，"甲辰，（赵曙）见清居殿"。

"自是，日再朝，或入侍禁中"——仁宗也不再把赵曙当外人，开始让他跟着自己处理公务了。

"八年，仁宗崩。皇后传遗诏，命帝（赵曙）嗣皇帝位……"

卷五

◉ ◉ ◉ ◉ ◉

宋英宗赵曙

韩琦、富弼：文人相轻与君子之争

1

范仲淹有两个小兄弟——韩琦和富弼。

范仲淹号称"大宋社稷之固者"，是大宋政界、军界、文艺圈"三栖大神"，能跟着他混的小兄弟，肯定也不会太差。

第一个是韩琦。

史载，韩琦"父谏议大夫"——名副其实的官二代。

而且，他"姿貌英特，美须髯，骨骼清耸，眉目森秀，人以为高山大岳，望之气象雄杰……"。

一句话总结：韩琦是个大帅哥！

官二代、颜值高还就罢了，韩琦还是个学霸。

那年高考，只有十九岁的韩琦考中榜眼，全国第二名。

中第后，韩琦更是青云直上：仁宗康定元年（公元 1040 年）"宋夏战争"爆发的时候，他已经跟自己的偶像、比自己大二十岁的范仲淹同级别了。

那时候是韩琦最高光的时刻，时人称范仲淹和韩琦两人为"韩范"——韩琦排名在范仲淹之前，他在军中的地位可想而知。

与韩琦比，"虚"长四岁的富弼就"虚"多了：先是出身，富弼的老爸"贫甚。客吕文穆公门下"，意思是富弼家境贫寒，父亲在别人家里当客卿。

客卿，这个职业比较特殊。说好听点是师爷，比如电视剧里面那个开封府的公孙策；说难听点其实就是在人家家打工，干不好随时有失业的危险。

除了出身，再就是相貌——史曰富弼"少笃学，有大度"。意思是，富弼这孩子小时候就爱读书，相貌一般，气质吧，还算过得去。这句话跟形容韩琦的"姿貌英特，望之雄杰"比，那差距可不是一点半点了。

还有学习成绩。

这也是富弼一生中最大的痛——高考一直考不上。

比韩琦大四岁，按照三年考一次的科举制度，富弼至少比韩琦多考了一次，但却一直未能中第。

这倒不是说富弼学习成绩差，主要是因为他"偏科"。

古时候的科举考试分为诗赋和策论两个部分。唐朝以来国家强盛、文化生活丰富，所以考试也主要是考诗赋。宋朝建国后，继承了大唐的这个考试传统，科举也主要以诗词经赋为主。

而富弼并不擅长作诗歌赋，却擅长策论，所以他一次又一次在科举中败北。

虽然富弼出身平民、成绩一般，却依旧难挡范仲淹对富弼的喜爱。见到富弼第一面，范仲淹就难掩激动，握着他的手曰"王佐才也"，从此开启了范仲淹著名的"宠富"模式：

富弼客居京城，范仲淹就邀请他来家里住；

富弼要备战高考，范仲淹就把自己的书房腾出来给他用，还给他当免费书童替他借书；

富弼娶不上媳妇，范仲淹就给他介绍当朝宰相晏殊家的千金，最后这事儿居然还成了……

不过，很遗憾，最后富弼还是没考上。有一年，富弼终于时来运转。

新年刚过，仁宗皇帝心血来潮要加开一届制科（临时高考），听闻消息的范仲淹高兴万分，跑回家拉着富弼的手高兴地说："你一定要参加这个考试，肯定能高中榜首。"

史曰，"子当以是进"。

果然，富弼没有让范仲淹失望，经过初考、阁试，很快进入了殿试——皇帝亲自出题考试。

那年参加制科考试的考生大都是进士出身，按照惯例考试内容也多为诗词歌赋。

富弼一看，这不行啊，要还是考诗赋，这次自己还得陪考一次。

于是，富弼提请皇帝临时改了考试内容，曰"以不能诗赋恳辞，诏试策论各一首"。

策论，这可是富弼的强项啊！

果不其然，富弼终于榜上有名，考中了茂才异等科的第四名——范仲淹的苦心总算没有白费。

2

虽然出身不同，智商、学历不同，但初入仕途的韩琦和富弼处得还算不错。

仁宗时候的大宋朝继承了真宗的政治遗产——宋辽澶渊之盟。所以，大宋的北部边疆虽然没有了汉唐时期幽云十六州的庇护，但却基本稳定。宋朝的主要威胁来自于西部少数民族党项族建立的西夏，两国经常处在战争敌对状态之中。

针对宋、夏之间的战争，富弼、韩琦两人都是坚定的"鹰派"——主张对夏动武。

西夏造反后，党项首领元昊居然派特使来宋首都试探大宋底线。经过仔细分析夏、宋形势之后，富弼连续上八道奏书，要求杀掉西夏使者，曰"乞斩其来使"。不过，仁宗皇帝还是有点胆怯，最终未果。

如果说富弼对西夏的强硬还局限在口头上，那韩琦可就直接多了——宋夏战争全面爆发后，韩琦就主动请缨，挂帅西北，任陕西安抚使。从此之后，韩琦数次出任大宋西北军将领，并针对西夏发动过宋朝历史上最大规模的一次主动出击。虽然这次出兵以失败告终，但却不能掩盖韩琦卓越的军事领导才能，而且他慧眼识珠和范仲淹一起发掘出狄青这名日后宋帝国军队的柱石。

那时候的韩琦、富弼不仅关系好，而且人品学识都得到了士人清流们的认可。

据载，韩琦驻守永兴时，有熟人给他推荐了一名幕僚。按照以往传统，韩琦肯定会礼贤下士，对这名幕僚加以重用。但是这一次，韩琦不仅不安排对方工作，甚至不跟他说一句话。熟人很纳闷，就问他原因。韩琦才告诉他，这个幕客额头上有一块茧子，这是经常给上司磕头造成的，这样的人怎么能委以重任呢？

当然，富弼那几年干得也不轻松。宋夏启衅时，辽国想趁火打劫敲宋朝的竹杠，要宋朝割地、赔款、和亲。国难之时，富弼挺身而出出使辽国，迫使辽国做出让步，从而保持了大宋与辽、西夏之间的战略均势。在辽宋谈判期间，富弼的女儿去世，儿子出生，他都没有回家一趟。

后来，范仲淹以宰相身份发动著名的"庆历新政"，而韩琦和富弼也充当了范仲淹的左膀右臂分任枢密副使。

新政失败后，范仲淹等人备受打压，但是韩琦和富弼的名声更盛。那时候人称富弼为"正人"，韩琦为"君子"，两人俨然成了大宋的中流砥柱。

就是这么一对遍寻中国历史也难得的人才，又在同朝为官，后来却反目成仇，甚至老死不相往来，这其中的故事却也不少。

3

那年，韩琦和富弼同在枢密院担任枢密副使，掌管大宋军事外交工作。

有一次，两人闲聊，聊到前朝有宰相的父母去世，国家没有准许其丁忧回家守孝，而是继续为官。韩琦当时没有多想，直接回了句：

"我朝以孝治天下，这种事情违背人伦，恐怕不是什么好事！"史载，魏公（韩琦）曰："此非朝廷盛事。"

没想到，事后没多久，富弼的母亲就去世了，富弼只好丁忧回家。此时的富弼已被仁宗皇帝视为肱骨，离了他仁宗很不习惯，只好多次下诏要把富弼从老家叫回来。

富弼也多次上表请辞，后来实在推不过去只好在奏章后面给皇帝附了张便条："官家啊，不是富弼不想回去，只是当年俺跟人家韩琦说好了，丁忧期间决不能随意起用官吏，俺自己得遵守啊！"

史曰："臣尝与韩琦言之，决不当起。"

富弼这么说，一下子就在领导面前把韩琦给卖了。官家心里肯定这么想——原来朕召不回来富弼就因为韩琦啊！

于是，"二人稍稍有隙"——俩人开始闹矛盾了！

4

仁宗死后，宋英宗赵曙即位。此时的大宋政权掌握在曹太后手里，曰垂帘听政。

曹太后虽然是一介女流，但是出身簪缨世家，曾祖就是当年号称"宋初第一名将"的曹彬。而且，她有勇有谋，曾经靠一己之力击溃了围攻皇宫的叛军，在军政两界得到了大多数朝臣的支持。

与之相比，宋英宗赵曙就差了很多：

首先，虽然赵曙被拥立为皇帝，但其实他并不是先皇仁宗的亲儿子，而是曹太后的养子。因为宋仁宗赵祯的亲生儿子先后夭折，这才选了他当皇帝。

但是，令人没想到的是，刚即位三天，赵曙就得了疯病。而且这病时好时坏，赵曙经常无故发怒，似癫若狂，别说处理朝政了，有时候连身边人都不认识。这样一来，大宋的政权大部分还是掌握在垂帘听政的曹太后手中。

时间一长，再加上皇帝赵曙那里有几个太监总是说太后坏话，皇帝赵曙与曹太后之间难免产生龃龉。后来在韩琦、欧阳修和司马光三人的努力下，两宫才和好如初。

虽然两宫渐睦，但是当时朝廷上的大臣们分成了两派，一派以枢密使富弼为代表，坚定支持曹太后继续垂帘听政；另一派就是韩琦、欧阳修为代表的英宗赵曙的支持者，他们主张太后撤帘还政。

宋英宗赵曙治平二年（公元1065年），京城大旱，宋英宗赵曙着素服赴紫宸殿求雨，都城百姓蜂拥街头一睹新皇风采。

这次集会活动为赵曙赢得了基层百姓的支持，赚足了印象分，史载"都人争瞩目欢呼"。

韩琦一看机会来了！

瞅准个时机，韩琦向曹太后奏曰："太后啊，皇帝已可以独自处理政务，再加上您老人家垂帘听政，现在国家一切都步入正轨了。我韩琦老得实在干不动了，想最近就辞官告老还乡！"

曹太后什么人啊，跟着先皇仁宗几十年，什么宫廷内斗、朝臣倾轧没见过，韩琦话没说完，她立即就明白了——这是要让她还政英宗的意思，不还政韩琦就得辞职！

韩琦作为大宋宰相，掌管中书三省，没有他这大宋朝廷就得瘫痪。曹太后虽然久居深宫，这点道理还是懂的，她咬咬牙——这届下属也不行啊，让还政就明说呗，还在老娘面前耍小九九。

于是，她想都没想马上回道："韩首相啊，国家大事还得靠你处理呢，你怎么能辞职呢！还是我撤帘退居幕后吧！"

史载，曹太后曰："朝廷大事，全仗相公，相公如何可去！我却不妨退居深宫。"

韩琦一听，这么大的事居然三言两语就成了，事不宜迟，赶紧趁热打铁道："还是太后贤德，不知道太后您想什么时候撤帘还政？"

曹太后一看，这韩琦真是够可以的，比赵曙还着急，看来还政肯定要还了，索性好人做到底，于是道："既然要撤帘，就别选日子了，现在吧！"

韩琦一下子懵了，没想到曹太后如此干脆利落，一点没有贪恋权力的意思，倒显得自己有点小人了。不过为了皇帝能早日亲政，当小人就小人吧。回过神来，韩琦赶紧对正候在门外的礼宾部门銮仪司大声道："太后已经下旨撤帘还政，銮仪司还不赶紧执行。"

韩琦担心夜长梦多，甚至等不及銮仪司走完必要的撤帘程序，他亲自上阵走上前去，撤掉了挡在太后面前的竹帘。

史曰：（太）后未及答，即顾左右曰撤帘。

等到富弼上来汇报工作的时候，一看直接懵了，殿堂上只有英宗一个人了，太后不在了！

曰：天子独当宁殿上矣！

富弼是个急性子，刚正不阿，匆忙汇报完工作，下来就找韩琦发火了，你韩琦什么意思，虽然你掌管中书，但是枢密院归我管啊，撤帘这么大事，你韩琦居然也不提前跟我商量商量，太不把我富弼放眼里了吧！

韩琦也感觉这事干得不是那么地道，赶紧给富弼解释："老富啊，真是对不住，不是把您当外人，实在是事出突然，不这么弄撤帘还政还不知道推到什么时候呢！"

富弼没有听完韩琦的解释，竟拂袖而去……

从此，富弼再也不跟韩琦有任何联系了，后来韩琦病死老家，富弼也没有前往祭奠。

史载："其后魏公（韩琦）薨于乡郡，而郑公（富弼）不吊祭。"

濮议之争：领导的智慧

1

公元 1066 年，宋英宗赵曙治平三年，正月二十日。

虽然刚过元宵节，寻常百姓家还沉浸在新年欢乐祥和的气氛中，但是今年的皇宫内却毫无喜气可言，就连曹太后福宁殿门口的灯笼都是去年撤帘还政时皇帝命人给换的，刚过的新年甚至没有做任何装点。

这也不怪皇帝不给张罗，主要是自仁宗崩逝英宗继位这两年多来，曹太后过得着实委屈。

当年仁宗和曹后感情不和，未诞下一男半女，仁宗的亲儿子们又先后夭折。不得已，曹后在宫中领养了两名宗室子弟，其中一个就是后来的英宗赵曙。

史载，英宗赵曙"天性笃孝，好读书，不为燕嬉亵慢"，是个尊敬家长、不喜玩乐、爱学习的好孩子。

可就是这么一位好孩子，不知道是不是在备胎的位置上待太久了，受不了被扶正的惊喜，刚登基当皇帝就得了疯病，一开始只是"不知人，语言失序"，后来竟然"号呼狂走，不能成礼"。

英宗赵曙有病处理不了朝政，只好依先朝旧例由曹太后在御内东门殿垂帘听政。

曹太后垂帘听政的那段时间，英宗的病情时好时坏，还经常言语冲撞、忤逆太后，两宫的关系逐渐成剑拔弩张之势。一个朝廷两个主子，下边的朝臣们也自然就分成了两派，一派是都堂宰相韩琦、欧阳修带领的"保皇派"，他们支持太后撤帘皇帝亲政，另一派就是枢密院枢密使富弼支持的"挺后派",要求曹太后继续垂帘听政。

虽然后来曹太后没顶住宰相韩琦的压力,主动还政英宗,但是她在军政两界的势力依然强大,两宫的关系并没有因为还政而有所缓解,甚至更加尖锐。而随后的"濮议之争",更是将两宫的矛盾推到了顶点。

事情的起因是这样的,宰相韩琦和欧阳修在赵曙亲政后突然上书,要给赵曙逝去的亲爹、濮王赵允让加封"皇考"。

"考"这个字比较特殊。根据《礼记》,"父死曰考"。但是,赵曙早在童年时候就过继给了仁宗皇帝当儿子,也就是说宋仁宗才是赵曙的父亲,也只有宋仁宗死后才有资格在牌位上写"皇考"。当然,也正因为这个原因赵曙才有了继承皇位的法理依据。按照礼法,赵曙的亲生父亲濮王赵允让只能在牌位上写"伯",最多写个"皇伯"。

所以,韩琦、欧阳修的这份奏折多少有点奉承当今官家的意思,甚至连英宗赵曙自己也感觉先皇仁宗刚驾崩就急着给自己亲爹正名,这事儿不好办,于是就给压了下去。

一年后,也就是治平二年,韩琦和欧阳修又再次提出此议。这时候的赵曙已经完全控制了朝政,所以他感觉是时候腾出手来给自己死去的老爹一个交代了,于是下诏太常礼院,着在京所有两制以上官员讨论,从而引发了中国历史上一场持续达十八个月之久的论战,史称"濮议之争"。

按韩琦、欧阳修的想法,上边有皇帝赵曙暗中支持,下边两人搭台子唱戏,靠着自己几十年来在官场的人脉关系,给皇帝亲爹加个封号,还不很简单。但是令他们万万没有想到的是,提案刚刚发下去,就立即引起了百官的强烈反对。虽然欧阳修为此亲自撰写"濮议二篇",试图笼络更多的士人和自己一起发声,但却引起更多官员的反感。尤其是两制官员王珪、谏官司马光、范仲淹的儿子范纯仁、吕海、吕大防等人,他们反复上书,批评韩琦、欧阳修等人的提议。更令人想不到的是,甚至连当年英宗潜邸时的一批内臣也开始反水,坚决反对此议,一时间,群情激愤。

就在大臣们吵得不可开交的时候,身居后宫的曹太后也坐不住了。她亲自手写诏书，把韩琦、欧阳修狠狠骂了一顿。而且这时候又有人开始游说太后，提议太后废帝。

英宗赵曙一看这么搞下去，不但不能给亲爹晋封号，搞不好连自己也得给搭进去，不得不再次将该议案搁置。这一搁又是一年过去了。

一轮风波下来，曹太后心里也是五味杂陈。这一年来，都堂和枢密院已经势同水火，都堂的宰执们无心理政，枢密院那边更是整日搜罗对手的黑状公诸朝堂。如果再这么下去，大宋朝廷将为个封号吵得终无宁日，国家机器都很难运转了。看来是结束这场纷争的时候了，既然自己可以撤帘还政，为什么就不能再让他一步呢？

想到这里，曹太后心里放松了很多。

正在这时，一个小黄门匆匆跑了进来，跪倒在太后面前毕恭毕敬道："启禀太后，天章阁内的小桃今晨开了小花，为今年第一枝。官家特地在天章阁准备了暖炉和酒宴，想请太后一起去赏花酌酒。"

听完禀告，太后才想起来，英宗已经很久没来请安了，不免心中一紧，她立即收敛了脸上的戚容，换上往日的笑意道："那就请转告官家，哀家一会就到。"

虽然外面依旧春寒料峭，垂拱殿内却因为气氛紧张，每个人都出了一身的汗。

垂拱殿是皇帝平时接见中书列位宰辅、商议朝政的地方。

不过今天很奇怪，皇帝赵曙坐在龙椅上半天没有说话，瘦削的脸庞上也渗出了汗滴，他等不及太监过来擦拭，自己用龙袍擦了擦额头，转身对旁边的太监道："去问一下韩相，写好了吗？"

小太监应声而去，还没走到门口，垂拱殿的大门就被人推开了。

走进来的是一位身材魁梧的老人，虽然已经年过半百，但是走路依旧健步如风。他趋步到英宗台前，双膝微弓，正欲行礼，英宗已经从龙椅上跳下，一把挽住他的手臂，道："韩相辛苦了。诏书写好了？"

来人甩开英宗的手，继续双膝跪地，完成君臣大礼后，方才从袖中掏出两份诏书托过头顶，回道："回官家，韩琦已将诏书起草完毕。请官家核改！"

英宗接过诏书，看都没看，就将跪在地上的韩琦扶了起来。接着，他把其中一份塞入袖中，另一份交给旁边的小太监道："这份诏书即刻签押，送往中书。"

接着，他转身问另一个小太监道："现在太后到哪里了？"

"回官家。刚才奴才已经给太后送了口信，估摸着这会太后正赶往天章阁的路上。"

英宗回头看了看站在台下的首相韩琦，又看了看其他的大臣，双手握了握拳，道："各位臣工，朕现在就去天章阁见太后，能否成签就在此一举了。大家先回都堂等候消息吧！"

说完，英宗赵曙转身绕过龙椅后的屏风匆匆走了。

3

天章阁始建于宋真宗年间，用来储存先皇遗书笔札。因为天章阁为皇家私用之所，为禁中之禁，所以后来成为一种象征，很少对外臣开放。比如庆历年间，仁宗皇帝为了表示对范仲淹、富弼等人推行新政的支持，特"开天章阁，召对赐座"。

两宫不睦，太后、皇帝这个新年过得也很冷清，皇宫内鲜有铺排。但是这天章阁地位特殊，阁内每日依旧暖炉熏香，供应不暇。一个冬天下来，阁内的两株小桃居然吐绿发芽，开了遍树红花。

英宗赵曙自幼长在太后身边，知道太后素喜嫣红。为缓和两宫关系，今日垂拱殿议政，英宗提议请太后天章阁赏花。宰臣们一想，机会难得，赶紧给皇帝建议说，"濮议"不停，两宫矛盾不释，与其为缓和矛盾请太后赏花，不如就釜底抽薪，趁此机会一举得到太后在诏书上的签押。

皇帝一想，也对，自己和太后矛盾的焦点就是"濮议"，这事儿解决不了，即使矛盾暂时缓和下来也会再出现反复。为此，他特地将请假在家的韩琦召回禁中，起草了尊濮王赵允让为皇考的诏书。

曹太后的銮驾到天章阁门口的时候，英宗赵曙早就迎候在门外了。

看太后的銮驾近了，他快步跑到跟前，赶在宫女的前面，伸手扶住了太后。

曹太后愣了愣，迅即脸上挂满笑容，从轿辇里走出来，顺带着问身边的英宗道："官家今天怎么这么好心情，请哀家来赏花了？"

英宗有些不自在，自己确实很久没去跟太后请安了。他轻咳两声，答非所问道："今天听天章阁小黄门禀告，说这里的小桃吐新了。皇儿知道娘娘素来喜欢桃红，特略备了些酒菜，请娘娘一起来赏花小饮。"

听完皇帝的介绍，太后心情似突然好了许多，只听她咯咯一笑："官家费心了！"

史载，曹太后"喜酒"。意思是，太后喜欢喝酒，没事就喝两杯，再加上当年曹家出身军旅，从小看着父亲、伯父们在军营里饮酒，所以这太后酒量自然也不差。

不过今天这酒喝着有点上头，史曰"太后有酒"，喝着喝着就有点昏昏沉沉的似要睡去。

英宗一看差不多了，忙趋步走到太后身边，恭谨道："娘娘，皇儿这里有一份诏书，需要您的亲笔签押。不知道您还能写字吗？"

曰，"上至太后榻前拜，以一书封进，求太后押字"。

曹太后微微一乐，心里禁不住地难过，看来这个时候还是来了，于是故作醉态道："这点酒还能妨碍咱写字不成？"

说着，她就接过皇帝手中的诏书，看也没看就签了字。

4

虽然早已过了午时，但是中书门下的都堂内却没人去吃午饭。

首相韩琦背着手站在窗口，双眼一动不动地盯着大内的方向，伟岸的身躯被午后的阳光拉出了一道长长的黑影，洒在地上。

自治平二年"濮议之争"以来已经过去了十八个月，在这一年半的时间里，朝廷之上分成了两派。明眼人都能看出来，两派之间明里是在争濮王封号，实际上是在太后和皇帝之间选边站队。他们为了各自的目的借着"礼"和朝廷的名义在朝堂上慷慨陈词，有时候不惜攻讦对手，朝廷之上一时乌烟瘴气，再这么下去大宋根基势必会被撼动。作为宰相，韩琦必须要结束这场纷争，不管是为了宋英宗赵曙还是为了大宋。而当初争论的焦点给濮王上"皇考"还是"皇伯"封号，在韩琦看来已经不重要了。

所以，今天在垂拱殿里，当宋英宗说出要借赏花之名骗太后签押之时，韩琦想到没想就答应了，并亲手起草了诏书。

"韩公，以您之见，官家此行是否能够换得签押？"大文豪欧阳修的声音从身后传来。

欧阳修毕竟是一介文人，虽然跟着范仲淹、韩琦他们混了很多年，但始终称不上是合格的政治家，对朝堂内的那些躲闪腾挪虚与委蛇还是把握不准，关键时候不得不向韩琦请教。

韩琦赶忙欠身回礼，惨然道："欧公难道不知，当今曹太后出身簪缨，自曾祖大将军曹彬以来，一代名门，五位上将军。曹太后年轻时就有酒名，逃婚嫁帝，无嗣为妃，无子为后，临危不乱，处变不惊，救先皇于危难，挽江山于既倒。欧公试想，以当今官家的手段能哄过太后吗？"

听完韩琦的分析，欧阳修额头上不住地冒汗，嗫嚅道："那……那……那韩公为何还冒如此大风险劝官家请太后饮酒。这岂不置官家和中书诸位宰执的性命于危地了吗？"

韩琦微微一笑，双手搀扶住欧阳修即将倒地的身子，道："欧公，请放心。正因为曹太后聪慧过人，阅人无数，处处以大宋社稷为重，韩某才敢支持官家行此棋的。"

话音未落，大门被人哐当一声推开了。

英宗皇帝身边的小太监应声而入，刚进外间就大声吆喝道："韩相公，韩相公，诏书来了，诏书来了！"

宰臣们呼啦一下都围了上来。韩琦顾不上打招呼，从太监手里接过诏书，迅速撕开了封套，诏书还是原来韩琦手写的那一份，只不过在最底下赫然有了当今曹太后的亲笔签押。顿时，中书值房内爆发出一阵欢呼声……

韩琦绕过正在庆祝的众人，走到门外，整理朝服后跪下，向着曹太后福宁宫的方向连拜三次，泣啼道："太后真乃天下第一贤德啊，朝廷之福，百姓之福。"

叩谢完毕，韩琦痛哭，久久不能起身……

最终，"濮议之争"以曹太后亲签诏书承认濮王"皇考"尊号的形式止息。

不过，令人意想不到的是，英宗赵曙还没来得及给濮王举行加尊仪式就突然暴毙身亡，这事儿也就不了了之。

宋英宗：大家都是手艺人！

1

治平元年（公元 1064 年），宋英宗赵曙即位。

为这一天，赵曙等了整整三十年。

上台伊始，看着台下那黑压压的人头，赵曙心里还是有点露怯，坐在龙椅上战战兢兢，紧张得手都不知道往哪里放。不是因为别的，就因为自己不是先皇仁宗的亲儿子，所谓"根不正"。再加上，曹太后垂帘听政，牢牢把握着军政两界。

当时的大宋朝堂上，分成了以韩琦、欧阳修为代表的"挺皇派"和以富弼、张昪为首的"保后派"。

韩琦、欧阳修主政政事堂，管理全国的财税盐铁等内部政治事务。而富弼、张昪负责的枢密院则掌管全国军队和外交工作。

时间一久，两宫的矛盾就公开化了：英宗经常在韩琦面前抱怨太后管得宽。

太后也没少跟富弼诉苦，曰"无夫妇人无所告"。意思是，俺一个寡妇只能给你枢相唠唠。

这一下子就打动了耿直的富弼。

史载，富弼见英宗，奏曰："方仁宗之世，宗属与陛下亲相等者尚多，必以陛下为子者，以陛下孝德彰闻也。"

意思是：当年仁宗皇帝无子，备胎有的是，之所以选你，是因为你孝顺罢了！

英宗一听，这怯就露得更大了，只好连连点头。

没想到富弼还没完。接着，他用笏板指着龙椅说："非陛下孝德，孰可居此？"

这话更直白：您要是对太后不孝顺，谁在这上面坐还不定呢。吓得英宗赶紧俯身鞠躬，曰："不敢。"

2

就这样过了两年，韩琦迫曹太后撤帘还政和"濮议之争"后，宋英宗赵曙真正掌握了帝国权力。

这时候的赵曙才找到做皇帝的感觉，心里的那点怯才渐渐不那么露了——咱不是仁宗的亲儿子，最起码也是太祖太宗的亲孙子啊，老赵家优良基因的正宗传承还是在的！

坐在那个位置上，又有了这点底气，赵曙就开始想也像先祖那样搞点君君臣臣父父子子的事干干。毕竟老赵家是靠搞这一套得的天下，不搞好像对不起先祖传下来的这点手艺。

可要是真搞，赵曙心里还是没底——怕没有先祖们的手艺好、活细。

可又一想，太祖皇帝当年"一根盘龙棍打天下"、整天白刀子进红刀子出，干得都是粗活，能细到哪去？就连那年陈桥驿那事儿，太祖也就"固辞之"——谦虚几下黄袍就穿上了，带着队伍就进了城，手脚比谁都麻利！

还有太宗老爷爷，"烛影斧声""金匮之盟"这些事哪件做得细了？到最后不都成了？

想到这里，赵曙决定试试。他找的第一个人叫文彦博。

因为在赵曙看来，文彦博是自己人，最起码不会像富弼一样敢指着自己的龙椅说话。

3

史载，文彦博"立朝端重，顾盼有威"，是大宋帝国历史上跟范仲淹、韩琦、富弼一样不可多得的人才。

可在当时士人眼里，二十一岁中第的文彦博不仅学问好，而且套路深。

当年，张贵妃的父亲是文彦博家的门客。所以，张贵妃称呼文彦博为伯父。

那年文彦博正在成都当知州，贵妃突然给他来信，要他织几幅蜀锦送到汴京。

上元节那天，张贵妃就穿着蜀锦面见皇帝。官家一看，这衣服不错，哪里来的。

张贵妃才说，自己伯父文彦博送来的，但不是送给我的，是送给官家您的。

史曰："盖彦博奉陛下耳！"

仁宗一听，很高兴，"上色怡，自尔属意彦博"。不久，仁宗就提拔文彦博为参知政事，成副宰相了。

还有一年，贝州军队哗变。仁宗派军剿了半天也没能剿灭。一天，仁宗在后宫抱怨："这届下属真不行，没有一人真正想为朝廷卖力剿贼的！"

史载："仁宗曰，无一人为国分忧者，日日上殿无有取贼意。"这话被张贵妃听了去，立即遣人给文彦博报信。

第二天，文彦博就奏请亲往前线剿贼。仁宗一看，大喜，遂任命他为统军。

文彦博上任不久，贝州就光复了。仁宗一高兴，拜文彦博为同平章事——成了正宰相、中书政事堂一把手。

后来仁宗皇帝大病，于是玩套路出身的文彦博联合富弼等人力谏皇帝立储，这才有了英宗赵曙。只是后来，文彦博母亲去世，他丁忧回家，没赶上新帝登基。

宋英宗治平二年，文彦博从河南老家入京述职。

签到、递交年终总结、述职一应程序走完，英宗赵曙拉着文彦博坐在自己身边，慰劳有加。

末了，赵曙才低声说："我能在龙椅上坐着，多亏了老文你！"史载，英宗曰"朕得嗣立，多出卿力"。

文彦博一听，立马一惊，官家今天这是要套路我啊！这一辈子光套路别人了，今天还能被你给套路了？

于是，文彦博正色道："官家，您这话说的。您之所以能做到这位置上，是因为您英明神武、睿智果敢、仁孝两全，想想您等了三十年，普天之下您找找去，谁人有这耐心，谁有这魄力，谁有这历史机遇，不选您选谁？所以说，您坐这个位置是理所应当的，是历史选择了您。如果要说靠谁，也就是先皇和曹太后慧眼识珠，发现了您。我文彦博干的那点事儿，能叫事儿吗，不过是时代赋予我的使命，换作别人也会这么干！"

英宗一听很高兴，都说文彦博懂规矩会来事，今天一看果然名不虚传。

于是，英宗拉着文彦博的手道："文老真是居功不傲、高风亮节啊！现在朝里没位置，您先回去，等空出来位置了，一定第一个把您调进来！"

曰："今暂烦卿西行，不久即当召还。"文彦博诺诺，乃退。

4

有了点经验，赵曙慢慢似乎也悟出来一点道理：

这种事没有什么手艺好坏活粗细的问题，无非就是把自己人搞得多多的，把敌人搞得少少的，有哪门子艺术？

一想到这里，赵曙决定找富弼谈谈。

于是，赵曙"因弼尝与议建储，特加户部尚书"——初战告捷，套路都懒得换了，直接封官。

这时候的富弼是枢密使，大臣中排行第二，也算是位极人臣，一般的官他也看不上。英宗思量来思量去才想到这个户部尚书的位置。

户部是大宋政府部门三省六部中最有权力的部门之一，掌管全国的赋税钱粮，是有名的权力大油水多责任小，多少人挤破头皮想进这里任职。

让富弼来这里干一把手，英宗有三层意思：

干得好，这就是皇帝的恩典，富弼得感激涕零，这样太后那边就没人了。

干不好，就得问问他当年拿着笏板指老子是什么意思了！

还有，如果富弼不想上套，只有辞职，那不就有位置了嘛！

富弼接到任命诏书的时候也是一愣——这套路看着也忒熟了！当年刘太后整曹利用的时候就用的这个套路。

于是，富弼乞辞曰："建储系国家大计，廷臣均有此议，何足言功？且陛下受先帝深恩，母后大德，尚未闻所以报，乃独加赏及臣，臣何敢受！"

意思是：官家，公是公私是私，建储那事儿是先帝和太后做的主，别跟咱玩套路耍手艺，这活俺富弼不接。

英宗不从。再奏，仍不允。

富弼一看，再这么辞下去也没意思，要想不上这套，只能裸辞了。第二天，富弼"以足疾力请解政""坚辞枢密"。

英宗又慰留了几次，"始命弼出判扬州，封郑国公"。富弼辞职后不久，英宗即召文彦博入京，拜枢密使。枢密使这个位置，英宗早就给文彦博留好了！

司马光：那年，我终于害怕了

1

古往今来，无论东西，人主们大都是玩套路出身的。这里面，大宋朝的官家们绝对算是套路界的高手。

想当年，太祖在陈桥就搞了个"天无二日"的套路，一下子就把人家老柴家的江山套路成姓赵了。

太宗赵炅的水平也不差，先是"烛影斧声"，后来"金匮之盟"，哪套手段要得都不比兄长差。

真宗更绝，不仅套路人，还敢套路天，搞了个所谓的"天书"就敢去泰山封禅……

既然有人玩套路，那就有人被套路。

被官家们套路的人里面，司马光的心理阴影面积绝对能排到前三。

2

那年，司马光还只是开封府的一个小吏。

越南交趾那边抓了一个异兽，专家鉴定说是瑞兽麒麟，要万里迢迢给仁宗送来。

仁宗皇帝很开心。

大宋朝官家们笃信黄老，流行炼丹吃药，对于"天书""麒麟"这些物件都视为祥瑞——预示自己的文治武功空前绝后，帝国的生意蒸蒸日上。

上边领导好这口，下边人自然也都跟上。尤其是真宗朝，自从真宗搞了个"天书"封禅以来，歌功献瑞之风日盛。当然了这祥瑞也不是白送的，对地方官而言，上司一高兴年底考评就是个大大的优，来年就可能加官晋爵。即使没有这些，送祥瑞不得敲锣打鼓？不得卤薄仪仗？这些不都得花钱？只要花钱，地方官就高兴。

不过，"天书"这东西真的假的，大家心知肚明，只是不说出来而已，所以真宗这活儿干得有点儿粗。

但这次不一样了——麒麟可是个大活物啊，这还能造假？所以，仁宗一高兴就降旨中书，议议吧！

仁宗这意思也很明白，大家都是科举考八股上来的，天天风雅颂赋比兴的挂在嘴头上，现在是考验你们的时候了，看你们谁能把这个故事给讲好，讲圆，讲出新高度！

诏令一出，歌功颂德的奏折就如雪片般飞来。什么任贤革新，什么尧舜禹汤，什么四海升平，什么乾坤日月明，都出来了。

这也难怪。毕竟有圣人门生的牌子在那立着，读书人的架子不能丢，所以以前这些东西写起来还有点露怯，多少有点扭捏，放不开。现在不同了，官家让"议议"，那就放开了写，日后要真被史官拿出来说事，也是"奉旨吹捧某某某"，跟那位"奉旨填词柳三变"差不到哪儿去，不丢人！

下边人不藏着掖着，大胆发挥，仁宗皇帝也很高兴，直到翻到身为开封府推官的司马光的折子。

司马光第一句话就表明了态度——"真伪不可知"。真的假的都不知道呢，就急着让大家写文章祝贺，这不好！万一要是假的呢？这影响多恶劣！

接下来，司马光说"使其真，非自至不足为瑞"。即使是真的，又不是麒麟自己跑来的，是咱们抓来的，也不算什么祥瑞。

最后，司马光给了一个处置意见——"愿还其献"。运送这玩意，敲敲打打锣鼓喧天几万里地，得花多少钱啊，别献了，让他们回去吧！

仁宗看完，心里老大不高兴，多少钱都花了，还差这点银子？可是不听他的吧，也不好给那些纳税的黔首们交代，万一再让那些史学家们知道给记上一笔，自己多年积攒的"仁"的人设就崩塌了。

司马光的奏折在仁宗那里留中多日，最后上面才写了两行朱批：

"循例"——以前怎么干的，你们还怎么干吧，出了事你们自己担着！

"擢司马光同知谏院"——司马光不是爱提意见吗，让他去当谏官，天天提！

3

本来谏官的职责只是指出皇帝工作的失误。

可是，国家就那么大，皇帝就一个，而谏官又不少，哪有那么多工作失误让你天天谏。而且根据宋制，谏官上任三个月内必须要有谏净，否则就会被外放。而且，要求每月至少给皇帝打一次报告，否则就会被罚钱。

到后来，谏官们的主要工作是专门给皇帝打小报告。

既然是小报告，范围就可以广点，哪个宰相刚纳了妾，哪个王公最近跟地方走动频繁，这些都可以报告。而且不用负法律责任，小报告嘛，"摆事实讲道理"是归大理寺那些政法部门的事儿，谏官只管报告就行了。

所以，谏官看着挺高端，其实是个得罪人的活儿！但是，耿直的司马光丝毫不以为意，一干就是五年。

在这五年里，司马光一共写了一百七十多个奏章，除给皇帝提意见，上至王公贵族下至地方节度使知州都在其弹劾范围之内。

4

嘉祐间，仁宗老了，身体越来越差，有一段时间甚至一病不起。可是，年老的仁宗皇帝因为没有儿子，一直没能选好继承人。

这让下边人很着急。所谓"君君臣臣"，这君都快没了，臣子的样子做给谁看？

可这事关涉官家的个人能力问题，比较敏感，不大好说。说轻了，官家不听，等于没说；说重了，官家面子过不去，一生气，自己的头就没了。于是，"天下寒心而莫敢言"。

那时候，司马光正在并州任上。他连上三道奏疏，要求立国嗣，正根本。结果三道奏疏都如泥牛入海，仁宗皇帝压根没理他。

年底，正赶上司马光来京做年终报告，于是继续给皇帝面陈："臣昔所上三章，愿陛下果断力行。"

仁宗一看这回躲不过去了，只好打哈哈，你是说要在宗室内找个孩子立国嗣的事儿吗？正找着呢，爱卿别急，找到了马上就立！

司马光稽首拜退——看来那几年没白跟着官家，我提的建议，官家还是有考虑的。

过了一阵子，无论是政事堂还是枢密院都没有传出官家要立皇嗣的口风。司马光急了——官家这个套路深啊！

于是，他继续上疏：

"臣向者进说，意谓即行，今寂无所闻"——我原来说的那事儿您不是答应马上实施吗？怎么又没动静了？

接下来，司马光话锋一转，"此必有小人……特欲仓卒之际，援立其所厚善者耳"——这里面一定有小人，他们想等您归天的时候，立一个跟自己关系好的人当皇帝。

仁宗这回不好再打哈哈了，朱批道："送中书。"别老说朕不行了，有什么问题问宰相去！

根据惯例，有了这道朱批，就相当于皇帝已经把问题交给了宰相，司马光只用在家等着中书给回话就行了。

此时，中书的一把手是宰相韩琦。

而司马光、王安石等谏官们对韩琦的油腻一向颇有微词。

所以，一听说自己的奏章已经转给了中书，司马光就第一时间赶到了都堂，找到正在办公的韩琦，"公不及今定议，异日禁中夜半出寸纸，以某人为嗣，则天下莫敢违。"

今天要不把这事儿说死了，哪天皇帝突然去世，皇宫里随便有人说立谁为皇帝，到时候谁敢说个"不"字？

韩琦一看是敢怼天怼地怼皇帝的司马光，忙拱手赔笑，司马谏官请放心，我们一定会尽力的。

不久，仁宗立堂兄濮王之子赵宗实（即宋英宗赵曙）为皇子。这事儿才这么定了！

5

仁宗崩，宋英宗赵曙即位。

司马光继续在谏官的职位上满血在岗。

那年，京城汴梁发大水，开封城内的汴河决堤，官私庐舍毁坏不计其数，就连建在高处的皇宫大内也积水似河。

这时候，英宗赵曙做了一件最不英明的决定——打开皇宫的西华门，放水！

结果，西华门一开，洪水奔涌而出，一下子就把驻扎在外面的侍卫亲军的军营给冲垮了，大批士兵、百姓被洪水卷走溺亡。史载，由于西华门放水被淹死的人员达一千五百多名。

英宗赵曙这时候才感觉事态严重——上任不到两年，就捅了这么大娄子，不知道下边人怎么议论呢！

关键时刻，英宗还是捡起了老祖宗留下的那套套路——下诏，曰：求直言！

大家尽情讲，怼我怼得越狠越好，我深刻检讨！

大家一看，别看人家小赵官家年轻，这套路要得还挺熟练，不愧是老赵家嫡传血统，关键时候能屈能伸。于是，下边人开始配合着"直言"：

京师大水，水潦为灾，是天灾不是人祸。官家带头治涝，亲下基层，泥腿汗背，日理万机，偶犯小错无伤大雅。唯愿我主日后多与好人玩，少跟坏人耍，云云……

史家都不好意思看下去了，记曰："无非进贤黜佞等语。"直到司马光的折子上来，和谐的画风立即变了。

司马光说：

谁说这事儿不是人祸的？

第一，英宗对太后不恭，导致天怒人怨——两宫不和，天下皆知，作为儿子的赵曙负主要责任。

第二，放纵宰执弄权——矛头直指宰相韩琦。

第三，拒谏饰非——什么"求直言"？做做样子而已，别以为我不知道。

读完司马光奏折，英宗赵曙恨得牙齿痒痒，这个司马光胆子也忒大了，要不是看你拥立有功，这回老子非得治治你！

6

洪水的事儿还没完，宰相韩琦、欧阳修就撺掇着英宗给自己亲生父亲濮王加尊"皇考"，引起了满朝文武的一致反对，史称"濮议之争"。

但，此时英宗刚刚亲政，正是新官上任三把火的时候，谁也不想有把火烧到自己头上，一时居然没人敢站出来，曰"各大臣莫敢先发"。

反对派代表、翰林学士王珪气得直跺脚，现在韩琦、欧阳修这帮孙子要撺掇皇帝背信弃义尊濮王为皇考，将置先皇于何地啊。先皇待你们不薄，现在需要你们站出来了，谁敢写这个奏章？

关键时刻，还是司马光站了出来，曰"光奋笔立议"：

"受重者必以尊服服之"——想当皇帝您爹得是皇帝，才能服人。

"（仁宗）于宗室众多之中，简推圣明，授以大业，皆先帝德也"——当时仁宗皇帝无子嗣，您答应过继给他当儿子才传位给你，您得知道感恩。不然，当时备胎那么多，凭什么选你啊？

　　这一下子终于把英宗彻底激怒了。不久，他就把闹得最凶的三个人吕诲、范纯仁、吕大防贬到地方去了。

　　司马光一看，不能让三人给自己当炮灰啊，于是，上疏要求留下三人。

　　英宗，"不报"——不理你。

　　司马光继续上疏，要求自己和三人一起被贬。

　　英宗，"亦不许"——别跟我玩套路，想一起被贬成就自己的美名，门都没有！

　　此时的司马光，走不是，留也不是，被英宗套路得进退不能，最后，终于开窍了。

　　于是，他给英宗皇帝上了最后一道奏疏：

　　臣从事谏职，首尾五年，自本朝以来，居此官者，未有如臣之久。臣资质愚戆，唯知报国，竭尽朴忠，与人立敌，前后甚众，四海之内，处处相逢，常恐异日身及子孙无立足之地，以此朝夕冀望解去……

　　意思是，官家啊，我被您爷俩套路着干了五年谏官，天底下的人都被我得罪光了，真怕日后我的儿孙们被整，就让我走吧！我回家写书，坐冷板凳去也行！

　　英宗嘿嘿一笑，这个行！

　　不久，司马光被解除谏官职务，进龙图阁直学士——回家看书去吧！

韩琦：我为大宋接班人操碎了心！

1

有一阵子，宋仁宗赵祯的身体不豫，时好时坏，一度无法处理朝政。可当时的仁宗由于无嗣，还没有立太子。

这让下边办事的人很恐慌，生怕哪天皇帝突然晏驾，赵宋的江山就没了主心骨。于是，他们就闹着要仁宗皇帝从宗室里找一个孩子过继过来立为皇嗣。

当时的大宋朝内有军队哗变，外有党项人虎视眈眈，麻烦事可谓千头万绪。为什么那么多人不想着解决内忧外患，非要闹着立太子呢？

这里面就有很多"艺术"了。劝皇帝立太子，往大了说是为天下黎庶得享太平，往小了说也是忠赵爱宋。仁宗百年后，不管谁上台，自己都有点援立拥戴之功。于是，下边人上折子上得不遗余力，曰"争以立嗣固根本为言"。

仁宗皇帝赵祯在龙椅上风风雨雨几十年，什么大场面大人物没见过，下边人这点戏路他比谁都清楚。但是，赵祯更明白，这些下属个个都是人精，绝不能跟着他们的戏起舞，否则就被他们套路了。所以，赵祯依旧不动声色，既不表示认同也不反对。就这样过了五六年，"依违未之行"——还是没有立皇位继承人。

那时候枢密院的一把手是韩琦。

韩琦"风骨秀异，弱冠举进士"——"帅哥"加"学霸"的人设让韩琦在大宋官场混得很开，再加上和范仲淹一起在西北边境领兵多年，四十多岁韩琦就成了枢密使，掌管帝国的军事和外交工作。

仁宗皇帝久不立嗣，皇位继承人悬而未决，当年做知制诰的时候，韩琦也试着谏过两回。可是皇帝每次都把话题岔开，时间一长，韩琦也懒得再谏了。

不过，最近这段时间，以司马光、吕诲为首的年轻谏官们又开始言辞激切地催皇帝立储了。而且，他们开始把矛头指向了身为枢密使的韩琦，说他"久在中书，不思为人主分忧"，没有尽到臣子的责任。

看到司马光等人的奏章，韩琦呵呵一笑，他们这是要逼着自己一起给皇帝提意见啊，就你们这群小年轻套路官家就得了，还想套路老夫？

不过，韩琦转念一想，官家不立储，确实于国无益，既然司马光们套路不了官家，韩琦还是决定亲自上阵——就算是小年轻们的激将法奏效了吧！

2

那天，轮到韩琦给皇帝进讲。

进讲，就是给皇帝讲课——这是作为读书人的最高目标。

仁宗赵祯看见韩琦紫衣鲜服走进来，忙站起身，待韩琦一套面君礼行过之后方才坐下，又示意小太监给韩琦赐座——这是多年来仁宗皇帝养成的好习惯，任何时候都保持对朝中砥柱的尊敬。

"韩卿，今日我们讲什么？"未等韩琦坐定，赵祯就迫不及待道。韩琦将了下胡子，躬身施礼道："官家，今天我们讲的是《汉书·孔光传》。"

说着，韩琦就将早就准备好的一份誊抄《汉书》递给身边的小黄门，让他双手恭献给御案后面的仁宗赵祯。

孔光，字子夏，孔子十四世孙，西汉后期著名大臣，曾历仕汉元帝、成帝、哀帝三朝，在汉成帝朝当官最久、享名最盛，被封大司马。虽然是聊孔光，但韩琦不停地把话题往当时的皇帝汉成帝身上引。

汉成帝刘骜，年轻的时候"喜文辞，宽博谨慎"，口碑不错；后来当了皇帝却"荒于政事",任用外戚王氏,为后来的"王莽篡汉"埋下了伏笔。而且,刘骜跟宋仁宗赵祯有一个共同特点——无嗣。所以,后来刘骜病重,不得不立自己的侄子为太子,即后来的汉哀帝。

"韩卿以为,朕与成帝比如何啊?"赵祯不动声色道。

韩琦心中一喜,官家终于入坑了。这也正是君臣之道——表面一团和气,暗中各种试探、斗智斗勇。想到这里,韩琦忙起身跪地,稽首道:"汉成帝荒诞不经,虽宽博谨慎却荒于政事,岂能与我主相比!"

韩琦这话听着舒服,赵祯脸上掠过一丝令人难以觉察的笑容。

"不过……"韩琦看时机成熟,故意语气低沉道。

"不过什么?相公尽管道来。"仁宗大度道。

"不过,汉成帝虽是庸主,在年迈之后犹能以国家社稷为重,立自己的侄子为太子,还是很值得钦佩的!"韩琦眼看赵祯脸露忧色,于是继续道:"故,臣韩琦请官家以太祖宽宏之心为任,择宗室弟子立为皇嗣,以保宋室万代帝祚。"

韩琦说完,再次双膝跪地。

赵祯显然被他的一席话打动了,于是站起身扶起地上的韩琦,道:"朕近日也正考虑立嗣,不知道韩卿以为宗室之中谁更合适?"

闻听赵祯此言,韩琦知道自己的目的已经达到了。多年的宫廷斗争的经验告诉他,要想在大宋朝堂上继续维持自己的地位,而接下来的事情最好就不要参与了。想到这里,他整了整袍服道:"此非臣辈所可议,当出自圣择。"

仁宗听完韩琦的回复,呵呵一笑,他知道这是韩琦作为老江湖的自保之策,故也不再追问。

不久,宋仁宗赵祯下诏立堂兄濮王的儿子赵宗实为皇子,即后来的宋英宗赵曙。

3

仁宗崩，宋英宗赵曙即位，年号治平。

韩琦作为定策拥立功臣，加门下侍郎，进封卫国公。

就在韩琦以为宋室江山底定，人心思齐之时，刚刚继位数天的宋英宗赵曙"暴得疾"，甚至在仁宗的葬礼上"号呼狂走，不能成礼"。

虽然后来在太医们的精心调理之下，赵曙逐渐恢复健康，但治平三年（公元 1066 年），病情再次复发。

这次，赵曙病得很重，甚至数月不能视朝。又因为他刚登基三年，还没有来得及立太子，一时庙堂内外惊疑。

那时候的韩琦已经是政府一把手——宰相了。

这日，韩琦带着大学士张方平面见已经病入膏肓的英宗赵曙。

"陛下久不视朝，中外惊疑，请早立储君，借安社稷！"当韩琦看到赵曙第一眼起，他就知道留给自己腾挪的时间不多了，故单刀直入道。

此时的英宗虽是由多人搀扶，但也已疲惫难支，只能微微点头。看英宗没有反对的意思，韩琦立即命令张方平呈纸砚，让英宗亲笔书写立太子诏书。

英宗被太监们驾着，勉强提笔，写了几个字"立大大王为皇太子"。韩琦一看，这不行啊，太子诏书这关系着宋室帝祚，"大大王"可以理解为"大儿子"，也可以被别有用心的人认为是前朝皇帝们被封王的嫡长子。

于是，韩琦一面命令张方平重新起草正式诏书，一面对英宗道："立嫡以长，想必官家您是想立长子颖王顼。还请官家亲笔书明！"

说话间，张方平已经将诏书起草完毕，在中间要书写太子名字的位置留了空格。

韩琦立即将诏书呈给英宗，请他亲笔填入"颖王顼"三个字后，方才松了口气，退出内廷。

十二月，十九岁的颖王赵顼行立储礼，正式被立为皇太子。

4

宋英宗治平四年（公元 1067 年），正月，夜。朔风怒号，阴霾四塞。

宋英宗赵曙躺在福宁宫的龙床上，刚刚晏驾。

根据皇室规矩，成年及已受封皇子不能住在大内。所以，龙床下边跪着的除奉命值守的宰相韩琦和副宰相曾公亮外，就是皇后等几位后宫妃嫔了。

皇帝刚刚驾崩，福宁宫内哀声一片。

即使跪在地上，韩琦依旧没有停止思考，他想到了市井中流传甚广的"烛影斧声"的传说，当年太宗皇帝就是提前一步赶在武功郡王赵德昭的前面进宫，继承了太祖赵匡胤的皇位。作为大宋的宰相，韩琦十分清楚，现在的大宋朝，外强中干，群敌环视，再也不能经历任何一场政局的动荡了。所以，英宗刚刚咽气，韩琦就命太监赶往东宫，迎太子赵顼进宫继位。

现在，太监已经去了快一个时辰了，还没有来。韩琦心里十分着急，跪在地上的双腿不住地抖动着。

正在这时，韩琦感觉有人在推自己。他扭头一看，副宰相曾公亮正用手指着龙床上的英宗道："韩公，你快看，官家的手好像在动！"

韩琦顺着曾公亮手指的方向看去——英宗果然抬起了手腕，虽然动作幅度很小，但确实在动！

来不及多想，韩琦立即站起身，冲着门外大声喊道："快传太医！官家还没驾崩！"

皇帝病入膏肓，本来太医们就一直在门外候旨。听到传唤声，他们立即冲了进来，把脉的把脉，掐人中的掐人中，忙得不亦说乎……

这时候，曾公亮走到正急得团团转的韩琦身边，低声道："韩公，现在官家还未驾崩，是否应该传令太子不得进宫？"

韩琦看了看曾公亮，又看了看龙床上的宋英宗，毅然地摇了摇头，态度坚决道："继续火速宣太子进宫继位，即使官家复生，也只能尊太上皇了！"

《续资治通鉴·卷六十五》："琦拒之曰：'先帝复生，乃太上皇。'愈促之。"

最终，太医们无力回天，年仅三十五岁的宋英宗撒手人寰。太子赵顼匆忙进宫，检视英宗遗体，于灵前即皇帝位，即宋神宗。

卷六

◉ ◉ ◉ ◉ ◉

宋神宗赵顼

欧阳修：最适合当朋友的那个人，被他们给"生活作风"了

1

公元 1067 年，宋英宗治平四年。

刚刚继位的宋神宗赵顼还没来得及给老爹英宗皇帝发丧，就收到了一封检举信。

信是身为谏官的监察御史刘庠写的。他要检举的人是早已名满天下的大才子、当时大宋文艺圈的扛把子——欧阳修。

刘庠在检举信中写道：

英宗之丧，欧公于衰绖之下，服紫地皂花锦丝袍入临。

意思是，在英宗皇帝灵前，欧阳修竟然耍心眼，外面穿丧服里面还穿锦衣丝袍。说小了，这是对前朝官家的大不敬；说大了，这能算蔑赵藐宋。

最后，刘庠提出要神宗皇帝对欧阳修贬责——降他的官，罚他的俸。

神宗赵顼看着手里的检举信，心里苦笑不已。这届下属的水平也真是可以，你什么时候检举不行，非得这时候检举。老子初登大位，这凳子还没暖热呢，你就让我处理欧阳修。欧阳修什么人啊，全天下文人的楷模，不说别的，就是他手底下那些学生苏轼、苏辙、曾巩、曾布、程颢，哪个好惹？拔萝卜带泥，到时候这群人的唾沫星子都能淹死我。让我处理欧阳修，这个套我可不上！

于是，神宗把刘庠的检举信留中不发——当没这回事。然后，神宗让人通知欧阳修，把丧服里面的衣服赶紧换了，别再给老子添堵了。史曰："上遣使语公，使易之。"

神宗刚把这事给压下去，就又有人来告欧阳修的状，说他"私从子妇"——跟自己儿媳妇关系暧昧，德不配位，有损大宋帝国形象，误导百姓，要神宗将他削官，下狱。

欧阳修虽多次上章力证清白，但依然百口莫辩。一时流言汹汹，大有积毁销骨之势，他只好闭门谢客，整日躲在家里。

时间一长，神宗也看出这里面的文章了。什么帝国形象、误导百姓；这些言官们才不在乎呢，他们所关心的只有一条：赶欧阳修下台！

2

欧阳修出身寒微，四岁父亲早逝，家贫，母亲以芦苇画地教他识字。

那年高考，欧阳修一战成名，连中监元、省元。要不是主考官晏殊看他太狂，故意压一下他的气势，欧阳修肯定要三元及第的。所以，一直到最后两人关系都很紧张。

那时候的欧阳修，写文章"天才自然，超然独骛，众莫能及"，很快混成了大宋文艺圈中首屈一指的人物，"天下翕然师尊之"，成了大宋所有文人们的竞相效仿的偶像。

成名之后的欧阳修，深知读书人成功不易，所以，对后起之秀分外照顾。曰"奖引后进，如恐不及，赏识之下，率为闻人"。那时候，欧阳修的朋友圈里：范仲淹、梅尧臣、苏洵、韩琦、富弼是好友，王安石是忘年交，苏轼、苏辙、曾巩、程颢是学生……

当然，除了积极推荐有能有才者，对这些后生们有知遇之恩外，天下文人们愿意"师尊之"，主要还是因为人家欧阳修的为人。《宋史》载，欧阳修"笃于朋友，生则振掖之，死则调护其家"——朋友活着的时候对其倾力相助，朋友死了就替其照顾家人。

那年，好友范仲淹为谏官，多说了两句，把皇帝惹恼了。于是，当时的官家仁宗皇帝指示有关部门提个建议，要把他贬官外放。满朝文武都知道范仲淹没什么错，可迫于当时朝堂上的微妙局势，除了欧阳修没有人敢为范仲淹辩护。当时的司谏大臣高若讷想拍一下太后和仁宗的马屁，于是落井下石，按照皇帝的意图拟好了弹劾范仲淹的奏章。没想到，欧阳修知道后，立即给高若讷写了一封信，要他立即停止弹劾范仲淹，并谓"其不复知人间有羞耻事"。意思是，高若讷你这么干，太不要脸了。

后来，范仲淹还是被逐出了京城。欧阳修、尹洙、余靖等人因为跟范仲淹关系好，被污蔑为范仲淹"党人"。这一下激怒了欧阳修，他奋笔疾书，洋洋洒洒写了一篇《朋党论》，呈给了仁宗皇帝。

他在这篇文章中，第一句就说"君子以同道为朋，小人以同利为朋"——老子就是跟范仲淹是朋党，怎么了？我们是君子，你们是小人！

就因为这事，欧阳修把仁宗得罪了。仁宗本来要罚他出谪外地的，可当欧阳修来给仁宗辞行的时候，仁宗又不舍得将他外放了，老欧啊，别走了，坐段时间冷板凳，去编唐史吧！

于是，欧阳修只好奉命去修前朝国史——《唐书》。因为，修史需要调阅大量文书，责任大，任务重，晋升慢，出力不讨好，所以，朝廷给他配了个手下——大学士宋祁。宋祁负责修《唐书》列传部分。书成之后，欧阳修在作者栏加上了宋祁的名字。

官家拿到书一看，这不行啊，这违反传统啊。根据传统，国史只能有一个作者，老欧，你拿回去修改一下，把宋祁写的那部分稍微改改，就当你写的，不署他的名了！

过了几天，欧阳修把书送来了，曰"一无所易"，一个字没改。有御史就劝欧阳修：老欧，根据惯例，书上只写官职最高的人名，你官最高，写你的名就行了，得按惯例来啊。

史载，"御史曰，只列局内官高者一人姓名，公官高宜书"。

没想到，欧阳修并不为之所动，淡然道："宋祁是我的前辈，列传部分宋学士付出很多心血、时间，我怎么能将他的功劳据为己有呢？"

最终，官家还是听从了欧阳修的建议，所以，我们现在看到的《唐书》上出现了两个作者!

令人意想不到的是，就是这么一位才大名盛、虚怀若谷的天下名士，却被一些人给盯上了!

3

欧阳修行事刚劲，且论事切直，时间一长就得罪了很多人，曰"以是怨诽益众，人视之如仇"——欧阳修的仇人很多!

虽然，跟欧阳修结梁子、想搞他的人不少，但是他依旧"风节自持"，再加上跟皇帝关系不错，一时也没人能撼动他，直到一个叫蒋之奇的人出现!

宋英宗治平三年，英宗为了给自己的亲生父亲濮王加"皇考"尊号，引起了一场持续十几个月的朝堂辩论，史称"濮议之争"。

在这场旷日持久、牵涉甚广的争论中，包括司马光、范仲淹的儿子范纯仁在内的谏院派占了朝臣的绝大多数，他们坚决反对给濮王尊"皇考"，只差没指着英宗的鼻子骂他过河拆桥了；而韩琦、欧阳修代表的政事堂却坚定地站在了英宗一边，而且向英宗表态要么把谏官们逐出京城，要么自己辞职。

当时，司马光代表谏院撰写了一篇以《礼记》为理论基础，反对尊"皇考"的奏章。那句"先王制礼，尊无二上"更是脍炙人口，一时流传甚广，在天下士子中间引起很多共鸣。

欧阳修作为政事堂的笔杆子，自然也不甘示弱。司马光背靠《礼记》，欧阳修就引用《丧服志》；司马光说"尊无二上"，欧阳修就论"为人后者，为其父母服"……庙堂之上一时刀光剑影，唇枪舌剑，双方你来我往，相互攻讦，也开启了大宋王朝党争之端。

当时，欧阳修的支持者里面有一个人，名叫蒋之奇。

蒋之奇，历史上的记载不多，他前期的经历我们也无从考证。但是，我们知道的是，那一年"濮议之争"他坚定地站在了欧阳修的身边，为欧阳修擂鼓助威。

欧阳修一看，这孩子不错，不仅文笔好，会办事，关键时刻还能挺自己一把。于是，"奖引后进，如恐不及"的欧阳修向皇帝推荐蒋之奇担任了谏官。

蒋之奇到谏院上班的第一天，就发现不对劲：整个谏院都是"濮争"反方的天下，当时谏院一把手王珪、后起新秀司马光都是"反欧"的铁杆，他们甚至视欧阳修的论述为奸论邪说。而自己偏偏是欧阳修推荐来上班的，夹在这些人中间，总感觉不自在，于是就想着自己怎么才能跟欧阳修撇清关系。

恰在此时，欧阳修的妻弟跟欧阳修闹矛盾，编造谣言说欧阳修生活作风有问题，跟自己的外甥女关系暧昧，并且通过中间人把这事告诉了蒋之奇。

蒋之奇得到消息很是高兴，机会来了。于是，来不及考证消息是否属实，他立即上章弹劾欧阳修，说他"帷薄不修，奸乱甥女，有悖人伦"。

蒋之奇的举报信刚一刊发，立即在大宋政坛上引起了轩然大波。那些当年被欧阳修得罪过的人，仿佛是苍蝇嗅到了恶臭，一哄而上，群起弹劾欧阳修，曰"以闺阃诬讪之"。

神宗皇帝看完蒋之奇的举报信，心里禁不住地好笑。人家欧阳修是风流才子，欠下的风流债肯定不少，可这种乱伦的事绝对做不出来，于是就把蒋之奇和另外几名诬告者叫到御前，亲自审问。

这一审问，真相很快水落石出：原来，欧阳修的那个外甥女自幼父母双亡，被欧阳修养在身边，长大后嫁给了欧阳修的侄子。后来这个外甥女在外面与人偷情，被人揪了出来。于是，她就在欧阳修妻弟的唆使下诬告与欧阳修关系暧昧。

事情虽然弄清楚了，神宗皇帝为此还特意给欧阳修写了一封长信，劝他"事理既明，人言亦释，应视事如初，毋恤前言"——组织上都知道你是冤枉的，给你洗刷了罪名，你应该不计过往，继续好好工作，报答组织的关心。

但是，经此一事，欧阳修已经对政途心灰意冷，决意辞去宰相职位，自请调离京城是非之地。神宗多次慰留无果，只好同意，罢去欧阳修的相位，任亳州知州。从此，欧阳修再未踏足京城半步，四年后，于家中病逝！

王安石变法：两个男人与整个世界的战争

1

从历史上看，宋朝的官家们最会玩套路。

那一年，宋神宗赵顼刚刚当上一把手，庙堂之上便风起云动，波诡云谲。

先是谏官们联名弹劾、诬告副宰相欧阳修，迫使欧阳修辞职远谪亳州。后来，西北军大将种谔在对阵西夏的战争中取得史无前例的大胜，却被谏官污蔑"招引夏祸"，上奏要杀他以儆效尤。神宗赵顼不得已只好将种谔贬官，安置到随州。接下来，诬告上瘾的谏官们更是将矛头直指宰相韩琦，说他"专执国柄，君弱臣强，专权跋扈"。失去了欧阳修等一帮中书宰执们的支持，韩琦孤掌难鸣，他一边骂这群谏官们套路深，一边不得已辞去宰相职务，远赴长安，判永兴军……

作为大宋朝的第六代掌门人，神宗赵顼此时才刚刚二十岁。虽然，他对谏官们的这些小动作早就看透了，可却没去制止，而是十分配合地准许了欧阳修、韩琦的辞职。

神宗这么做，当然有神宗的思路。

彼时的大宋朝，在前面五代官家们的打理下，虽只享国祚百年，但却如已近耄耋，毫无生气：想当年，太祖太宗的时候，南征北战东讨西服，汇天下财富于汴梁，为大宋朝积攒了不小的家底。可是，到了真宗仁宗朝，施行"与士大夫共天下"的制度，多次开恩科、恩荫，官僚机构庞大，战场上对辽夏战争多次失利，不得不纳币求和，从而导致冗官冗兵冗费的"三冗"问题严重，政府开支巨大，亏空严重，国库入不敷出。

神宗年轻，守着祖宗留下来的日益干瘪的钱包，心里过意不去，就想干点事，否则好像对不起自己那点风华正茂，曰"历精图治，将大有为"，"奋然将雪数世之耻"。

赵顼当然也知道，在大宋朝这个制度下，干点事很难。这群官僚们个个都是人精，玩家出身，料多套路深。

看看韩琦、欧阳修，在中书混了一辈子，手里的毛锥子没少套路人，一不留神还不是被搞下去了！狄青、郭奎、种谔这些玩刀子出身的兵头们，整天白刀子进红刀子出，战场上出入贼中，撩衣砍人，那是真吓人，后来怎么样了？狄青干了两年军队一把手，就被削官谪陈了；郭奎也没混好，在朝堂上天天挨骂，自己赌气回了西北；种谔好不容易打了场大胜仗，还被以"招引夏祸，寻衅滋边"给贬了官。

掂量来掂量去，赵顼感觉跟这群"人臣"们斗，自己肯定不是对手。

当然，赵顼也总结出一条经验：

要干事，那几个关键的位置上还是得有自己人！

欧阳修、韩琦的辞职，无疑给神宗的"自己人"空出了位置。因此，当他们辞职的时候，神宗只进行了几番礼节性的慰留，就准许他们离京外调了。

神宗赵顼发现的这个"自己人"就是王安石。

2

王安石，字介甫，临川人。

年轻时期的王安石就以文章名动京城。当时的曾巩将王安石推荐给了老师欧阳修，欧阳修也对其赞赏有加。

那时候的王安石是大宋文艺圈第一网红。

大咖欧阳修目之为神人，甚至十分崇拜王安石，还写了一首诗：

翰林风月三千首，吏部文章二百年。

老去自怜心尚在，后来谁与子争先。

朱门歌舞争新态，绿绮尘埃拂旧弦。

常恨闻名不相识，相逢樽酒盍留连？

简单说这首诗的意思是：你的文章写得太好了，没能与你见面十分遗憾；如果能有幸与你见上一面，我这个"醉翁"也不喝酒了。

有了欧阳修的吹捧，一时之间，京城文官士子都以无法与王安石相见为憾。

那时候，大宋朝文人圈最有影响力的有两家：吕公著所在的吕家，韩维所在的韩家。

吕韩两家在宋朝世代公卿，门生学子遍天下，当时有句话，"天下之士不出于韩，即出于吕"，意思是天底下有名的文人要么是韩家的学生，要么就是吕家的学生。而吕韩两家的后人吕公著和韩维都十分喜欢王安石，并与之是好友，这使得王安石"争扬于朝，名更盛"。

神宗赵顼潜邸为颖王时，韩维是颖王侍讲。每次韩维讲经义，赵顼都十分喜欢。韩维总是高兴地说："这些观点，都是好友王安石告诉我的。"

晚辈中的才子苏轼跟王安石关系也不错，曾写诗评价他"瑰玮之文，足以藻饰万物；卓绝之行，足以风动四方"……

而此时的王安石已经多次拒绝仁宗、英宗的起用，正在江宁任地方官。

他看着邸报上欧阳修、韩维、苏轼对自己的褒扬，轻叹一声，将这些赞誉之词随手扔进了正燃着的火炉——他们只看到我的诗，却没有看到我的理想！

什么"翰林风月三千首，吏部文章二百年"，什么"瑰玮之文，藻饰万物"，这些都不是我王安石真正的实力，我要做的当是经纬天地，制割大理，矫世变俗，功于社稷。赋诗作文，琢辞研赋，岂能与之相比？欧阳修你该去喝你的酒还是去喝吧，该去做你的醉翁还是去做吧，我们并不是知己！

王安石坐在江宁的知府大堂上，正在苦苦等待，等待一个真正的知己出现……

3

宋神宗赵顼熙宁元年（公元 1068 年），正月。

这日散朝后，赵顼将潜邸旧臣韩维留下。

"朕近日读完了王安石那篇《上仁宗皇帝言事书》，皇皇万言，字字珠玑。书中所列之事，切中我大宋之积弊，所提之举措，足振我大宋之国政。故朕决定起用王安石，实施新法，不知道王安石肯来京否？"赵顼开门见山道。

韩维听了心头为之一振，王介甫苦等数十年，黑头已变白发，终于等到了这一天，于是稽首道："王安石有志经世，绝非甘老山林者。当时不出，实乃先祖无意变法革新。今陛下以礼致之，王安石安得不来？"

熙宁元年四月，王安石被破格任命为翰林学士兼侍讲，入京任职。在王安石入宫谢恩时，赵顼第一次见到了这位名动天下的大才子。

"卿以为治理天下什么是最重要的？"赵顼谦虚地问坐在下方的王安石。

"择术为先。"王安石冷静地答道。

"术？"赵顼疑惑道："历史上，御术手段最高明的岂不是唐太宗？"

"非也。"王安石不卑不亢道："陛下要治理天下当效法尧舜，唐太宗岂能与之相比？尧舜的御术之道，至简而不烦，至要而不迂，至易而不难。后人只是无法理解，所以就以为高不可及罢了！"

赵顼听毕颇为动容，继续问道："卿以为我大宋享国以来，除当年暂与辽构衅，而天下无事已百年，何也？"

王安石正色道："我朝享国百年无事，非人力，乃天助也！"意思是，宋朝能干成这样，不是官家们干得好，是运气罢了。赵顼一听，心里就有点不高兴，虽不能说我大宋朝先祖们个个英明神武，但最起码也勤奋执政，怎么能说是运气呢！

王安石看出了赵顼的心理变化，遂起身整衣，继续道："以先祖仁宗为例，仁宗在位，历年最久，施政措施，臣所亲见。伏惟仁宗之为君也，仰畏天，俯畏人；宽仁恭俭，出于自然，而忠恕诚悫，终始如一。宁屈己弃财于夷狄，而终不忍加兵。"意思是，仁宗皇帝上怕天，下怕地，中间怕空气，虽然养着百万大兵，却不敢跟敌人干仗，花钱买太平罢了！

赵顼年轻，血气方刚，早就对这位仁宗爷爷的做法颇有微词，这次被王安石说出来，立即引为知己。

王安石顿了顿，继续往下说："然本朝累世因循末俗之弊，而无亲友群臣之议。君子非不见贵，然小人亦得厕其间；正论非不见容，然邪说亦有时而用。以诗赋记诵求天下之士，而无学校养成之法；以科名资历叙朝廷之位，而无官司课试之方。监司无检察之人，守将非选择之吏。转徙之亟既难于考绩，而游谈之众因得以乱真……"

王安石侃侃而谈，总体的意思就是，百年无事是真的无事吗？大家就别揣着明白装糊涂了。那其实是，没人愿意揭那个盖子，不敢说，不敢提！

既然大家都不敢揭那个盖子，那我来揭吧！于是，王安石从吏治、科举、经济等各个方面指出，大宋朝现在其实危机四伏，并告诫神宗赵顼"天助之不可常恃"——大宋的运气快用完了；"大有为之时，正在今日"——别等了，抓紧干吧！

听完王安石的建议，赵顼猛地从龙椅上站起来，手臂在空中一挥，干！

熙宁二年（公元1069年）二月，王安石再次被破格提拔，拜参知政事，副宰相。轰轰烈烈的"熙宁变法"，也称"王安石变法"，就此展开。

4

王安石知道，仁宗为政四十余年，对百官宽仁忠恕，造成很多官员玩忽职守、不问政事，流弊甚深。

于是，新法从"法治"入手，设三司条例司，由王安石、陈升之、吕惠卿分管，推行新法，对拒不执行"新法"者鞫谳问罪。

然后，王安石才陆续颁布富国强兵的"新法"：一曰"青苗"，官贷民敛，农民不用向富户借高利贷，直接向官府借贷；二曰"均输"，统一调配政府收支，限制富商大贾对市场的操纵；三曰"农田水利"，鼓励垦荒，兴修水利，费用按贫富等级高下出资；四曰"市易"，政府出钱收购滞销货物，限制大商人对市场垄断；五曰"保甲"，乡民十家为一保，保丁农闲时接受军事训练……

王安石清楚，自己的新法揭开了宋帝国百年承平之下的积弊，受影响最大的就是这些文人士大夫。看看庙堂之上这些公侯将相们，哪个家里不是地方豪富？哪个不是富商巨贾？

"新法"无疑断了这些人的财路，他们早晚会对自己群起而攻之的。所以，王安石对神宗皇帝说，接下来这场战争是陛下与流俗之间的战争，也是我王安石与整个士大夫阶层之间的战争。

果然，不多久，"天下汹汹骚动，恸哭流涕者接踵而至"——都来找神宗皇帝告状来了！

第一个告状的是御史中丞吕诲，他历数王安石十条罪状，神宗将吕诲训斥一番，赶出京城；接下来是前宰相韩琦上书要求废除新法，神宗不理，"琦说不得行"；还有，好友司马光连续三次给王安石写信，反复劝他停止新法，曰"士夫沸腾，黎民骚动"。本来神宗有意要提拔司马光当枢密使的，王安石劝谏皇帝取消了任命；好友吕公著反对新法，被罢免远谪颍州……

此时已经是同平章事、宰相的王安石用人的标准只有一条：支持新法！

当然，只要不支持新法的人都被排除在了权力之外，这其中包括王安石的师长欧阳修、文彦博，老领导韩琦、富弼，好友吕公著、韩维、司马光等。

这时候，也有人来劝王安石，差不多得了，人家赵宋家的天下，你瞎操什么心，全天下人都给你得罪了，就你忠赵爱宋？

王安石很愤怒，批驳曰"天变不足畏，祖宗不足法，人言不足恤"。意思是，老子什么都不怕，尽管来战！

就这样，"新法"在神宗皇帝和王安石的强力推行下，得以在全国推广。大宋朝的经济也迅速从萎靡困顿中走了出来，一时国库充盈，军队战斗力大增，取得多次对西夏战争的胜利。

5

熙宁七年（公元 1074 年），"新法"实施的第五个年头。

变法派与保守派的矛盾达到了顶峰。

此时的变法派除了有神宗皇帝、宰相王安石外，还有副宰相吕惠卿，才子曾布（曾巩的弟弟）、沈括等人。

而保守派的力量却空前强大，太皇太后曹太后、皇太后高太后都强烈反对新法，口口声声说"安石乱天下"，司马光、苏辙、韩维、范纯仁等人对新法的攻击从来也没有停止过。

这一年，宋朝境内又遭遇了百年不遇的旱灾，一时饥民流离，饿殍遍野。这给了保守派以口实，他们一面组织地方反对新法的官吏上书，说新法有害民生，导致百姓流离失所，一面联络两宫太后要求罢免王安石。

甚至有人无所不用其极，将旱灾归咎于王安石，说"去安石，天必雨"。

这时候，神宗皇帝才意识到，保守派的力量实在是太强大了。他们不仅在舆论场上有绝对的话语权，而且很会把握时机、收买人心。这可比喜欢硬碰硬的王安石高明多了。自己要想维持新法的继续推行，必须缓和与保守派的矛盾。

一番深思熟虑后，神宗赵顼下诏罢免王安石宰相职务，知江宁府。同时，赵顼和王安石达成默契，安排支持新法的韩绛和吕惠卿担任宰相，继续推行"新法"。

其后，王安石又短暂拜相，后最终彻底离开权力中枢，归隐金陵。

6

失去王安石支持的神宗赵顼异常孤独，但是他并没有停下改革的步伐。

王安石二次罢相后，赵顼改年号为元丰，继续将变法推向深入。宋朝中期，官僚机构庞大，官员数量激增，冗官为患，大批官僚无所事事却身居要职，还领取高额薪资；政府办事效率低下，得过且过之风盛行。

为此，赵顼决定亲自操刀，完成变法中最难做的事情——吏治改革。赵顼吏治改革措施自上而下分为两步：首先，改革中央机构。合并部门，裁汰冗员，设各司各分其职。其次，改革官员薪资制度，薪金水平与所司权责和年终考核挂钩。

这样，经过神宗皇帝的"元丰改制"，宋初以来中央机构虚职多而实职少的弊端，得以扭转，极大地激发了政府各级官员工作积极性，提高了政府运转效率。

就在改革进入到最关键时刻，元丰八年（公元1075年），年仅三十八岁的宋神宗赵顼突然驾崩。

只有九岁的宋哲宗赵煦即位，大宋朝的朝政不得不由支持保守派的高太后暂摄。

高太后执掌朝政后，提拔启用保守派代表司马光为相，废除"新法"，"王安石变法"彻底失败！

吕惠卿：我是如何将自己送进《奸臣传》的？

1

整个中国史，翻过来覆过去，好像每朝每代都有"法"可"变"。春秋战国几百年，熙熙攘攘，吵吵闹闹，无非还是管仲、吴起、乐毅、商鞅几个人在那扎台子，台子扎好了，才轮到儒道法墨那些文人们上台唱几句。唱好了，皆大欢喜；唱不好，大兵们撸袖子、抢刀子砍人。

那时候的人不知道"经济基础决定上层建筑"，可是他们懂得"经济基础决定枪杆子数量"！所以，谁家的台子扎得稳、扎得硬，谁家的枪杆子就越多、砍人就越狠，最后地盘子就越大……

历史的大车轰隆隆开到了大宋朝，这回轮到了王安石扎台子。早些年，王安石比较狂，满朝文武没几个能看上的，说话也就放得开，比如那句"不畏浮云遮望眼，只缘身在最高层"，一副睥睨群雄的样子。

这就让有些人不舒服，明里暗里没少造王安石的谣，说他脸黑是因为不洗脸，说他醒龊不洗澡，凡此种种。文人相轻嘛，读书人就这点不好，不能看别人比自己手艺好。为此，王安石确实也老实了好一阵儿。

后来，王安石好不容易混到了皇帝身边，说话好像有那么点分量了，就又开始飘飘然了，有空就写大作文给皇帝上课。有一年，写了一篇《上仁宗皇帝言事书》，皇皇万言，总结为两个字——"变法"。

仁宗皇帝在庙堂上摸爬滚打几十年，对帝国情况的了解难道还比不上个小年轻？

想当年，仁宗年轻的时候也没少折腾。后来，还用范仲淹、富弼等人搞了几年的"庆历新政"。只是没想到，这"庆历新政"命这么短，被几张废纸给葬送了。

过了这么久，仁宗皇帝渐渐也弄明白了，"庆历新政"之所以失败，不是"政"不行，是那几个人不行。范仲淹、富弼、韩琦这几个人有文化没手段，有思想没套路，怎么可能斗得过那些保守派的官场老油条？王安石也是科举上来的，写写文章抒发下感情还行，真要说手段和套路，能比前面几位强到哪去？

所以，看到王安石要求变法的奏折，仁宗皇帝连想都没想，就把奏折留中了。意思再明显不过了，他是要告诫王安石，年轻人还得再沉淀沉淀，步子不能跨太大，小心劈叉！

宋仁宗崩后，王安石又在英宗朝跌了几个跟头，才逐渐弄清了状况："变法"这事儿还真不是中书发文下边执行那么简单，关键时刻还是得靠"手腕子"！

所以，那天，第一次见到年轻的新帝神宗赵顼，赵顼问他治国要靠什么的时候，王安石不假思索地回答"治国靠的是手段和套路"！

史载，帝问为治所先，对曰："择术为先。"

后来，赵顼又问，如果让你主持变法，你认为最先应该从哪地方开始变啊？

王安石冷冷一笑，这还用说吗？当然是要换思路，立规矩了，套路不套路他们先不说，首先不能让下边人把咱给套路了。

曰："变风俗，立法度，正方今之所急也。"

赵顼听完，双手一拍大腿，真对！于是，变法这事儿就这么成了！

2

变法刚开始那会儿，王安石自己心里也没底。

用《宋史》里评价王安石的话说"知经术，不晓世务"，意思是手段套路都有，但是理论应用到实践的能力不够，耍出来不好看！

要想变法，靠自己这点手艺肯定不行。于是，王安石就想着找几个套路界的高手跟自己配合一下。掂量来，掂量去，王安石想到了五个人：

第一个，枢密院一把手，枢密使陈升之。陈升之是景祐年的进士，资格老，官职高，拉他入伙无论在气势上还是在效果上都可给保守派以震慑。最主要的，陈升之支持自己变法。于是，设"制置三司条例司"，负责变法的顶层设计，王安石和陈升之两人共管。

第二个，泉州人吕惠卿。王安石之所以选择吕惠卿，主要是因为他的想法和思路跟自己比较接近，"意多合，遂定交"。

第三个，曾布。"唐宋八大家"曾巩的弟弟。此人十三失怙，跟着兄长曾巩长大、学习，后来居然和曾巩同科中第，其才能可见一斑。

第四个，章惇。史载，章惇"性豪俊，博学善文"。那年高考，章惇的侄子章衡与他同科中出，且是殿试状元。章惇屈居侄下，以之为耻，"委敕而出"，拒不服从分配回家了！后年再考，章惇果然又中甲科。对于章惇的才能，王安石很是欣赏，很快升其为三司使。

第五个，苏辙。苏轼的弟弟。苏辙文采不如其兄苏轼，但是做官的能力却比兄长强多了，再加上"三苏"名声在外，王安石也引为后援。

这五个人里面，陈升之资历最老，官职最高，不甘久居人下，所以经常与王安石争权。后来，王安石找了个机会才把陈升之赶走，用好友韩绛替代了他的使相位置。

吕惠卿、曾布、章惇和苏辙是嘉祐二年的同科进士，那一年的主考官就是文学大咖欧阳修，所以，照旧制这四人其实还是同学。陈升之本就是重臣，跟王安石貌合神离。王安石能依赖的其实只有这四人了。

在这四人里面，王安石最喜欢的还是吕惠卿，因为他的能力实在是太强了。王安石在给神宗引荐吕惠卿的时候，曾评价他说"惠卿之贤，岂特今人，虽前世儒者未易比也。学先王之道而能用者，独惠卿而已"。

意思是，吕惠卿的才能前无古人后无来者，古代先王那些套路手段他都门儿清，不用他，用谁？可见王安石对吕惠卿的评价之高！

可惜，王安石不知道的是吕惠卿的这些套路和手段不仅用在了变法上，还用在了自己身上。

3

王安石对吕惠卿火箭般的逾次提拔引来了很多人的不满。第一个发表意见的就是好友司马光。

司马光这个人有思想有内涵，但是没手段，说话直来直去。

他不喜欢吕惠卿，就直接给神宗皇帝上奏说："吕惠卿是个小人，现在王安石被天下人诟骂，都是因为他。群臣对他的越级提拔，都很有意见！"

神宗赵顼知道，司马光是王安石的好友，吕惠卿是王安石变法的得力干将，两边得罪谁都不好，于是就嘻嘻哈哈和稀泥："吕惠卿回答朕的问题，思路还挺清晰明白的！看着还不错，可能是个好料子！咱们再观察一阵子？"

皇帝话都说到这份儿上了，司马光也不能太坚持，只好作罢。

皇帝那里说不通，司马光就开始给王安石写信。他相信，凭自己跟王安石几十年交情，王安石会好好考虑一下自己意见的，何况这也是为他好！

他给王安石写道："吕惠卿是个谄媚阿谀之人，现在你身居高位，他拍你马屁，哪天你不在位上了，他肯定把你给卖了！"

史载"一旦失势，将必卖公自售矣"。

从后来事件的发展来看，司马光的眼光还是挺准的。可惜此时正处于变法最困难的时候，吕惠卿作为王安石的左膀右臂，"事无大小必谋之，凡所建请章奏皆其笔"。换句话说，只有他能把王安石的变法思想落实到纸面上，变成了一条条法律条文得以实施。所以，王安石对其依之甚重，对司马光的建议则没怎么理睬。

司马光一看王安石不理自己，就又写了一封信，骂吕惠卿的同时还顺带把王安石的新政给批评了一下。这令王安石更不高兴了，忍无可忍回信把司马光给驳斥了一番。

如此反复再三，本来只是针对吕惠卿的话题一下子转移到讨论新政正确与否上面来了。

司马光和王安石两人也因此闹得极不愉快，甚至不顾多年朋友之情，相互攻讦——友谊的小船就这样彻底翻了！

王安石自己一心想着变法富国，甚至为了吕惠卿不惜得罪好友司马光，而吕惠卿却不这么想，他想的是靠变法往上爬。他不仅要同修起居注、进知制诰、判国子监，他还要取王安石而代之。

接下来，他要做的只是把自己的竞争对手们排挤出圈就行了！

4

变法的第一年，王安石就推出了《富国法六条》和《强兵法二条》，立即收到了成效，国库创收不少。

于是，王安石就和吕惠卿商量着尽快颁布最重要的《青苗法》。

《青苗法》的主要内容是：官方作为债权人将谷物或钱粮以百分之二十的利率借贷给农户，农户不必再去向高利贷及富户借贷。

这个政策要是得以施行，哪怕全国只有十分之一的农户借贷，这创收也十分可观。

于是，王安石就把吕惠卿、曾布、苏辙几个叫来开会，一起议议。说是讨论，其实在王安石心里，这种会没啥实际意义，就是走个形式。目的只有一个——别以后被人家抓住把柄，说自己一言堂就行。会议如期进行。按照规则，大家轮流发表看法。

第一个发言的是吕惠卿。吕惠卿举双手赞成，曰"极端怂恿之"。对吕惠卿的这个态度，王安石很满意，不住地点头。

下一个是曾布。曾布为人机敏，《青苗法》他也没少出力，曰"与吕惠卿共创青苗"。所以，他也没啥意见。

……

最后，才轮到官最小的苏辙说话。苏辙耷拉着眼皮，双手一摊，正色道："我不是不同意《青苗法》，我担心救民不成，到时候反而病民呢！"

王安石一听就老大不高兴，乖乖，别看这小子平时不说话，关键时刻净出来捣乱，让你说是看得起你，差不多就行了，还真把自己当回事了！可考虑着毕竟是公开会议，也不好发作，只好将就一下，于是对苏辙道，那你说说看吧！

苏辙这才说道："来贷款的农户大多有黑历史，要么经营不善、要么懒惰成性，贷款给他们，到时候能还上才怪！懂生产，会经营的农户谁去贷款啊！"

王安石一想，这小子说的也有道理，如果强推此法，到时候引来麻烦自己怕兜不住。于是打哈哈道，算了，算了，这事儿就先搁下，回头我们再研究研究。曰"数旬不谈此法"。过了没多久，就有地方官上奏说：地方农民播种，没有本钱，不得不向富户借高利贷。如果政府能出面以国库库银贷款，既可以缓解农民压力，也可以创收。

王安石看到奏折，一拍大腿，冲着旁边的吕惠卿说，这不就是《青苗法》嘛！看来民间还是有需要的，谁说不可以颁行的？

吕惠卿狡黠一笑，心里暗暗高兴，等的就是这个机会。

他伸手给王安石递了杯水，附和道，就是，就是，《青苗法》可以造福百姓，提出异议那人肯定是没安好心，想阻挠丞相变法，咱得治治他！

曰"惠卿进谗安石，谓辙有意阻挠"。

听了吕惠卿的话，王安石越想越生气，第二天就把苏辙赶到地方任职去了！

5

小试牛刀，就轻松赶走了名闻天下的大才子苏辙。接下来，吕惠卿把目光放在了曾布身上。

曾布不同于只会赋诗弄文的苏辙，这可是个实干家。

想当年，只是开封府推官的曾布给刚继位的神宗皇帝上书言政，提出"二本八要"之说，名噪一时。为此，神宗皇帝亲自召见，"创建合意"，三天内被五次提拔，创大宋政坛提拔晋升速度之最，轰动庙堂内外。

新法施行以后，舆论汹汹，矛头直指王安石。由于反对派人数众多，神宗一时也拿不定主意，甚至对新法也产生了怀疑。

千钧一发之际，曾布挺身而出，冒天下之大不韪，上书亢言，直指反对派"窥伺间隙，巧言丑诋，哗众罔上"。

他还对皇帝说："推赤心以待遇君子而厉其气，奋威断以屏斥小人而消其萌，使四方晓然，皆知主不可抗，法不可侮，则何为而不可，何欲而不成哉？"

这里面的君子就是王安石。他要告诫皇帝，要干事就得一竿子戳到底，别朝令夕改。这篇奏疏不仅文采斐然、说理透彻，而且直指人心，发人深省，尤其这句"主不可抗，法不可侮"，读来令人精神振奋，热血沸腾，一下子坚定了神宗任用王安石变法的决心。

后来，前任宰相韩琦也曾上书论新法之害，又是曾布抽丝剥茧逐条驳斥，使神宗对新法"持之愈固"。

最主要的是，不同于苏轼苏辙兄弟，曾布不仅作文了得，经世致用的才能也世所罕见，最起码不在吕惠卿之下，"新法"中的青苗、助役、保甲、农田等法都是曾布和吕惠卿一同创建的。

如果说吕惠卿是王安石智囊，那曾布就是王安石的战将。吕惠卿要想搞倒曾布，可不是那么容易！

熙宁七年（公元 1074 年），天下大旱，神宗皇帝下诏求直言，言过不答。

此时，新法已经执行近六年，各种矛盾层出不穷，其中"市易法"判官吕嘉问为获政绩，擅加重税盘剥百姓。曾布为此事上章力争，要求皇帝依法惩治滥用新法的行为。

其实，曾布这么做并没有否定新法。后来曾布在哲宗朝担任宰相的所作所为也能看出来，他始终是坚持新法的。相反，曾布之所以要求严惩吕嘉问，恰恰是为了使新法得以更长久实施和执行。

但神宗皇帝此时正在兴头上，以为自己的新政真的使国富兵强了，猛地被曾布浇了一盆凉水，心里很不爽，于是就将曾布提出的问题交到下边讨论。

结果，舆论哗然。

保守派们可抓住了把柄，不停给皇帝上章：您看看，不是以前俺们说新法有问题了吧，连王安石自己的得力干将都说不行了！

于是，吕惠卿故技重施，污指曾布是叛徒，否定新法，日夜向王安石进谗。

最终，"安石怒，布遂去位"——曾布也被赶走了！

6

曾布被贬后不久，保守派的反扑更盛。

太皇太后曹太后、皇太后高太后强烈反对新法，联合旧贵勋亲、王公贵胄极言新法误国，要求神宗请罢新法。

司马光、苏轼、韩维、范纯仁，还有前期被退群的苏辙等人也没闲着，只要有机会发表意见，就对新法百般刁难。他们人多，又善于写作文，很快就把那句"去安石，享太平"搞得深入人心了。

那时候，就连南边的那个小国安南造反也打出了"青苗误宋，解黎庶倒悬"的口号。

这就让神宗赵顼有点为难了，要想新法继续推行，必须撤掉王安石，以缓和与保守派的矛盾；可是换掉王安石谁能有本事接替他呢？

商量来商量去，还是王安石自己想了个招儿，贬王安石于江宁，提拔好友韩绛、学生吕惠卿为宰相。

吕惠卿就这样踩着"变法"的梯子，仅用了六年时间，从一个基层小吏一跃成为大宋帝国的宰相了。

吕惠卿上台以后，为了自己的位置坐得更稳，第一件事就是命人诋毁当年的战友、竞争对手曾布，把曾布发配到更远的地方去了。

其实，此时吕惠卿最忌惮的还是王安石——万一哪天王安石复相，自己数年的心血不就白费了？

于是，吕惠卿首先利用审判保守派干将郑侠案，将郑侠的好友、王安石的弟弟王安国贬官，放归田里。

接下来，他又对王安石的好友李士宁开刀，说王安石与李士宁早年对神庙不满，要置王安石于死地！最令人发指的是，吕惠卿竟然公开晒出了自己与老师王安石之间的私人信函，用以佐证，一时舆论哗然。如果没有意外，吕惠卿这波操作下来，王安石不死也得被流放……

好在吕惠卿的这些手段，都被另一名宰相韩绛看在眼里。

但是，"绛不能制"，韩绛的手段和套路根本就治不住吕惠卿。于是，他一面拖住吕惠卿，一面暗中乞求神宗皇帝召王安石回朝，同时派人南下江宁将吕惠卿的操作通知他。

接到皇帝诏书之后，急不可耐的王安石马不停蹄，连夜急行，七日就从江宁回到了开封，赶在吕惠卿下手之前重新执掌政事堂。

不久，吕惠卿即被出知陈州。

后来，无论好友章惇为相，还是战友曾布为相，"咸畏恶其人"——人品太差，"不敢引入朝"。终其一生，吕惠卿都再未能回京任职，死后列入《宋史·奸臣一》。

到底是谁第一个举报的苏东坡?

1

宋神宗熙宁六年,公元 1073 年。

虽然已近深夜,杭州城内那座最大的酒肆里,两位中年人还在推杯换盏,丝毫没有要离开的意思。

此时,神宗皇帝和宰相王安石亲自主持的"熙宁变法"已经持续了五个年头。今年正是三年一度"巡察"的日子。早在年初,神宗皇帝就以中书的名义派出了五路巡察使,对全国河南、河北、江浙、两湖、两广等五个重点区域例行监督检查,以确定新法在地方的执行情况。

喝酒的两人中,年纪稍长的那位就是此次皇帝派往江浙的巡察官——"检正中书刑房公事"——沈括。年轻的那位,名叫苏轼,此时是杭州通判。

苏轼,不必说。自入宋以来,经过唐诗云蒸霞蔚三百年的吟唔喟叹,留给宋朝文人的题材和发挥的空间似乎不多了。直到苏轼的出现。他给宋人模仿前朝诗词的节奏猛地踩了刹车,然后一阵漂移,文坛风气随之转向,进入了另一个全新的境界和维度。一时,"苏文即出,天下争传之"。彼时的苏轼,早已名扬天下。

沈括,也不差。他出身名门"江南沈氏",不仅文章写得好,而且精通天文、历法、数学、物理、化学、药学、军事等,是中国千年来不可多得的"文理全才"。沈括晚年写的《梦溪笔谈》,曾被西方誉为"中国科学史上的坐标"。

沈括比苏轼大六岁,当年一同在大宋的秘书部门工作,两人是同事兼好友。

苏轼虽然文名著于天下，但在政治上却是个小白。"熙宁变法"之后，苏轼对神宗专任王安石极为不满。他就给神宗奏道："晋武平吴以独断而克，苻坚伐晋以独断而亡，齐桓专任管仲而霸，燕哙专任子之而败，事同而功异。"

这无疑得罪了王安石。"安石滋怒，使御史论奏其过"。意思是，王安石找了个人四处扒苏轼的黑料，要把苏轼整倒。苏轼一看，要这么扒下去，自己早晚会被这些政治对手给搞垮搞臭。于是，苏轼上书请求外放地方。

王安石毕竟文人出身，而且变法前两人关系不错，不想对苏轼赶尽杀绝，即准许了苏轼的请求。苏轼这才来杭州做了二把手，杭州通判。

不同于年少得志的苏轼，沈括是个实干家。中进士后，他先被分配到扬州任小吏，后来才因为工作出色，能力强，被人举荐进了京，又从昭文馆、司天监这些冷板凳位置上做起，一步一个脚印，进了当时大宋最有权力的部门——"制置三司条例司"。

在变法的态度上，沈括完全支持王安石，"盛言新法可行，百姓悦从"。

此次巡察，大宋朝廷委任沈括为检正中书刑房公事，巡察宋朝最为富庶的江浙地区，可见神宗皇帝及王安石对沈括的信任之深。

神宗赵顼深知苏轼对新法颇有微词，偶尔会发些牢骚。如果按照变法派的套路，"杀鸡儆猴"，此次巡察第一个要办的就得是天下第一才子苏轼！因为只有办了他，才能让那些拒不执行新法和踟蹰观望者彻底死心。所以，变法派给沈括的任务就非常清晰——查，狠狠地查，一定要把苏轼查个底朝天！

可是，赵顼于心不忍。文人嘛，你总不能堵住他的嘴，封了他的笔吧，让他说，让他发牢骚，咱作为大宋的官家，这点自信还能没有？赵顼想到这里，就不怎么露怯了。等到沈括来陛辞的时候，赵顼特地对沈括说："苏轼在杭州做官，你去了可别难为他！"史载，"卿其善遇之"。

2

身为顶头上司、此次巡察的一把手，地方上自然要对沈括认真招待，妥善服务。

而沈括入浙之前，早就放出话去："此次巡察，责任非同一般。亲朋好友，都别来找我！"

既然要认真接待，而沈括又有言在先，地方太守掂量来掂量去，这任务只能由沈括的前同事兼好友苏轼来完成。

果不出所料，当苏轼的拜帖送到沈括的官邸时，沈括二话没说，就答应了今晚的这场酒宴。

史载，"括至杭，与轼论旧"。

酒过半酣。沈括一手搂着苏轼的肩膀，一手端着酒杯，面红耳赤道："苏老弟大才啊！沈某离京之前，官家特地交代，要某一定跟老弟讨教一二！"

苏轼这人才高，但也单纯，又加上多喝了几杯，沈括这么一夸，一时难以把持，连连应酬了几句，"共同切磋，共同切磋"。

沈括心里一喜，等的就是你这句，于是继续不露声色道："京城距离杭州太远，老弟的诗作传到汴梁的不多。不知道老弟最近可有什么新作？快拿出来，让沈某拜读拜读！"

苏轼一看，沈括这人不错，人家都当这么大官了还是没一点儿架子，把咱当自己人一样。于是，也没有多想，就将自己与弟弟苏辙、驸马王诜、司马光、黄庭坚等人唱和的私人信函拿出来，给了沈括。

沈括二话没说，俯身酒案，誊抄了一份——"手录近诗一通"……没想到，回京之后，沈括将苏轼的诗词拿出来，左琢磨右琢磨，逐渐琢磨出事儿来了：

这句"赢得儿童语音好，一年强半在城中"，这不是在讽刺新法中的《青苗法》吗？

还有这句，"岂是闻韶解忘味，迩来三月食无盐"，明明就是在诋毁《盐法》给百姓造成了困难……

好你个苏轼啊，朝廷把你外放杭州是想着让你弃暗投明，没想到你利用自己的文名净是给朝廷惹麻烦了！

于是，沈括当即给神宗赵顼上奏，举报苏轼在地方不仅不思悔改，还写诗污蔑朝廷！

"归则签帖以进，云词皆讪怼"。

沈括的举报材料上呈后不久，苏轼即被徙往密州、徐州、湖州等地，从而引发了御史台（乌台）对苏轼的轮番诽谤。苏轼被从湖州太守任上，押解入京，下御史狱，差点命丧其中，史称"乌台诗案"。

其实在抓捕苏轼之前，他就得到消息，销毁了大量书信。御史台本来没有足够的证据诬陷苏轼的，可是，因为沈括之前誊抄了一遍，他的话成为御史们手里的把柄，"论轼诗置狱，实本于括云"。

3

"乌台诗案"爆发后不久，王安石也因个人原因被二次罢相，保守派的代表吴充上台任宰相。

此时的沈括已经是三司的一把手——三司使。

王安石二次被贬，吕惠卿内斗败走边镇，变法派的主要力量悉数离开政治核心。沈括断定，变法派这回可能要像前朝"庆历新政"时的范仲淹、富弼等人一样，被一网打尽。

思来想去，沈括决定趁自己还有利用价值之前，改弦更张，投靠保守派——只要忠宋爱赵，这个大原则不丢，谁当大哥不是大哥，混碗饭吃而已！

可是，想归想，沈括自己也明白作为变法派的中坚，王安石培养的嫡系，当年没少套路人家，现在去投靠，人家吴充能信吗？

为此，他又计划了一番，为自己准备了一个自认为很有分量的投名状——"密条陈常平役法之不便者数事,献于吴公"。

沈括想着,吴充刚上台,需要尽快立功。有了这封秘密检举信,收拾起变法派来,吴充能更轻易上手。而且,吴充为了居功,绝对不会将这么重要的信件公之于众。到时候,吴充立了功一高兴,说不定自己这个三司使的位置就稳了。

可是,令沈括万万没有想到的是,吴充看完沈括的检举信,只是呵呵一笑,心说,沈括心眼儿活啊,王安石这才离开中书几天啊,这小子就来告状,王安石就用这些货,变法不败才怪!

于是,第二天早朝,吴充就将沈括的检举信原模原样地交给了皇帝。

结果可想而知,神宗皇帝看完沈括的检举信后,火冒三丈,"始恶括之为人"。

这时候有人来落井下石,告沈括的状,说他"徇时好恶,诋毁良法,前后之言自相背戾"。

不久,沈括就被贬翰林学士,知宣州,彻底离开了京城。

4

再后来,苏轼东山再起,任杭州知州。沈括因罪被囚于润州养老。杭、润相距不远,沈括经常跑来找苏轼叙旧,而且每次都跟没事人一样对苏轼毕恭毕敬、礼数周全,曰"往来迎谒恭甚"。

只不过,这时候的苏轼再也不是那个职场小白,也不肯给他看自己的诗了,"轼益薄其为人"——别给老子套近乎了,怕了你了!

乌台诗案：到底是谁非要置苏东坡于死地？

1

公元 1079 年，宋神宗元丰二年。江南，润州城。

天刚蒙蒙亮，润州城的城门刚刚打开，几匹快马就疾驰而来，哒哒的马蹄声打破了江南小城的沉静。

马即将到达城门楼的时候，两名城门橼就跑到官道中间，大声吆喝道："大宋律，驿马出城需登记……"

话未说完，四匹快马已经驰到，呼啦一声全都停在了城门橼的面前。这时候才看清了，每匹马的马屁股上都赫然印着个白色的"驿"字。这时候，最前面那匹白色驿马上身形魁梧的大汉从腰间掏出一块金黄色令牌，冲着城门橼厉声道："太常博士皇甫遵，奉皇命前往湖州拘捕大学士、湖州知州苏轼！快快让开！"

听完皇甫遵的话，两名城门橼相视一愣，不禁吐了吐舌头，赶紧躲到了官道旁的值棚里去了。

四匹快马没有丝毫停留，一溜烟儿地冲进了烟雨霏霏的江南晨雾中去了……

就在皇甫遵从润州城出发前往湖州的半日前，不远的南京城内一名使者亦从南京城疾驰而出，径奔湖州而来。

使者昼夜亟行，倍道疾驰，终于赶在皇甫遵之前到了湖州知州的府衙。使者刚一见到正在府衙办案的苏轼，就赶紧汇报道："卑职奉南京推官苏辙苏大人之命，特向大学士告，御史台污蔑大学士谤讪朝廷，已命太常博士皇甫遵来湖州拘押学士，不日即到。为防不测，请大学士立即处理与朋友往来之书信、密札等。"……

2

此时，距离王安石主导的"熙宁变法"已经过去了近十年。大宋的庙堂之上，分成了以王安石、吕惠卿、章惇为代表的变法派，和以司马光、吴充等代表的保守派。苏轼因为一开始就反对变法，而被贬谪杭州、徐州等地为官。

这年的春天，苏轼才自徐州调任湖州任知州。

根据传统，被提拔的官员上任之后要给皇帝写个"上任报告"，汇报一下自己的工作情况和计划。于是，苏轼也给神宗皇帝写了一篇——《湖州谢上表》。

在这篇表里面，苏轼写道："陛下知其愚不适时，难以追陪新进；察其老不生事，或能牧养小民。"

意思是，皇帝您明察秋毫，知道我愚钝不能和那些变法派同流合污，只能在地方为百姓干点小事。

苏轼作为天下第一才子，年少成名，小小年纪就成了前朝皇帝的私人秘书，人人都以为苏轼即使日后不入阁拜相，最起码也得成为封疆大吏。结果，几十年过去了，苏轼一把年纪才被提到湖州知州这个不大不小的官，他心里肯定有些不满。于是，就借着上表的机会讽刺了一下主上，算是发点牢骚。

宋人开明，文士在庙堂上可以畅所欲言而不治罪，所以按说这也不算什么，再说苏轼已经表达得够委婉了。可是，这很快被一个人琢磨出了事儿。这个人名叫李定。

史载，"中丞李定，介甫客也。不服母丧，子瞻以为不孝，恶之。定以为恨"。

意思是，御史中丞李定一开始是王安石的学生，因为母亲病逝不去丁忧，曾被苏轼痛骂过，李定因此对苏轼怀恨在心。

李定是个睚眦必报的主儿，十几年来他一直在等机会。当他看到苏轼这篇《湖州谢上表》后，立即明白，苏轼死定了！于是，李定当即联合御史台何正臣、舒亶等人，接连给神宗上书，弹劾苏轼，说他贬谪远地不思悔改、利用自己文名攻击新政。

一开始，神宗皇帝并没当回事。文人嘛，国家花这么多钱养着他们，不就是要让他们说话的嘛，总不能因为人家说了几句话，再去办人家吧！

所以，神宗就想和和稀泥，差不多得了！

但是，御史们却不依不饶起来，官家啊，苏轼这个人太坏了，他不是在骂臣下，他是在骂皇帝您啊，他不仅骂您，还诅咒您主导的新政不行。这样的坏人，怎么能就这么算了？

神宗一看，这事糊弄不过去了，于是下诏"皇甫遵驰湖州勾摄苏轼"，要把苏轼抓过来问问，他到底想干啥！

接到任务的皇甫遵带着自己的儿子和两名台吏，疾驰湖州，来拘捕苏轼。

与此同时，苏轼的好友、驸马王诜连夜派人赶往南京，把消息告诉苏轼的弟弟、南京推官苏辙，要他务必要赶在皇甫遵之前将消息告诉苏轼，让他提前销毁可能会被御史们利用的相关证据。

本来，皇甫遵等人骑的是驿马，王诜的人是无论如何也赶不上的。可是，皇甫遵到达润州的时候，他儿子因水土不服在润州病倒了。皇甫遵没办法只好在润州停了半日，给儿子治病。最终，王诜、苏辙的人提前半日到达湖州，给苏轼带来了消息。

皇甫遵到达湖州州府之后，即将早已等候的苏轼索拿，押解京城开封。

3

根据大宋律，御史台此次的主要职责是"推堪"，也就是"查证"，寻找苏轼借诗讽今、污蔑朝廷的证据。御史台查证后，交大理寺进行审判定刑。

所以，苏轼被解往开封以后，就被关押进了御史台监狱中。

因为御史台古称"乌台"，所以苏轼的这件案子，被称为"乌台诗案"。

苏轼被下狱后，御史台的各位监察御史们一时也露怯了。苏轼的名气实在太大了，随便写首诗，都能传遍京城。审他，弄不好会把自己搞得身败名裂。所以，一开始大家都不愿去审理此案。

关键时刻，还是御史何正臣和舒亶站了出来。一番审讯后，他们上奏道：

苏轼这家伙不老实啊，在地方不好好面壁思过，也不认真检讨，反而作诗讽今，把皇帝您的"变法"骂得一无是处，白瞎了您对他那么容忍了。他自己都承认，他游杭州时写的《山村五绝》里"赢得儿童语音好，一年强半在城中"是在讽刺《青苗法》，"岂是闻韶解忘味，迩来三月食无盐"则是讽刺《盐法》。

神宗皇帝一听很生气，好你个苏轼啊，想当年有多少人要整你，都是老子硬给压下去了，你不说几句感激话就算了，还明里暗里给老子挖坑。于是，立即批复御史台：给老子狠狠地查，据实回报，一个也不能漏！

有了皇帝这句话，御史台的御史们这才不怎么露怯了。

有人告苏轼，说他这首"读书万卷不读律，致君尧舜知无术"是在讽刺皇帝选人任人；

也有人说，苏轼这首"东海若知明主意，应教斥卤变桑田"是批判皇帝的《水利法》；

还有人落井下石，说苏轼在文章中引用"忧心悄悄，愠于群小"是在骂变法派……

有一次，神宗皇帝召副宰相王珪、变法派章惇讨论"乌台诗案"案情。

王珪向皇帝说："苏轼有首写桧树的诗，里面有一句'根在九泉无曲处，世间唯有蛰龙知'。现在皇帝您飞龙在天，苏轼不求飞龙而求地下蛰龙，他肯定有不臣之心，想造反！"

神宗年轻，但少年好文，读书不少，一听这话感觉也太牵强附会了。于是，严肃道："这哪跟哪啊，人家说桧树，跟朕有什么关系！"

这时候，连苏轼的政治敌手、变法派的主力章惇也看不下去了，解释道："龙也不一定是指官家啊，人臣也有很多龙的啊！"

"对对对，当年荀氏八龙、孔明卧龙，人家不也称龙吗？"神宗附和道。

史载，章惇狂傲。想当年因为科举屈居侄子章衡之下，他就扔掉敕令，回家再考。章惇虽妒忌苏轼的名满天下，但是御史台这些小人也太无所不用其极了。想到这里，章惇继续毫不留情地问道："王相这么污蔑苏轼，难道不知造反是灭族大罪，非得置苏氏全门于死地吗？"

王珪这才不好意思道："实在对不住，实在对不住，我这都是听舒亶那小子给我说的！"

章惇一听就来了气，再也顾不上君臣之礼、上下之义，暴怒道：

"舒亶的话您拿过来就说，难道舒亶的唾沫您都要拿来重新吃一遍吗？"

曰"舒亶之唾亦可食乎"？

4

就在众人检举揭发苏轼的时候，该案的始作俑者、御史中丞李定也没闲着。

他一面命下边人继续扒苏轼的黑料，一面自己给皇帝谏言"苏轼初无学术，滥得时名，偶中异科，遂叨儒馆"。

意思是，苏轼成名都是靠运气，跟能力没关系。

最后，他说，苏轼名盛影响大，皇帝要"奋忠良之心"，将苏轼处以极刑！杀了！

这一下就触动了全天下文人的底线：

大家都是读书人，体面人，怎么能说动刀子就动刀子呢？李定你这么搞，跟那些整天动粗骂娘的武人们有什么区别？

首先，苏轼的政治对手、早就被罢相的前宰相王安石就看不下去了。远在南京的他立即上书，政治观点不同可以拿出来探讨嘛，是对是错咱们等以后再说，怎么能说杀就杀呢？当年那么多人反对我，我也没杀人啊！再说"圣朝不宜诛名士"，还是把苏轼放了吧！

现任宰相吴充也站了出来，他对神宗皇帝说："官家以为三国时期的魏武帝曹操怎么样？"

神宗不知道吴充是什么意思，应付道："操奸诈残暴、猜忌朝臣，不值得一提。"

吴充顿了顿道："是啊，官家！曹操奸诈残暴，好猜忌，但是他都能容得下狂傲的才子祢衡。官家自比尧舜，岂能容不下一个小小的苏轼啊？"

神宗一听，吴充这个坑埋得深啊，只好打哈哈道："朕没想整他，只是要查清楚事情，回头就放了他。"

最后，连太皇太后曹太后出来给苏轼说好话。她说，想当年仁宗皇帝殿试，回来高兴地说，"朕今日得二文人，苏轼、苏辙也。现在我老了，以后留给儿孙们好好使用，定能助我大宋佐定天下、兴国安邦。"

说完，曹太后故意问神宗，现在苏轼、苏辙二人可好？

神宗只好回答道，苏轼刚刚因罪入狱，回头就找个机会把他放出来。

5

是年，十二月二十八日，深夜。御史台监狱。

灯影斑驳，昏暗狭窄的过道内，两个黑影在一名狱卒的带领下正往监狱的深处走着。

拐了一个弯，狱卒停在了一间监狱门口，用手指了指监室里面的人，悄声道："两位公公，里面躺着的就是学士苏轼。"

两个人轻轻点了点头，走近牢门——里面的人正在熟睡，鼻息如雷，三人的到来丝毫没有影响他的睡眠！

两人相视一笑，转身快步走出了牢房……

第二日，神宗下诏：

苏轼狂悖，但朕知苏轼胸无沟壑，行事磊落，故下此诏，谪苏轼黄州团练副使本州安置。

就这样，轰动一时的"乌台诗案"就此终结——苏轼被削官发配，包括驸马王诜、苏辙、司马光等在内，与苏轼关系密切的三十多位好友也都受到了不同程度的处罚。

苏辙：哥，求你了，咱别写诗了！

1

有一个时期，宋朝文人们内讧，流行诬告和陷害。

这里面有出大戏，叫"乌台诗案"。诗案的主角是号称"大宋第一才子"的苏轼。

文人唱戏，不像武人，不用刀砍斧剁，用的是嘴皮子、毛锥子，钝刀子杀人——更疼。所以，整出戏唱下来，也不乏风雷激荡、波诡云谲。

反派一号人物，名叫李定。

李定一开始是王安石的学生，小时候就跟着他读书，后来中了进士就跟着王安石搞变法。有一年，李定因为恋权母亲去世没去丁忧，被苏轼给骂了一顿，怀恨在心。

当时，庙堂上变法派和保守派之间的斗争已经进入白热化。宋神宗赵顼为了维持新政得以实施，不得不向保守派妥协，罢免了变法派领袖宰相王安石。所以，此时的宋神宗赵顼十分敏感，不容许任何一个人对他主导的新政置喙。

李定就是抓住了神宗这种心态，趁着苏轼在湖州当官，将苏轼写的《湖州谢上表》拿出来无限引申，说他不思悔改妄议新政，建议皇帝要好好整整苏轼。

听了李定等人的话，一开始神宗也很生气，这个苏轼仗着文名著于天下，胆子忒壮了，吃着俺赵宋家的粮还骂俺赵宋家的人，是得好好治治他！于是，神宗下诏，"勾摄苏轼"，把他给我逮到京城来！

就这样，苏轼被从湖州一路押解前往汴京。

史载"苏子泛爱天下士，无贤不肖欢如也"。意思是，苏轼这个人爱交朋友，来者不拒，再加上他那么有名，当年谁能跟他诗词唱和，那可是莫大的荣耀。所以，当苏轼出事的时候，大宋朝有名没名的文人都担心会被连累，心里战战兢兢。

好在文人不同武将，脑子活，手段多，动作快。大家清楚，神宗皇帝刚被迫免了王安石，正在气头上，再加上他对批评新政者历来严苛，晚躲不如早躲，于是纷纷与苏轼划清界限，曰"亲朋皆与绝交"。

所以，"泛爱天下士"的苏轼从湖州被押解汴京的路上，千里迢迢，过城打尖，居然没有几个人来慰问。这多少令苏轼有些心寒：这些文人真不行，找老子喝酒时满嘴的仁义道德，遇难时忙着割席断义。要不是虑着弟弟苏辙正为自己舍身奔走，太湖之上，苏轼就跳湖自尽了。

苏辙，苏轼的弟弟，"唐宋八大家"之一。"乌台诗案"事发的时候，苏辙正在南京任幕僚，是第一批知道这件事情的人。当时，苏辙在南京得到皇帝要将苏轼下狱的消息后，第一时间派人去湖州通知了苏轼，提醒他销毁与友人之间的书信。可以说，苏辙的这个消息不仅将诗案对苏轼的影响降到最低，而且挽救了大宋中期的文化圈。不然，"乌台诗案"有可能将那些大宋的名人们都拉下水。

2

苏轼被解入京后，即被下狱。既然御史台抓捕苏轼的理由是"攻击朝政，反对新法"，所以这"推堪"查证的职责就交给了御史台。

御史台的御史们也都是文人，手无缚鸡之力但却有舌辩群儒颠倒乾坤之能。大家都是玩毛锥子出身，风雅颂赋比兴，苏轼用的那些套路他们自己也用，只是没有人家苏轼手艺那么好罢了，所以，让他们查，可谓一查一个准儿。

御史："苏轼，你这句'赢得儿童语音好，一年强半在城中'诗，是不是在讽刺《青苗法》？"

苏轼："没有啊！我就是正正经经地在写诗。"

"胡说，我明明感觉你在讽刺新法！"

"我真没有！"

"没有？没有，你写什么诗？"……

御史跟苏轼的辩论逻辑基本保持这个节奏——不管你说什么，他的结果都摆在那里。最后，苏轼不得不承认，这两句诗我确实是在讽刺新法！

靠着这个逻辑，御史们扒出了苏轼很多黑料：

"赢得儿童语音好，一年强半在城中"是讽刺《青苗法》；"岂是闻韶解忘味，迩来三月食无盐"是讽刺《盐法》；"东海若知明主意，应教斥卤变桑田"两句是讽刺朝廷水利之难成；"生而盲者不识日"是讽刺科举考生惟王安石命是从……

这还不算，李定还指挥御史们将苏轼写给司马光、黄庭坚、王诜等朋友的一百多首诗词一并抄来，逐句研究逐字引申，最终得出结论："包藏祸心，怨望其上，讪渎谩骂，而无复人臣之节者，未有如轼也。"意思是，苏轼这家伙忒不老实，明里一套暗地里一套，不想着为官家分忧，却整天跟朝廷唱反调。

最后，御史台给皇帝的奏折中就要求"所怀如此，顾可置而不诛乎？"——必须把苏轼给杀了，以谢天下！

3

苏轼就在这样的环境里，在御史台的大牢里战战兢兢蹲了好几个月。

当时，跟苏轼一起入京的是他的大儿子苏迈。

苏迈一面在外面打探消息，联络朝中大员为苏轼开脱，一面负责给狱中的苏轼送饭。

那时候，苏轼跟苏迈约定，每日送的菜都要是肉，如果有一天在外面听说皇帝要杀自己，就把肉换成鱼，以给苏轼提个醒，让他有个心理准备。

就这样，苏轼在大狱里住了好一阵子。

有一天，苏迈有事，就托亲戚去给父亲送饭。正好亲戚新抓了两条鱼，就做了给苏轼送去。狱中的苏轼看到鱼，吓得要死，以为皇帝要杀自己，于是写了两首诀别诗交给狱吏，求他一定要交给自己的弟弟苏辙，并告诉狱吏"此诗不达，则目不瞑矣"。

他在这两首诗是这么写的：

其一

圣主如天万物春，小臣愚暗自亡身。

百年未满先偿债，十口无归更累人。

是处青山可埋骨，他年夜雨独伤神。

与君世世为兄弟，更结来生未了因。

其二

柏台霜气夜凄凄，风动琅珰月向低。

梦绕云山心似鹿，魂飞汤火命如鸡。

额中犀角真君子，身后牛衣愧老妻。

百岁神游定何处？桐乡应在浙江西。

两首诗总结为一句话：苏辙弟弟，老哥我先走了，来生再跟你做兄弟，我死了记得把我埋到老家那块地里！

《宋史》曾评价苏辙与苏轼的关系"进退出处，无不相同，患难之中，友爱弥笃，无少怨尤，近古罕见"。意思是，两人同进退、共患难，感情深厚。

哥哥蹲大狱，苏辙也没闲着。一面给神宗皇帝上书，请求将自己贬官以赎兄罪，一面联络朝中力量解救苏轼。

虽然御史台几次三番上奏要求杀掉苏轼，但是朝中无论保守派的司马光还是刚刚退休的变法派王安石，都出面替苏轼开脱。最后，大理寺的判决下来是"当徒二年，会赦当原"。意思是，本来要判他流放两年的，因为朝廷下诏大赦，就不罚了！

最终，苏轼有惊无险被贬为"检校尚书水部员外郎黄州团练副使本州安置"，轰动一时的"乌台诗案"就此了结。

4

后来，苏轼出狱，发配黄州。

苏辙在城外给死里逃生的哥哥饯行，居然一句话不说，"饯之郊外，不交一谈，唯指口以示之"。

意思是：哥，求你了，咱以后可别写诗了！

王安石是如何宠溺儿子的？

1

王安石的儿子叫王雱（pāng）。

所以，王雱是标准的官二代；而且他"风骨竦秀"，是大宋朝有名的大帅哥；再加上自己有才，22 岁就考中了进士，"幼敏悟，未冠，著书千百言"的人设，让王雱很是火了一把。

王安石很喜欢这个长相俊俏的儿子，经常带着他参加各种线上线下活动。当然，王雱也没让老爹失望，不到二十岁就著述万言，成了当代文学大师，一时风光无两。

那年，王安石拜相，贺者甚众。

有个学生范镗就出来拍王安石的马屁，给他送了一副对联："文章双孔子，术业两周公。"意思是，王家一下子出了俩圣人。

把领导和领导儿子说成是圣人孔子、周公，这马屁拍得确实有点过。要搁在平时，王安石肯定会生气，但是这次却让一向严肃的王安石很受用，还对人说："此人知我父子。"

官二代、人长得帅还有才，慢慢地，王雱就有点飘了！

飘到什么程度呢？史载："雱气豪，睥睨一世。"意思是，全天下的人没有他能看上的。

有一次，程颢去王安石家汇报工作。

这个程颢可不是一般人。那是宋朝大儒，著名的理学家，他和弟弟程颐并称"二程"，后来的朱熹正是在他们二位理论的基础上开创了对后世影响深远的"程朱理学"。

大儒程颢来访，王安石赶紧出门迎接，请入客厅落座。

没想到，两人还没聊几句，王雱蓬头垢面、鞋也没穿，提着一个女人的帽子，就闯了进来。

见到儒学大师程颢，王雱连招呼都没打，直接插话道："你们聊什么呢？"

王安石了解儿子的德行，也不好当着客人申斥儿子，只好回道：

"前宰相韩琦、富弼等人反对新法，推行不下去。我正和你程伯伯商议对策呢！"

没想到王雱直接蹲坐在地上，大大咧咧道："这有什么难的，直接把韩琦、富弼杀了，我看谁还敢不执行新法。"

王雱的话音未落，王安石赶紧伸手堵住了他的嘴，战战兢兢道：

"韩富二人那是前朝元老，可不能乱说话。"

这时候，坐在旁边的程颢实在看不下去了，冲着地上的王雱正色道："我正与宰相大人讨论国事，家属不能参与。赶紧出去！"

王雱这才不高兴地离开了。

宋律：宰相亲属不能入朝为官。

虽然王雱自认文章冠绝天下，可是因为父亲是当朝宰辅，自己不能当官，很是郁闷。闲来无事，他就去汴河两岸秦楼楚馆，勾栏酒肆，评花问柳，选色征声。渐渐地竟也在娱乐圈搏到了些名声，成了有名的"京城四少"之一，"诗妓舞娃，无不知为王公子"。

有一次，王雱实在忍不住了，就想问父亲要个官职。"难道你儿子还不如你门下那些初出茅庐的小孩吗？"王雱上来就问道。

王安石理解儿子空有满腹经纶却无处施展的苦闷，只好安慰他道：

"宰辅家人不能入馆授职，这是朝廷规矩。我身为宰相已经饱受物议，怎么能再让你当官呢？"

没想到，听完王安石的解释，王雱非但没生气，居然还笑道："父亲大人，你理解错了。我不是要入馆为官，我是想能不能经筵，给皇家子弟当老师？"

王安石一想，靠，这确实是个招儿，既能避开朝廷的死规定，又能满足儿子的需求。这个擦边球打得好啊，想了一会才对王雱道："你写的那本《老子训解》的书稿还留着吗？"

"都留着呢。"

"你去取来，我有用处。"

……

不久，京城汴京各大书店都在销售这几本由当朝宰相亲自作序、多名文学大咖联合推荐的《老子训解》，作者一栏赫然写着"王雱"两个大字。

很快，这本书就成了当年的畅销书，一时洛阳纸贵，"都下相率购诵"。

既然是畅销书，皇宫中那位爱读书的神宗皇帝也自然买了一本，竟然也越看越喜欢。再加上王安石的门生邓绾、曾布等人的极力推荐，神宗皇帝一高兴，就赐了王雱一个"太子中允"的官职，并且规定他按时到皇宫的崇政殿给皇帝、太子们讲课。

3

王雱当官后不久，王安石就因保守派的反攻被罢相贬谪金陵，王雱只好也随着父亲迁往金陵居住。

后来王安石二次拜相，王雱才又回到京城。但是此时的王雱已经得了疯病，病情时好时坏。

王雱的妻子名叫庞荻，也是京城大户人家出身，那时他们的儿子刚刚一岁。

王雯每次发病都认为儿子长得跟自己不像，于是疯狂折磨妻子和儿子。

不久，王雯的儿子就夭折了，妻子庞荻也差点殒命。

失去亲人的王安石看在眼里，痛在心里。如果儿媳再待在这个家里，早晚有一天会被犯疯病的儿子给折磨死。于是，他就想着把儿媳送回娘家。可是如果这样，儿媳的名誉势必受损，以后很难再嫁他人了。万般无奈，他决定趁王雯不发病的时候找他商量，要不要将儿媳庞荻直接嫁给他人。

王雯这个人，别看他为人清高狂妄，其实对妻子是很好的。想了很久，他最后同意了老父的建议——把妻子嫁出去。

征得儿子同意后，王安石亲自牵线搭桥，为儿媳庞荻找了户官宦人家，风风光光给嫁了。

妻子嫁给他人后，王雯的疯病也逐渐加重。偶尔清醒的时候，他回忆起病中的所作所为，很为妻儿伤心。

这日，正是春分时候。

院中杨柳吐绿，烟雨织愁。

独坐院中的王雯看着眼前熟悉的秋千、池鱼，回忆起当年与妻儿一起玩耍的美好时光，不禁悲从中来，于是挥手写道：

杨柳丝丝弄轻柔，烟缕织成愁。海棠未雨，梨花先雪，一半春休。

而今往事难重省，归梦绕秦楼。相思只在，丁香枝上，豆蔻梢头。

这首《眼儿媚》写尽了王雯对前妻的相思，尤其这句"相思只在，丁香枝上，豆蔻梢头"更是将诗人的无助和痛苦淋漓尽致地表现出来。

写下这首诗后不久，王雯就疾病复发，在汴京去世了。

先后经历丧孙丧子之痛，再加上保守派的疯狂攻讦，王安石从此对政事心灰意冷，遂向神宗皇帝辞去宰相职务，自请外调金陵，彻底离开了权力的中央。

王韶与"熙河开边"：北宋文人最后的辉煌！

1

公元 1068 年，大宋神宗熙宁元年。

虽然已过了春分，但是首都汴梁依旧寒意料峭，寒风裹挟着汴河潮湿的水汽扑到人的脸上像刀割一样。天刚蒙蒙亮，都城内其他地方还是一片寂静，但通往皇城的御街两侧，那些卖吃食糕点的小商小贩们却早就忙碌了起来。

自太祖立国以来，大宋的上朝时间就定在了五更三点（相当于现在的凌晨四点）。所以，很多赶着上朝的大臣们来不及在家用早餐，不得不在路上买了躲在轿中临时吃点垫饥。这条御街作为上朝的唯一通道，早被路两侧的店铺发现了其中的商机，各种包子铺、粥铺、果子铺占满了整条街道，吆喝声此起彼伏。

这时，一台八人抬绿呢大轿在四名鲜衣亮马的殿前司卫兵的簇拥下，急匆匆地绕过太常寺，拐进了御街。原本还熙熙攘攘的人群像得到命令一般，自动在路中间分出了一条宽敞的小道以供其通过。就连路边正在扯面的小贩也停下了手里的活计，目不转睛地盯着轿子从身边走过……

"这是谁啊？轿子好气派！"有不明就里的人问道。

"嘘嘘……"身边的人赶紧出手阻止他，道："这你都不认识？那是当朝宰相王安石大人的轿子！当今官家器重王大人，特赐他可在御道通行的礼遇。"

话音未落，只见一个黑影突然从人群中窜出，径直奔到王安石的轿前。吓得负责给王安石开路的卫兵们赶紧勒停了胯下的战马，嗖的一声拔出了腰间的弯刀，挡在轿子前面。过了一会儿，看来人并没有要进攻的意思，领头的那位满脸虬髯的卫兵长才松了一口气，冲着路中间的来人大声喝道："什么人？居然胆敢挡首辅王大人的路。"

"草民王韶有《平戎策》三卷，想要进呈首辅大人。请劳烦军士替某通报大人！"

这时，人们才看清了，刚才突闯御街，拦停首辅轿辇的是一位衣衫褴褛的中年书生。只见他蓬头垢面，身着薄衫，双手插到衣袖中，站在那里不停地瑟瑟发抖。

卫兵长冷哼一声，没有好气道："我不管你什么平戎不平戎。耽误了宰相大人早朝，非砍了尔的脑袋。还不快滚！"

说着，他将手里的弯刀在来人面前晃了晃，做了个砍人的姿势。就在人们想着书生一定没有见过这种阵仗，肯定会灰溜溜走掉的时候，却见卫兵身后的轿帘一掀，下来一位老者，他走到卫兵们的面前训斥道："不得无礼！"

"首辅大人，这个穷书生拦轿阻路，法当杖责……"卫兵长本想辩解，看王安石脸色阴沉只好退到路旁。

"你叫什么名字？"王安石看着远处的中年人问道——语速缓慢但却不怒自威。

来人这才扑通一声跪在地上，颤抖着痛哭了好一会儿，才回答道：

"首辅大人，草民王韶！王韶回来了！"

"王韶？"王安石身子猛地一震，像是想到了什么。他往前紧走了两步，激动地嘴里不停问道："嘉祐二年！嘉祐二年！你可是嘉祐二年的进士王韶？"

"首辅大人，正是学生。学生王韶回来了！"来人抬起头，将蓬乱的头发用双手理到了脑后。

王安石这才看清，眼前这个如乞丐般的中年人，正是当年意气风发、指点江山的风流才俊王韶。他赶忙快步走过去，一把扶起地上的王韶，反复看了好几遍，才埋怨道："王韶啊！真的是你！这么多年你到底去了哪里？怎么也不给老夫写封信啊？"

"大人，这十年来，我一直谨遵您的教诲，游历川陕，堪地绘舆，了解民风，以期有一天能实现您'收复河湟汉唐旧土，打通丝绸故道'的夙愿。"说着，王韶从怀中拿出一本手写的书卷道："大人，这是我写的《平戎策》请大人过目！"

王安石接过书卷，一把牵过王韶的衣袖道："外面天冷。走，我们到轿中一叙。"

······

史载：嘉祐二年，王韶与名满天下的苏轼苏辙兄弟、曾巩、曾布等人同榜中第，被敕封新安主簿、建昌军参军。不久后，他辞去朝中职务，彻底从人们的视线中消失了，这一晃就是十年。直到宋神宗熙宁元年，王韶出现在京城汴梁，上《平戎策》三篇，详论征吐蕃平西夏之策。在王安石的支持下，王韶被任命为秦凤路经略司机宜文字之职，主持收复（黄）河、湟（水）等汉唐故土之重任，史称"熙河开边"或"河湟开边"。

2

王韶，江西德安人，与王安石是江西老乡。

在王安石的引荐下，王韶得以面见神宗，尽陈开边之策。

王韶首先提出"西夏可取"，一举打破了宋人多年养成的"惧夏"的传统思维。

接下来，他提出了"取夏"的具体方案：先复河、湟，则夏人有腹背受敌之忧。

（黄）河、湟（水）之地在西夏与吐蕃之间，汉唐时期就归中原辖制。后来，中原战乱频仍，宋朝建立后又受制于辽、夏的夹攻之下，无力收复。如果能收复了这块土地，不仅能割断了西夏与吐蕃之间的联系，而且西夏从此将丧失南部粮仓，再加上北方辽国的威胁，"取夏"将可图之。

最后，王韶指出，现在河湟地区的各个部落之间矛盾不断，辖区"各不过一二百里"，如果我们不及早征服，待西夏缓过神来一举拿下，那大宋的关中巴蜀地区将岌岌可危了。

王韶的论述让正想通过变法"奋然将雪数世之耻"的神宗皇帝精神为之一振，收复河湟汉唐旧地，一雪汉人前耻，重振中原雄风，这一切似乎已经近在眼前。于是，他下诏任命王韶权知秦凤路，负责河湟开边事宜。

3

王韶到任后，第一件事就是游说青唐（今青海西宁）地区最有实力的俞龙珂归顺宋廷，甚至不惜性命亲自前往俞龙珂的大帐中对其申明厉害。不久，俞龙珂"率属十二万口内附"。

之后，王韶修筑古渭城，建通远军，决定出征河湟最强大的"木征"部。

第一战，王韶"躬披甲胄，麾帐下兵逆击之"，木征大军溃退，于是"洮西大震"。

第二战，王韶明修栈道暗度陈仓，命部将屯驻竹牛岭，自己则亲率大军偷袭武胜，"与战破之"。

第三战，追击木征残部，收复"巩令城"，设"熙州"。

第四战，王韶回军击河州，"河州复平"。

此次战役，王韶将兵五十四日，转战一千八百余里，彻底粉碎了吐蕃的军事力量。两年后，在王韶不断的打击下，吐蕃酋长木征"穷蹙丐降，俘以献"。

"熙河开边"，王韶收复汉唐旧城六州，拓地二千余里，招降番属三十余万人，为大宋立下不世之功，实现了"汉中买茶，熙河易马"的夙愿，为神宗、王安石等改革派赢得极大声誉，有力推动了变法的进展，《宋史》

评曰:"宋几振矣!"

　　此战后,宋朝文人再无能有王韶之功者,甚至逐渐将王韶收复的熙州六城也拱手送给了西夏。这是后话了!

元丰改制：宋神宗的最后一搏！

1

宋神宗元丰三年（公元 1080 年），大宋汴京。夜。

虽然已交子时，汴河两岸却依旧灯火如炬。这一带号称"小秦淮"，乃是因为周遭建筑皆仿江南秦淮河建造，是汴京烟花最为繁盛之地，两侧皆是彩楼雕栋，到处是莺歌燕语。一入夜，河中一条条乌篷小船载着数不清的龟奴艺妓穿梭于各大勾栏酒肆之间。

"小秦淮"南边即是大宋文人的高考圣地——国子监。宸翰符玄之地的国子监在一片桃红柳绿之间显得格外突兀。以国子监为界，再往南就是一大片的别业大宅矗立在南熏门内。此处紧邻内城，又是汴河高处，与大内隔河相望，地理位置优越，汴京一半以上的豪绅巨贾、贵胄皇亲都居于此。

好在国子监除了在科举年之外都较为冷清，入夜之后，门口的小巷内更是少有人迹。国子监就像是一道闸门将"小秦淮"的各色灯红酒绿挡在了钟鸣鼎食之外。

打更声刚敲过子夜，一架四人抬绿呢小轿就急匆匆地钻进了国子监前面的这条小巷子，七拐八拐，停在一处朱红大门前面。

轿子还未停稳，从上面下来一位身着青衫的中年人。他等不及下人敲门投递名刺，就自己叩响了门环。

刚敲过两声，朱漆大门就闪出了一条缝，里面的门子边鞠躬边道：

"蔡中丞，您可到了。王相正在客厅等您呢！"

说着便将来人引进了门廊，大门又轻轻关上了……

客厅离大门不远，拐过影壁，来人就看见客厅里昏黄的灯光下正坐着一位身着绯色官服、面容清瘦的老人，正借着灯光翻看手里一本已经泛黄的旧书。

听到响声，老人转过身，一把扶起正要下跪行礼的中年人，温和道："持正啊，现在没有外人就不要多礼了。关于今天早朝上，官家要起用司马光的话，想必持正也都听到了。不知道你作何想法？"

这个老人名叫王珪。前宰相王安石被贬后推荐王珪接替自己，此时的王珪正身居大宋右宰相。

来人是王安石的学生蔡确，字持正，此时担任御史中丞之职。听完王珪的提问，蔡确缓缓站起身。他并不急于回答王珪，而是露出一丝令人难以觉察的黠笑反问道："王相您的意思呢？"

说实话，王珪并不喜欢蔡确这种自以为是的样子，可是他知道满朝文武能解决这个难题的人只有蔡确，他能依赖的也只有蔡确一人，何况当年蔡确之所以能当上这个御史中丞也是他王珪力荐的。

王珪叹了口气，尽量压抑住自己的不满，坦率道："持正啊，老夫知道你与介甫（王安石）之间龃龉甚多。你我毕竟是新党之人，司马光为旧党之首。一旦司马光得以晋升为御史大夫，那旧党众人必将鸡犬升天，你我将再无退路了！"

王珪说得诚恳，蔡确也不好再故弄玄虚，他抬手接过侍者送上的茶杯，抿了一小口，看着侍者走出房间关上了房门才轻声道："王相，实不相瞒。学生之所以这么晚才赶到府上，正是为解决此事！"

"哦？你是说，你已经找到了破解之法？"王珪一脸焦灼道："快说说看！"

"王相三朝元老，跟当今官家相识甚早。那我请问王相，当今官家废旧制、开熙河、拓疆土，所图为何？"

王珪想了想才正色道："当今官家想学秦皇汉武，一统华夏，成为千古一帝！"

"不错,王相果然胸藏乾坤,不愧为当今官家股肱之臣。"蔡确一撩青衫,坐在客位上,双眼盯着王珪道:"可是现在旧制也废了,熙河也收了,但是疆土却没有原来像王韶所设想的那样有根本性变化,汉唐丝绸旧路也是时断时通。这又是为何?"

"这全天下人都知道,就因为我大宋西北灵武重镇皆在西夏之手。过去数世,只要我宋军长驱直入夏境,党项人势必出灵武,渡黄河,阻断我粮道,自后方进攻山陕中原。这也是我大宋攻夏多年而无功的根本原因……"

"不错。灵武之患是我宋人之心头大患,是我大宋太祖太宗基业之大蠹,是当今官家成为千古一帝的最大障碍。如果此时有人上书请求出兵灵武,官家必定龙心大悦,还有心思顾及其他吗?"蔡确不急不缓道。

"你是想……"王珪好像一下子想明白了,面露喜色道。

"是的,王相。今日学生之所以迟到,正是在联络朝中大臣一起上书,请伐灵武。到时候官家朱笔一批,大军出征,官家势必一心关注戎事,无暇他顾了!司马光必不能入京……"

2

彼时的大宋已经在神宗和王安石十几年的打理下重新焕发了生机,可是大宋的朝堂上围绕着"变法"的斗争却一刻都没有停止过。

为了缓和新旧两党之间尖锐的矛盾,三年前,神宗皇帝将变法派领袖王安石贬谪金陵,提拔变法派王珪、蔡确等人,自己亲自主持变法。

史载,神宗皇帝"博涉多闻,每发疑难,出人意表"。

一番紧锣密鼓地操作下来,帝国居然也被他打理地井井有条、有模有样。这时候,神宗就有点飘了——你们这帮守旧分子,不是整天说朕不行吗?看看现在怎么样?变法被老子搞成了!一飘,神宗就想再往深了搞搞——整顿吏治。

史称,"元丰改制"。

太祖当年建国的时候，"杯酒释兵权"，"恩荫"了好多开国功臣子孙世代为官，结果到了神宗这里，官僚机构庞大、冗吏闲吏充斥官场，给政府财政造成很大负担。所谓"改制"，无非是就是对这些人"降薪""裁员"。

中原官场是个讲"制度"的地方，坑深套路多，除商鞅、李悝、勾践这些资深玩家外，很少有人能掀起尺把高的浪头。在这种地方"改定官制"，搞"裁员"，谈何容易！

好在神宗皇帝是一把手，下边人套路再多，一道圣旨下去，你也得执行，否则第二天你就得下岗。

于是，神宗皇帝说干就干，刚"拟改定官制"，即"饬中书置局修订"。

3

领导亲自抓，下边人不敢磨洋工，组织部门很快交上来了两项改革章程：恢复"三省制"，颁发《寄禄格》，"改订后，虚衔一律罢去，自开府仪同三司，至将仕郎，分二十四阶"。

神宗这么一折腾，很多人丢了饭碗，朝廷也就省了不少钱，"年省两万缗"。

除了省钱，大宋官场上还空出了不少位子。

领导当久了，神宗皇帝也摸索出来一点门道。政策虽是自己定，活儿还得下边人干，改革派有改革派的路子，保守派有保守派的门道，真用起来两边得保持平衡，鸿胪寺那些搞纵横耍套路的官僚们称之为"均势"。

于是，神宗就想着，在那几个空出来的位子上安排几个保守派，免得他们整天说老子偏听偏信，只提拔改革派。主意打定，这天上朝，神宗就若无其事地试探宰相王珪："御史大夫这个职位要不就给司马光干？"

御史大夫类似现在纪律部门的一把手，专管稽查、弹劾文武百官，而且直接汇报皇帝本人。想当年，司马光年轻时候当了五年御史，前后上奏疏近二百份，弹劾纠察官员百余人。再加上，司马光本就和改革派政见不同，要让他当了御史大夫，改革派得让他参个遍。

王珪、蔡确听闻神宗此言，大吃一惊，"相顾失色"，"恐司马光起用，旧派将连类同升"。

不过，王珪、蔡确毕竟是从基层混上来的，大宋官场上的那些手段早就耍得驾轻就熟。他们知道，既然皇帝开口说了，总不能在文武百官面前驳了皇帝的面子，于是二人俯首低眉，连称诺诺。那意思是，老臣们这就去找组织部门商量，没大问题肯定照着领导的意思办——把事儿先糊弄了过去。

接下来就发生了本文开头的那一幕！

4

第二天，王珪没有拿出起用司马光的调令，而是拿出了调任俞充为庆州知州的调令。

不久后，俞充即上书宋神宗，"上平西夏策"。"神宗果专心戎事，不暇召光"……

就这样，宋神宗费尽心机发动的"元丰改制"，最终因为下边人的抵制，除了能每年为财政省下两万缗外，并没有发挥什么实际作用。

那年，宋哲宗的皇位差点成了别人的！

1

宋神宗元丰八年（公元 1085 年）。

虽已过正月，汴京城内依旧春寒料峭，毫无生气。皇帝寝宫勤政殿外，两棵夹道迎宾槐在寒风中瑟瑟发抖。晌午刚过，一阵风吹过，原本还白花花的太阳也躲了起来，如鹅毛般的雪花就纷纷扬扬地飘了下来。

殿外的空地上，两个身着绯色官袍的人正不停地跺着脚。

其中一个人走到另一个人身旁，好不容易控制住不停碰撞的牙齿，轻声道："蔡相，现在什么时辰了？"

旁边那人这才转过身，看了看眼前这位卑躬屈膝的下属，又看了看殿门扃闭的大殿，一脸深沉道："刚才老夫听挈壶正才报过申牌。怎么？邢大人累了？"

"哪里哪里！蔡相贵为宰辅，况且深忧官家龙体，于寒风冷雪中率太医问诊。虽不是'程门立雪'，但也是'殿外立雪'了，若被外臣们知道定将被世人传为另一段佳话的！下臣不才，得此机会能与蔡相一起立于殿外，感激不及，何敢言累？"邢恕道。

贵为副宰相，蔡确听多了下属的恭维之词，早就不喜形于色了。不过，今天这个身为职方员外郎的邢恕确实说到他心坎里去了。

"程门立雪"，讲的是一个叫杨时的中年人去名儒程颐处求学。程颐正在睡觉，杨时不敢惊动，在旁站立等待。程颐醒来，门前积雪已盈尺许。

而巧合的是，程颐跟蔡确恰好又都是嘉祐四年参加的科举，既是同年又有同窗之谊，这相互较胜之心自然少不得的。蔡确虽然贵为宰辅，但是程颐号称理学大儒，开创对后世影响深远的"程朱理学"，在当时士子心中地位远胜蔡确。"程门立雪"一个典故足以让这位同窗名垂千古，如果自己这个"殿外立雪"也能成就一段君贤臣明的佳话……

蔡确正想着，勤政殿的大门吱呀一声开了，从里面走出一位手提药匣的太医。

蔡确和邢恕赶紧迎了上去，急切道："王太医，官家的龙体如何？"王太医耷拉着眼皮，看了一眼邢恕，向蔡确拱了拱手算是打过招呼，道："官家已经病入膏肓，老臣尽力了。眼下看，官家能挺过这个正月已属不易……"

看着王太医的身影逐渐消失在远处朱红色宫墙的尽头，邢恕两手插到袖管里，轻轻地踱到蔡确跟前，低声道："蔡相，照王太医所言，当今官家不豫，随时都有可能宾天。可是……"

"可是什么？"蔡确望着眼前的这名下属，心里虽然被"殿外立雪"撩得暖暖的，但嘴上依旧冷冷道。

"可是，官家还没有立皇太子。而且诸位皇子之中，年龄最长的延安郡王赵佣也仅有九岁。"邢恕仿佛听出上司语气生硬，偷眼瞧了瞧一脸严肃的蔡确，壮了壮胆子继续道："五代以来，朝代更迭频仍，到我大宋才帝祚长延，无非是因为先帝们认识到'国有长君，社稷之福'的道理。这才有了当年太祖太宗'金匮之盟'之说……"

蔡确已经明白了邢恕想要说什么，却故意装作不解道："皇位传续乃官家家事，岂是你我外臣所能预闻。我劝邢公还是休提此事了！"

没想到听完蔡确所言，邢恕不仅没有放弃，反而继续道："蔡相此言差矣。古往今来，历朝历代皇位传承皆无内外之分，说大了这关乎军国社稷，不说远的如伊尹、霍光之流，就我大宋立朝百年来就有吕端、韩琦等贤相拥立之功。现在这大功摆在面前，蔡相难道不想立，要让与别人吗？"

听完邢恕一席话，蔡确心内委实一震。自己虽然已是大宋宰相，但于社稷而言并无多少功劳，就连现在自己推行的新法也是前宰相王安石一手所创，如果真能如邢恕所言立如此大功，日后位列三公也不是没有可能。

邢恕一直在盯着眼前这位大宋权相，他看到蔡确原本坚毅的脸上掠过一丝不易令人觉察的诡笑。他知道，蔡确已经被自己说动了，于是他轻咳一声继续道："蔡相，不必多想。当今官家诸皇子皆幼，怎担社稷之重任？而岐王、嘉王皆已成年，正可择立一人。况且，岐王、嘉王与当今官家都是高太后所生，母子情深，当必逾常，太后不反对，蔡相的拥立之功就成了一半！"

"邢公说的都有道理。可是高太后一向温恭贤良，她会同意吗？"

"蔡相不必过虑。这事儿就交给下臣去办即可……"

2

这日深夜。

朱雀门外，棋盘街旁边的一处大宅子内灯火如炬。

邢恕身着一套灰色敞襟道袍，正坐在客厅内悠闲地喝着茶。他对面是一位身材魁梧的中年人，只见他一脸严肃，正紧张地摆弄着手里的钧瓷茶碗。

"公绘兄，考虑得怎么样了？"邢恕问道。

"邢兄，实在抱歉。赵宋官家立储之事实为皇家家事，我高家虽忝为贵胄，但世受赵宋皇恩，断不能插手参与此事。"高公绘轻轻地将手里的茶碗放在桌子上，决绝道。

"公绘兄，你怎么迂腐至此啊！公绘兄的姑姑就是当今太后，谁说官家立储不是您高家的事情啊？"邢恕有点着急，口无遮拦道："况且延安郡王年幼，治国理政哪能赶得上岐王、嘉王？只要公绘兄去高太后那里提及改立岐、嘉二王为皇太弟，再加上我与蔡丞相在朝中呼应，此事岂能不成？到时候，这拥立之功非公绘兄莫属啊！"

高公绘看了看眼前这位以"慎谋缔构"著称的朝中名仕，冷笑了两声，没有正面回答邢恕的问话，而是指着桌上的茶碗道："邢兄，你看这钧窑茶碗。离远了看，这是一尊茶具；可靠近了你再看，上面满是开甲。这是为何？"

"钧瓷开甲盖因窑变所为，连三岁黄髫小儿皆知！"邢恕见高公绘不理自己，又不好发作，只得没好气道。

"邢兄所言不错。我高家未尝不是如此！旁人看来高家世代勋亲、姑姑又是太后，与皇家贵为一体，其实我高家也只不过是赵宋王朝上面的这一片开甲，随时有可能被剔除。"高公绘顿了顿，看邢恕没有说话，继续道："所以，邢兄所言立储以长，高家绝不敢立这贪天之功。邢兄请回吧！"

说着，高公绘做了一个送客的动作。

邢恕一看绝难再劝动他，只好叹了口气，转身离开了客厅。

3

神宗不豫，诸皇子幼冲致储君之位悬而未决，大宋朝堂内外一时波诡云谲。

就在蔡确、邢恕等人上下奔走之时，岐王、嘉王也没闲着。

他们知道，立不立皇太弟、立谁当皇太弟，其他人说了都不算，最终的决定权还在神宗这里。所以，二王"因神宗寝疾，尝入问起居"，有事没事就跑到皇帝的病榻前，嘘寒问暖。

得不到皇室近亲的支持，副宰相蔡确和邢恕决定冒险兵谏。他们一面联络开封府尹蔡京，在宫门外埋伏好士兵，一面让蔡确邀请宰相王珪，胁迫王珪与他一道请皇帝册立皇太弟。如果王珪不赞成此议，即在宫门外将王珪枭首。

眼看一场血雨腥风般的夺位之争即将上演，得到高公绘密报的高太后一面下诏岐王、嘉王没有太后允许不准入宫，一面密令身边的下人连夜赶制了一件十岁小孩穿的黄袍偷偷送进宫中。

完成以上两项工作之后，三月十五日，高太后赶在蔡确之前急招宰相王珪入宫觐见。

等到文武百官齐集垂拱殿外上朝时，宫中已经传出圣旨，册立年仅九岁的延安郡王赵佣为皇太子，改名赵煦。

五日后，年仅三十八岁、志在开创千古基业的宋神宗赵顼驾崩，皇太子赵煦即皇帝位，即宋哲宗。

卷七

◉ ◉ ◉ ◉ ◉

宋哲宗赵煦

"元祐更化"：北宋党争是如何引燃的？

1

公元 1085 年，大宋第六位皇帝神宗晏驾，年仅九岁的太子赵煦继位，即宋哲宗。

皇帝年幼，太皇太后高氏垂帘听政，改年号"元祐"。

上台伊始，反对变法的高太后就接连下诏，"驿召司马光、吕公著入朝"。

司马光、吕公著两人不仅在政治上是反对变法态度坚决的旧党盟友，而且在生活上二人也是好朋友，过从甚密。当年，吕公著是朝廷高官，女婿范祖禹为避嫌，坚决辞去官职，跟着司马光在洛阳足不出户写了十五年的《资治通鉴》。

现在，高太后要将二人同时召入京城，其目的不言而喻。

不过，此时朝廷的军政大权还掌握在变法派蔡确、章惇、邢恕等人的手里。明知道高太后要重用保守派，作为变法派主心骨的蔡确也不会坐以待毙。

蔡确深知大宋是个讲祖制的地方，太后能坐到这个位置上还不是因为有历代"垂帘听政"的祖制在那里放着？所以，蔡确就想在这个"祖制"上做点文章，看能不能套路一下高太后。

于是，新帝登基没多久，蔡确就给太后上书，"请复高遵裕官"——要给太后的伯父高遵裕官复原职。

神宗朝的时候，高遵裕作为荣州、岷州（甘肃岷县）刺史，手里掌管着大宋西部精锐通远军。

那年，神宗伐夏，高遵裕是西路主帅之一，与其他各军一道合围西夏重镇灵州（宁夏灵武）。没想到，就在大军即将攻破灵州城的时候，高遵裕担心功劳被他人抢走，命令自己的部队停止进攻。从而致使西夏人有时间掘开黄河，水淹宋军。是役，宋军十万精锐悉数葬送。神宗皇帝气得"彻旦不寐，驯至大故"。驾崩前，神宗皇帝将高遵裕削官为民。

作为太后的伯父，被罚丢官这事一直让高家人在朝堂上抬不起头来。

蔡确此时提出要给高遵裕官复原职，可不这么简单——依照祖制，新皇帝登基为彰显隆恩，要给满朝文武官升一级，给高遵裕复官无可厚非。不过，如果高太后准奏，旧党就会自乱阵脚，摸不清太后真实的立场；如果不准，新党这边也没什么损失，反而会使太后失去一位亲信干将。横竖都不吃亏！

可是，令蔡确万万没想到的是，奏折很快得到了太后批复，曰：

"追原祸始，实自遵裕一人。（我）岂敢专徇私恩，不顾公议？"太皇太后的意思是，灵州之败是我伯父一人的错，我不可能让他复职——给蔡确吃了个闭门羹！

诏旨刚出，朝廷舆论一片哗然，有些巧言弄辞之徒就开始纷纷上表"太皇太后公义千秋、明察秋毫等等"，让初掌权柄的太皇太后在群臣面前赚足了眼球。

不过有得必有失。

对高遵裕而言，太后的诏旨无疑给他定了性，从此再没有翻盘的可能。

所以，如果当时上奏的不是蔡确，而是旧党的任何一个人，高遵裕也就官复原职了。什么是套路？这就是套路。

2

经过第一回合的较量，蔡确开始明白，高太后这是铁了心要跟自己代表的变法派斗到底了。

就在蔡确联络朝中变法派试图再次反扑的时候，高太后久等司马光不至，不得已派出自己身边的太监亲自去洛阳请司马光出山，并向其征询施政纲要。

司马光想了想，写了八个字让太监捎给高太后——"大开言路，诏榜朝堂"。

说白了，就是要让大家相互检举！

司马光什么人，当年和王安石一起任仁宗皇帝的贴身秘书，神宗朝自己不受待见，在洛阳韬光养晦写了十几年的《资治通鉴》，历史上的那些蝇营狗苟、奔突驰骛的套路见得多了去。试想，王安石、蔡确等人掌权十数年得罪了多少人？"大开言路"的真实意思就是鼓励那些人来告状。

告状好啊！太皇太后不仅能落个兼听则明的美誉，还能趁此机会把自己想办的事、想办的人给办了，何乐而不为？所以，司马光这短短八个字无疑是对变法派的釜底抽薪之举。

可是令司马光没有想到的是，他让小太监捎给太后的信还没到京城，蔡确就已经知道了信里面的内容。

看完司马光的信，吓得蔡确整整一夜没合眼。

天没亮，他就给太后写了一篇雄文呈了上去。这篇被称为"六议"的文章，归结成六个观点就是：阴有所怀，犯非其分，扇摇重机，迎合旧令，上则侥幸希进，下则眩惑流俗，有一相犯，立罚不赦。翻译出来就是，一些坏事即使没干，只要你想了也是犯法！

蔡确的这一招可谓损到家了。你不是要举报吗？可以。还没等你举报，只要是我感觉你要干坏事，我就可以治你的罪。

后来，旧党掌权就是学了他这个套路，利用"华盖亭案"把蔡确给发配到了岭南。最终，蔡确病逝于此。

再后来，明、清帝国时候，有那么几个人给这个套路取了一个名字——"腹诽"！

蔡确这篇文章站在道德的制高点上，写得气势雄浑、字字珠玑，高太后拿在手里一时不知道该怎么办，只好又找太监去洛阳请教司马光。

司马光看完蔡确的奏折，气得大怒道："人臣一经启口，便犯六语。"

意思是，你提任何建议都有可能犯以上六条，就得受罚。

最终，司马光广开言路的建议没能颁诏，一直等到司马光执掌相位后才慢慢施行开来。

3

经过第一回合的较量，司马光带领的旧党虽然有太皇太后的支持，但是并没有讨到多少好处。司马光开始意识到光靠自己单打独斗，不可能斗过已经在朝堂上扎根十余年的变法派。要想赢，还得有自己人！

于是，司马光一边催促自己的政治盟友吕公著、程颐尽快入京，一边提拔元丰年间被贬外地的苏轼、苏辙、范纯仁等人。

此时，司马光的职位为门下侍郎，相当于副宰相。吕公著是尚书左丞，也是副宰相。这让已经坐上宰相位置的蔡确顿感压力倍增——自己虽然是变法派，但是领导给自己配的俩副手都是旧党！工作怎么开展？

而且蔡确"恐光革除新法"，万般无奈下他只好打出了最后一张牌——先皇！

一日，蔡确奏曰："先帝法度，三年无改。"

意思是，凡是神宗皇帝制定的新法我们都要无条件坚持三年，否则就是大不敬！

说实话，蔡确这么说的时候还是颇有几分成竹在胸的。为啥？

大宋尚文。

朝堂上的这些文人哪个不是学儒家的"君君臣臣父父子子"这套出身的？君父君父，君就是父。你要孝敬自己的亲爹，不得遵守他老人家的遗命？

这就是蔡确的逻辑！

所以，对再坚持新法三年的小目标，蔡确还是很有把握的。

蔡确的逻辑当然是对的，尤其是在宋朝这种对外号称"以孝治天下"的大社会背景下。所以，一开始这篇奏折递上去之后，对那些明里暗里搞串联要废除新法的人颇起到了震慑作用。

不过，蔡确忽略了两点：

第一，他的政治对手名字叫司马光；

第二，现在宋帝国的一把手是太皇太后，不是先皇的儿子，是先皇他妈！

不久，司马光果断反击，颇有几分理论联系实际的意思：

第一，先帝法度能不能改，要根据具体情况具体分析，"如合宜，虽百世不废，若害国病民，须救焚拯溺般亟改"。

第二，蔡丞相说得很对，我们一定要孝敬君父。所以，我们革除新法不能让小皇帝去改，而要让先皇他妈太皇太后来改。曰，"以母改子"。

看完司马光的奏折，估计躲在竹帘后面听政的高太后会咯咯笑出声，这个司马光太厉害了，准奏！

"众议自是少息"——大家都没话说了！

4

司马光、吕公著坐稳位置后，接连提拔李清臣、吕大防、范纯仁等进入内阁和枢密院，提拔被王安石贬谪的苏轼、苏辙等人进入翰林院和御史台牢牢控制住社会舆论。

接下来，司马光开始着手废除新法的运动，史称"元祐更化"。司马光认为新法"舍是取非，兴害除利"，"名为爱民，其实病民，名为益国，其实伤国"，于是，"罢保马，罢方田，罢市易……"。废除新法的过程中，旧党开始不遗余力地打击变法派：削吕嘉问三秩，贬知淮阳军，吕党皆坐黜；谪邢恕出知随州；免蔡确相位，出知陈州；章惇贬至岭南……

这还没完，精力旺盛的司马光为防止变法派死灰复燃，还将早年那些早已离开权位的王安石的学生李定、吕惠卿等人再次追贬。

到这时候，参与过变法的大臣们人人自危，惶惶不安。前宰相吕惠卿被贬九年甚至不敢喝口冷水，唯恐因此得病，而被反对派整死。

司马光等旧党对变法派的无底线打压甚至诽谤，最终导致数年后重新上台的变法派的疯狂报复。

从此，党争之祸遗毒北宋，最终加速了其灭亡。

司马光割地求和，给北宋开了个坏头！

1

大宋神宗皇帝那几年，熙宁变法、元丰改制，渐渐地朝廷阔了，有钱了，就想折腾点儿事干。

宋朝的北边是契丹辽国，辽国幅员辽阔、手里枪杆子也多，宋朝的皇帝除了一开始的太祖、太宗敢偶尔跟他们打一架外，其他的皇帝都是抱着"能用钱解决的事儿尽量不用拳头"的思路与其接触。

所以，合计来合计去，宋廷君臣们一致决定——打西夏吧，胜算大点！于是，就有了后来神宗西征的事儿。

一番折腾下来，大宋手里的几十万镇边军队，还剩下不到一半。不过这场架也没白打，宋朝用十来万将士的鲜血和二十万边民被俘的代价换回来几座城池：浮屠、安强、葭芦、米脂、兰州等。再加上原来"熙河开边"王韶抢得的那些地，确实让神宗爷和变法派神气了一把——这些地可是自从唐"安史之乱"后就不归中央管辖了！

最主要的是，以上那五座城池皆深入西夏腹地，就像五把楔子一样楔进了西夏境内，宋朝以后每次跟西夏干仗，战场几乎都在西夏境内了。尤其是兰州，扼守黄河，易守难攻，由此出兵三天就能打到西夏都城，就像辽国人手里架在宋朝脖子上那把刀——幽云十六州那样。所以，为了这几块地，西夏没少跟宋朝干仗，可争过来抢过去，就是没能抢走。

夏人一看，打是打不过了，那就"外交"一下吧！于是，他们就给当时的皇帝神宗爷写信：

"中国者，礼乐之所存，恩信之所出，动止猷为，必适于正。若乃听诬受间，肆诈穷兵，侵人之土疆，残人之黎庶，是乖中国之体，为外邦之羞。"

意思是，你们不是号称礼仪之邦、诚信之国吗，为什么来抢人家家的地？丢不丢人？

末了，还不忘羞辱一下宋廷：

昨者朝廷暴兴甲兵，大穷侵讨……故去年有灵州之役，今秋有永乐之战，然较其胜负，与前日之议，为何如哉！

你看看，来抢我们地，被我们在灵州和永乐城打败了吧！快点把地还给我们吧，我们还做好邻居！

可是，仗也打了，架也骂了，宋朝就是不还地！西夏人很生气，只好继续做工作，功夫不负有心人，这机会很快就来了。

2

那年，神宗驾崩，小皇帝哲宗登基，太皇太后高太后垂帘听政。

高太后是坚定的保守派，上台伊始就对大宋朝堂大换血，将蔡确、章惇、曾布这些改革派赶出京城，提拔任用保守派代表司马光、吕公著、苏轼、苏辙等人。

都知道高太后思想保守，好儒尚理，喜欢仁义礼智信这套东西，身边也都是一群好写大作文好吹大道理的文人，而无经世致用、具有战略眼光之辈。夏人一看，这是个好机会，得赶紧做工作！

宋哲宗元祐元年（公元 1086 年）二月，西夏就借着给老皇帝吊丧、给新皇帝送礼的机会，立即向宋称臣，遣使入贡，"求所侵兰州、米脂等五砦"。

其实，一开始，夏人对能不能要回来这几块地也没抱多大希望，战场上拿不走的东西，想在谈判桌上拿回去，可能吗？不过打又打不过，既然能谈，那就试着谈谈吧！

看到夏人索要侵地的奏折，宋廷一下子就炸开了锅：这些地可都是几十万将士的鲜血换来的，你头一低认个错就想拿回去，哪有这好事儿啊？

所以，不管是台上的保守派还是下野的变法派，大家一致反对还地。

这时候，身为宰相的司马光站了出来。

没想到，司马光一开腔就让满朝文武大吃一惊。

司马光说："灵夏之役，本由我起，新开数砦，皆是彼田。"首先，司马光自己都不认可那几块地属于宋朝，认为打那场架大宋是没理的，那几块地也本来就是人家的，不还给人家显得咱大宋太小气了。接下来，司马光又说，现在人家都称臣了，咱们还能不还人家的东西吗？如果那样，西夏肯定说称不称臣宋朝都不待见咱，咱们还是跟宋朝对着干吧！

"当此之时，不得已而与之，其为国家之耻，无乃甚于今日乎？"到那时候，与其被西夏抢走，成为国耻，还不如现在就给它呢——司马光打心眼里害怕西夏，就不相信宋朝能打赢！

到最后，他还不忘奚落一下满朝文武，"群臣犹有见小忘大，守近遗远，惜此无用之地"。这些大臣们太没见识了，咱们大宋现在阔了，这几块地又远又穷咱看不上！

司马光一席话激起千层浪，大宋朝堂上不管是变法派还是保守派都骂他是卖国贼。可是，他却得到了三朝元老、大文豪文彦博的支持。

最后，对司马光言听计从的高太后大笔一挥，将抢来的米脂、兰州五城割给西夏吧！

这事就这么定了！

3

未打一仗，就要割地赔钱，这事儿让人越想越窝囊。尤其是驻守西北的种谔、沈括、吕惠卿等人，一再上书要求太后收回成命，自己愿与西北诸城共存亡。可是，奏疏上去，不是留中不发就是草草批就——看来司马光和高太后割地的主意已经打定了！这时候，一个重要人物登场了！

这个人在大多数人的笔记小说历史文献里都以反派形象示人，甚至在《宋史》里他也被列入"奸臣传"，"江湖地位"仅次于大奸臣蔡确。但是这次在大是大非面前、在家国利益面前，他却勇敢地站了出来。

这个人就是：邢恕。

史载，邢恕"有学辩论，多不请而教人"。

邢恕学问大，辩才了得，是不可多得的谈判高手，因为经常拿大道理教训人，大家还给他取了个外号"邢训"。

司马光和高太后执意要割地赔款，作为变法派代表的邢恕心里很不是滋味——太后要革除新法，这几块地可是先皇和变法派最后的政治遗产了，不能让司马光就这么给卖了！

于是，邢恕就想阻止司马光，最起码也得给夏人打个折，不能把五座大城都便宜了他们。可是劝谏司马光的奏疏上了不下百封，邢恕想人家的学生故友反复说他都不听，更不会听我这个政治敌手的话了。那只好找第三方的人给他讲吧！

主意打定后，第二天，邢恕就找到司马光，充分发挥自己的口才，跟司马光套近乎。

司马光是个老好人，城府不深，一来二去就被邢恕哄得团团转。邢恕一看，差不多了，这才转入正题："听说司马相公坚持要把西北五城甚至河湟之地全部放弃？"

司马光一听，就有些不高兴，现在国内都骂我卖国，你也敢来批评我？刚给你个好脸，就不知道自己姓啥了！于是，冷冷回道："怎么？邢大人要赐教一二？"

邢恕听出了司马光的不满，连忙摆手，赔笑道："司马相公，您可别开玩笑了，我这点学问您还不门儿清吗？边疆的事，这么复杂，您这样学贯古今的赫赫宰辅处理起来都棘手，我哪能有什么见解呢！"

司马光一看，邢恕这个姿态低啊！也对自己刚才的态度有些不好意思了，就顺坡下驴，道："这事确实很棘手！"

邢恕呵呵一笑，给司马光递上一杯凉茶，走近轻声道："司马相公，这事处理起来说难也不难！"

邢恕这么说，司马光的胃口一下子被吊起来了，朝廷都快炸锅了，还不难？连忙道："哦？那你说该怎么办？"

邢恕这才收敛笑容，不急不慢道："现在参与谈论的朝廷官员大都是些跟我一样的文人。边疆大事，那是真刀真枪、拼刀子抹脖子干出来的，我们这些文人懂什么啊！您应该找一个熟悉边防的大臣问问，听听他的意见，如果他说五城该弃，咱们就弃，谁也没话说；如果他说该守，咱们就尽量给子孙们守着呗！"

司马光一听，邢恕说的有道理，现在朝廷上这些人说的驴唇不对马嘴，听他们的白搭，还是得问问真扛过枪上过战场的人的意见。于是，司马光问邢恕道："现在朝廷里大多是文人，偶尔有个把武将也都没脑子。你可有推荐的人啊？"

邢恕这才故作沉思，想了半天道："下官倒是有一个人推荐。这人名叫孙路，在西北军队里干了四年多，熟悉边防事宜，此时正在京城。要不下官给您把他约过来？"

司马光最近被逼得正无计可施，此时仿佛抓到了救命稻草，于是心急火燎般道："快去！快去！"

很快，邢恕就领着孙路带着地图到了司马光这里。

孙路二话不说，展开地图给司马光看，道："河湟熙州北面已经濒临西夏边境，从这里可以随时进取西夏。熙州和兰州互为犄角，如果抛弃兰州，则熙州就危险了；如果熙州不保，关中就危在旦夕了。唐朝就是因为丢失了这两个地方，戎兵一起立即就能打到京城。若一旦割给西夏，司马相公将悔之晚矣啊。"

听完孙路的话，司马光半天没有反应过来。过了很久，司马光才猛拍大腿，道："多亏邢恕把孙大人带来，不然就耽误国事了！"

最后，司马光给西夏的条件是：兰州留下，西夏把掳走的宋朝二十万边民给放回来，把浮屠、安强、葭芦、米脂四座城池割给西夏。

割地政策制定以后，司马光就病逝了。

后来在保守派代表苏辙的一力推动下，宋朝最终于元祐四年（公元1089年）将四块地拱手送给了西夏。从此，也开启了宋朝割地求安的历史！

虽然割了四座城，但是最起码留下了最为富庶的兰州和熙州，邢恕功不可没。后来哲宗亲政后，宋夏关系再度紧张，宋廷就是从兰州、熙州出兵再次西征，重新占领了这块地方。

王安石与司马光亦敌亦友的一生

1

公元1086年，宋哲宗元祐元年，这一年的宋帝国发生了一件大事——春天，前宰相王安石溘然去世。

作为老干部的杰出代表，从仁宗嘉祐年间考中进士算起，王安石共辅佐候过四个皇帝、为官四十余年。这甚至超过了当时中国男子的平均寿命。

最重要的是，在神宗执政的前十年里，王安石作为宰相，在神宗赵顼的支持下，发动了那场著名的"熙宁变法"。就因为这场变法，王安石声名大噪。不过也因为这场变法，王安石得罪了不少人，影响了不少人的"进步"。

王安石活着的时候，他们不敢怎么样，毕竟王安石当了十几年宰相，门生故吏遍布朝中各个岗位，何况台上的那几位宰相、副宰相都是人家的学生，弄不好还没搞倒人家，自己的黑料就被人给扒出来了。

不过，现在他死了，有些人就开始蠢蠢欲动。

他们也知道，王安石这样的大人物，不是一般人能搞臭的。于是，这些人，比如后来的大滑头蔡京，就去找王安石的政敌、现任宰相司马光"谈工作"。谈着谈着，来人不经意间就提及："王安石这人不行！"

一听这话，司马光就笑，心想老子是写过《资治通鉴》的，这一辈子套路人的时候多，被套路的时候少，还想在老子面前耍心眼。

他心里虽这么想，可是脸上却装作完全不懂的样子，问："怎么不行了？这不也轰轰烈烈干了十来年一把手嘛！"

来人一听有戏，就放开胆子继续说："唉，司马相公，您可别提了！

他干得那点事儿哪件是对国家有益的？说他是蛀国大蠹一点都不为过。"

听到这里，司马光收敛了笑容，这人忒坏，人家活着的时候你不说话，现在刚死你就跳出来。这股子邪风不能惯，得给它刹一刹。

于是，司马光正色道："介甫（王安石）文章节义，过人处甚多……"

意思是，你可别瞎说了，我虽然与王安石政见不合，但是他的学识能力比你强多了。

司马光这一通训，下边人都不敢再说什么了。

这还没完，司马光还给当时的副宰相吕公著写了一封信：

"介甫谢世，反复之徒必诋毁百端。光意以谓朝廷宜优加厚礼，以振起浮薄之风。"

翻译一下就是，王安石一死，有些坏人肯定跳出来诋毁他，为国家社稷着想，我们应该请皇帝给他上封号厚葬，堵住这些宵小之徒的嘴。

果然，没过多久，朝廷根据司马光的建议，追赠王安石为太傅，谥号"文"。

2

其实，这并不是司马光第一次拒绝诋毁王安石。

作为仁宗朝最负盛名和风流倜傥的偶像组合——"嘉祐四友"的重要成员，司马光和王安石当年确实是当时大宋政坛难得的一股清流。作为好友的两人都胸怀天下、志存高远，都希望有一天能改变宋朝以来积贫积弱的局面。

王安石比司马光小两岁，但是进步比司马光快不少。王安石当皇帝秘书知制诰的时候，司马光还是个御史。他就为司马光给朝廷写推荐信，在信中，王安石盛赞司马光"操行修洁，博知经术""行义信于朝廷，文学称于天下"。

评价之高，翻遍二十四史无出其右者。

当然，司马光也很钦佩王安石。他对王安石的评价是："独负天下大名三十余年，才高而学富，难进而易退，远近之士，识与不识，咸谓介甫不起则已，起则太平可立致，生民咸被其泽矣！"

"独负天下大名三十余年"，那时候王安石才刚四十岁左右。司马光的意思是，王安石是旷古大才，不被任用则已，如被任用将可致四海波静，天下太平。

这评价是相当高！

只不过后来，两人政见不同，不得不分道扬镳了。即使如此，两人依旧惺惺相惜。

那年，王安石变法，就有人想借司马光的盛名，鼓动他弹劾王安石。没想到，司马光宁肯退居二线去洛阳编书，也不干这事。他甚至还放出话：王安石变法，没有任何私利，全是为君分忧，为国着想。

后来，弹劾王安石"十条罪状"的谏官吕诲去世，司马光在为其写的墓志铭里提到新法之害。有人就拿着这篇墓志铭去已经身为宰相的王安石那里告司马光的黑状。不料，王安石读完司马光的文章并不生气，反而赞叹不已，最后甚至还将其挂在了墙上，逢人就夸："君实（司马光）之文，西汉之文也。"

可见，二人都将对方视为知己。

至于变法之争，正如司马光说的，"光与介甫，趣向虽殊，大归则同"。王安石也说，"议事每不合，所操之术多异故也"。

目的是一样的，只不过方法不同罢了！如果当时不是王安石上台，而是司马光被神宗重用，也许变法的就是司马光了！

3

王安石去世后不久，年老体衰的司马光深知自己也将不久于人世。于是，他不顾苏轼、范纯仁等人的强烈反对，任用大滑头、开封府尹蔡京以最快的速度废除了新法中的重要一条——免役法。

此时的司马光已经病入膏肓。高太后甚至准许他可以不参加朝觐，在家办公。但是，司马光认为"不见天子，不能视事"，还是拖着病体按时上朝。

为防止自己百年后变法派卷土重来，司马光继续打压变法派，将当时变法派核心人物蔡确、吕惠卿、邢恕、范子渊等人一贬再贬。

这些工作做完后，司马光重新改革科举制度，制定"科举十科"，以期接下来宋廷的选人用人制度能以选拔公正廉洁的旧党领袖为主。做完这一切工作之后，天天加班工作的司马光终于累倒了。史载，司马光"因政体过劳，日益消瘦，竟致不起"。

弥留之际，司马光给副宰相吕公著写信道："光以身付医，以家事付愚子，只国事未有所托，特以嘱公！"

不久，公元1086年，哲宗元祐元年十月，王安石去世后不足半年，宰相司马光病逝，从而结束了两人相爱相杀的一生。

苏东坡结党被贬，一点都没冤枉他！

1

公元 1086 年，宋哲宗元祐元年十月，刚当了一年宰相的司马光积劳成疾，与世长辞。

作为老干部的杰出代表，司马光上任这一年来干了别人十年的活。所以，宋廷的实际掌门人、垂帘听政的太皇太后高太后对司马光的逝世很是伤心，于是诏曰：京中官员都要参加，给司马光风风光光办一场葬礼，并任命精通古礼的文学家程颐为治丧委员会的一把手。

可是不巧的是，司马光的葬礼与朝廷每年一度祭祀先皇的日子在同一天。

宋廷尚文，文人仪多。再加上司马光贵为首辅，是名副其实的政府一把手。他的葬礼，那些斋僧请道、设奠立帷、吊丧赠禭等仪程规章肯定少不了。所以大家就商量着，等大享一过立即就赶去宰相府祭奠司马光，也得随点礼什么的。

"臣僚称贺讫，两省官欲往莫光。"

司马光文章道德盛极天下，既然是去吊唁他，应该找一个名气能力都能配得上的人来领头才是。于是，大家商量来商量去——还是苏轼最合适。

史载，"子瞻（苏轼）以温公（司马光）论荐，帘眷甚厚"。苏轼是司马光提拔起来的，而且甫一还朝，三个月内连升三级，现在官拜知制诰，是皇帝的老师兼秘书。谁不知道，这个知制诰是大宋专门用来培养宰相的岗位，大宋几乎所有的宰相，包括王安石、司马光都是从这个位置上干上来的。而且，朝中早就盛传，接下来苏轼有可能入阁拜副相了——"议者谓不日为执政矣"。

苏轼一看，众望所归，也就答应下来。这时候，理学大师程颐突然跳了出来。

理学是什么呢？简单说就是宋人以儒释道理论相结合创造出来的一套用来解释世界万物的哲学体系。这套哲学体系有多厉害呢？宋元明清几乎所有有名的哲学家，如后来的杨时、朱熹、王阳明等人的思想均源自理学。牛不牛！

而理学的创始人就是洛阳人程颢、程颐兄弟。那个"程门立雪"的典故就出自杨时去拜访程颐的时候，由此可以看出程颐在当时士子心中的地位之高！

就在大家准备礼金，去宰相府吊唁时候，程颐大声说："不能去！"大家一脸疑惑，心说：老程不实在，你也是人家司马光从洛阳提拔上来的，人家去世了，随点礼你都不肯，真抠门！

还没等大家反驳，程颐就说："孔夫子说过，如果今天参加葬礼哭过，那这一天就不能再搞庆祝活动了。大享刚结束，你们在大庆殿刚听过奏乐，怎么能去吊唁司马丞相呢？"

史载，"程正叔（颐）固争，引论语'子于是日哭则不歌'"。

"固争"，意思是反复争辩好多次！

这就让苏轼很不爽了，自己不去就不去吧，非得管人家干什么！不过人家程颐是治丧委员会的一把手，也不好驳了人家的面子。于是，苏轼打哈哈道："老程你说得太对了，孔子说过'是日哭则不歌'。可是，他老人家没说'歌则不哭'呀！明堂大礼是吉礼，我们是听过歌了，接下来应该是可以哭的。"

子瞻曰："明堂乃吉礼，不可谓歌则不哭。"

程颐一愣，孔子说的确实是"哭则不歌"，没说"歌则不哭"，这个苏东坡真是厉害啊！既然斗嘴斗不过苏轼，程颐只好从国家法度的层面继续辩驳，"司马诸孤不得受吊"——司马光作为政府要员，他的遗孤家属怎么能收礼呢？你们还是别送了。

苏轼一听，这都是些什么歪理啊，戏谑道："颐可谓麑糟陂里叔孙通！"

苏轼这里所说的叔孙通是汉初的儒士，在当年倒秦、楚汉争霸中以善于站队、频繁更换主子为著称，所以在后世大多数儒生心目中叔孙通的口碑极差。苏轼把程颐比喻成叔孙通可谓嘴巴极毒，一下子把程颐就气得说不上话了，脸憋得通红，尴尬至极。

于是，《续资治通鉴长编》载，"众皆大笑"。苏轼跟程颐的梁子就这么结下了！

2

程颐被苏轼当众羞辱，程颐自己倒没有说什么，技不如人、打嘴仗干不过文章口才俱佳的苏轼，还有什么好说的。

不过，程颐认输，但不代表他的好友、学生会认输。"一日为师，终身为父"，师父被侮，他们岂能轻易咽下这口气？于是，程颐的学生们躲在暗处，一直在等一个机会，一个可以扳倒苏轼的机会。

很快，这个机会就来了。

那年，苏轼作为天下文魁，负责为新科进士们出题考试，考过的人就可以分配工作了。

苏轼出的题目是：

"今朝廷欲师仁祖之忠厚，而患百官有司不举其职，或至于媮；欲法神宗之励精，恐监司守令不识其意，流入于刻。"

这句话什么意思呢？

简单说就是，现在国家想学仁宗的忠厚治天下，但担心朝中官员干不好，想学神宗励精图治，又怕地方官太刻板。这么解释，我们知道苏轼要表达的是仁宗忠厚、神宗励精图治的意思。当然，任何话都可以从正反两个方面来说。比如，程颐的学生贾易、朱光庭就抓住了这句话的另一个方面告了苏轼一个黑状。他们说：

苏轼不老实，借着出题的机会发泄对前领导的不满。什么叫"仁宗忠厚、神宗励精"？他明摆着是想讽刺仁宗皇帝"不励精"，神宗皇帝"不忠厚"。这种两面派得给他开除出大宋官僚体制。

程颐是什么人呢，那是继孔夫子之后中国千年来出的另一个儒学大师，他的学生遍布大宋官场各个角落。贾易、朱光庭这么一带头告状，程门之下近百人立即群起响应，一起上书要求彻查苏轼，大有当年"乌台诗案"要整死苏轼的节奏。

苏轼一看，这帮人真是不要脸啊，不愧是搞理学的，不讲理的功夫无人能及。不过，自己口才再好也辩不过这百十号人啊！于是，他只好联络自己的亲朋好友帮自己上书辩驳。

苏轼联络的人里面排第一的肯定就是自己的弟弟苏辙，其次是好友老乡、左司谏吕陶，还有范仲淹的儿子范纯仁等人。

于是，这两伙人就在朝堂上你一言我一语地怼上了。而怼来怼去的结果是，两方逐渐从辩论变成了人身攻击。大宋朝堂本应是解决困扰国家发展进步问题的地方，变成了两方斗嘴的角斗场，甚至差点导致国家机器停摆。

最后，大当家高太后一看，这样不行啊，再这么下去大宋朝非败了不行。于是，高太后一锤定音："都别争了。苏轼出题不严谨，罚俸；贾易等人告黑状，罚薪。这事就过去了，以后谁都不能提了！"

太皇太后发话，大家也不敢再议论。可这事虽然表面上是过去了，可朝堂上却因此形成了两个相互争斗的派别：程颐的门人大都来自河南洛阳，被称"洛党"；支持苏轼的大都是四川人，谓之"蜀党"。洛党和蜀党两家从治学到政论斗得不亦乐乎，最后还形成了两套独立的哲学体系"洛学"和"蜀学"。

最令人匪夷所思的是，在这两党之外还有一伙人，以刘挚、梁焘、刘安世、吴安诗为首，他们既看不上"洛党"的理论也瞧不起"蜀党"的学问，于是就自封了一派——"朔党"。

于是，大宋朝堂上司马光苦心经营的旧党掌权的和谐局面就因为程颐、苏轼之间的争斗变成了相互割裂的三派。

好在副宰相吕大防、范纯仁不愿结党、正直敢谏，朝局才不致出现动荡。

3

三党结成以后，"蜀党"骨干、苏轼好友胡宗愈、顾临等人逮住个机会弹劾程颐"僭横忘分，勾通台谏，睚眦报怨，沽直营私"，最终程颐被罢官，赶出京城。他的学生贾易亦被贬怀州。

"洛党"成员杨康国、赵君锡弹劾苏轼兄弟"文学不正"，最终苏轼被贬扬州。

当然，洛、蜀争斗，"朔党"也没闲着。"朔党"首脑刘安世、吴安诗等人状告不结党的宰相范纯仁与蔡确结党，范纯仁被贬颍州。"朔党"刘挚接替了范纯仁副宰相职位。

后来，高太后察觉刘挚与朔派结党，大加申斥，最后"朔党"成员多数外调。

此时，三党斗法，朝中已无可用之人，高太后只好打算再把程颐召回京城，可是"蜀党"苏辙等人多次上书抗议，高太后只好作罢。

范纯仁外调，宰相吕大防独木难支。史载，"三党自相倾轧，自相挤排"，大宋朝这艘早已千疮百孔的巨轮颤巍巍地行驶在历史的长河里，它的终点似乎已经不再遥远！

车盖亭诗案：北宋党争的顶峰

1

公元 1087 年，宋哲宗元祐二年，湖北安州（安陆）。

刚过完夏至。连日来的高温似乎将整个安州城放进了一个巨大的蒸笼里，到处的燥热难耐，城中的人们扔下满手的活计全都挤到了城外的涢河边乘凉。

河西岸一块小洲深入涢河宽阔的河道，于是，人们在洲上垒石筑亭。三国时，魏文帝曹丕曾来此，留诗云"西北有浮云，亭亭如车盖"，故此亭取名"车盖亭"。

车盖亭三面环水，暑气不侵，风景尤胜。所以，亭子里聚集了很多前来避暑的人。

这里面有的是街面上的"长嘴舌"，只是平时在城内各忙各的活计无暇闲聊，现在好不容易得空聚在一起，于是大家借着河上的凉风侃得火热。

这时，一位老人在两名青衣皂吏的陪同下也走进了亭子。

坐在亭子中间石凳上一位正聊得起劲的中年汉子扭头一看，立马认出来人，忙站起身作揖道："蔡执政，您来了！来来来，快坐下歇歇！"

说着，中年汉子用手里浸满汗水、散发着腥臭味的汗巾擦了擦石凳，做了个请的姿势。

老人倒也不嫌弃，推辞了两句即坐下了。

被称为蔡执政的老人，名叫蔡确。神宗朝元丰年间，力主变法的王安石去相，接替他的人就是蔡确。蔡确上台后，一面维持新法实施，一面调和改革派与旧党之间的冲突，这一干就是十年。在这十年里，大宋朝在

"熙宁变法"的基础上，又进行了一场调整——"元丰改制"。

神宗去世后，一心反对变法的太皇太后高太后辅助年幼的哲宗垂帘听政。甫一掌权，高太后就罢免了蔡确，并将他一贬再贬，最终安排到安州这个偏远的小县镇为知州。

蔡确的到来让原本喧嚣嘈杂的车盖亭立即安静了下来。大家都知道，蔡确原本是一人之下万人之上的堂堂宰辅，现在被贬到这么一个小县城，心情肯定不好。

领导心情不好，下边人不敢胡乱说话，这气氛就异常尴尬。

好在刚才那中年汉子嘴皮子活，看看众人，又看看正襟危坐的蔡确，打哈哈道："我们这车盖亭自从魏文帝题诗以来，已过近千年。蔡执政贵为宰相，天下文人之首，现在又是我们安州的父母官，应该给我们车盖亭也题上几首诗，以后我们安州人出去也好吹吹牛啊！"

中年人这么一说，其他百姓立即表示认同，这气氛就上来了——是啊，蔡执政也给我们写几首诗吧！

安州虽小，可是民风古朴，百姓憨厚，从来没有因为蔡确是被贬谪的官吏另眼相待。所以，蔡确虽然远离朝堂，归谪边地，可心情并不坏。他呵呵一笑，让身边人铺开纸砚，略一沉思，一首《夏日游车盖亭》即书就：

> 矫矫名臣郝甑山，忠言直节上元间。
> 钓台芜没知何处，叹息思公俯碧湾。

蔡确这里提到的郝甑山，是唐高宗时的名臣，安州本地人。那年，唐高宗李治打算让位给皇后武则天，郝甑山上奏反对。

如果单从诗词的艺术性来品评的话，蔡确这首诗无论在用典还是意境上都算不得上乘。但是若从以古讽今的角度，则有无限种解读的可能——因为现在大宋江山的实际掌舵人也是女性，高太后。

而蔡确的政敌们，此时正躲在暗处，一直在等待这个机会的到来。

2

蔡确的政敌里面有一个人，名叫吴处厚。

当年，蔡确当政，吴处厚想让蔡确向朝廷推荐自己，而且"乞怜颇甚"。但是，蔡确看不上吴处厚的为人，"执政无汲引意"——就是不推荐他。这一下子就把吴处厚给得罪了。

后来吴处厚不知道从哪里攀上了宰相王珪的关系，干上了司法部门的一把手——大理丞。有一次，蔡确有事想找他帮忙，结果吴处厚拒绝了他。蔡确很生气，就在神宗面前告了吴处厚一状，"言反覆小人，不可近，终神宗世不用"。

吴处厚在神宗朝始终没抬起头来，他把这一切归咎于蔡确对自己的诬告和打压。

哲宗继位后，蔡确被贬安州知州，吴处厚此时是汉阳军知州，两人相距不远。

蔡确在车盖亭一高兴，加上上面那篇一共写了十首绝句，都被吴处厚给搞到了。吴处厚对这十首诗进行了仔细研读，当他读到这句"矫矫名臣郝甑山，忠言直节上元间"时，心内不禁窃喜——蔡确你这回要完蛋了！

他在这首诗下备注道：今太后垂帘听政，蔡确却在诗中引用武后事，讥谤朝廷。

吴处厚担心这一条还不至于致蔡确于死地，就对另外几首诗做了同样的引申。有时候实在不好引申，就搞些莫须有。

比如，蔡确写"睡起莞然成独笑，数声渔唱在沧浪"，吴处厚就说，蔡确忒不老实，今朝政清明，上下和乐，不知道他在笑什么？

比如，蔡确写"如带溪流何足道，沉沉沧海会扬尘"，吴处厚说，"沧海扬尘"指时运大变，不知道蔡确这样写想表达什么？

......

做完备注之后，吴处厚将弹劾蔡确的奏本一并交给邸吏发往京城……

这里还有一个小插曲。

就在吴处厚以为大仇得报之时，他的儿子高中进士。一高兴，吴处厚就把自己陷害蔡确的事情给儿子讲了。儿子一听，没有高兴，反而大哭道："此非人所为。今为此，将何以立于天地。子无所容于天地间矣。"

意思是，您做了这种小人干的龌龊事，以后我父子二人将受世人唾弃。

吴处厚一听有道理，这样干确实不厚道，赶紧带了几个人去追邸报，希望能在邸报送出前追回来。可惜，"邸吏方往阁门投文书，俄顷时尔"——奏折刚刚已经送往京城了！

3

太皇太后高太后读完吴处厚的奏折后，什么也没说。

想当年，高太后还是小女孩的时候就被仁宗的曹皇后收养。几十年下来，人前人后宫内宫外的那些套路手段她老人家见得多了、用得多了。不然她能在这皇宫里从一个小养女摇身一变成为英宗皇后、神宗太后、哲宗太皇太后，还垂帘听政？

所以，看完吴处厚的奏折，高太后立即就明白了他的套路——吴处厚知道我跟蔡确不对付，这是想借我的刀砍蔡确的人头呢。如果单以这几句似是而非的诗就治蔡确的罪，那也显得我这个领导忒没水平了。

于是，高太后"殊不怒"——一点都没发怒，很平静地对朝臣们说，"执政自商量"——你们几个宰相商量着办吧！

领导不给明确意见，下边几个宰相办起来就有点没底——蔡确毕竟是上届宰辅、天下文臣之首，办重了吧，下边那些自诩清流的文臣诤友们还不得骂自己媚上；办轻了吧，高太后肯定不高兴，给领导没法交代。好在中书里这群人也不是吃素的，从基层一步一个脚印爬上来，套路也见了不少，商量来商量去，中书发了文：确自分晰之！

意思是，蔡确你自己给朝廷写封信，给太皇太后道个歉，说不定太皇太后心一软这事就这么过去了！我们也不用被骂了，这样处理对大家都好！

可惜，还没等蔡确的自辩状到京，蔡确曾经的好队友邢恕就把蔡确推上了断头台。

4

史载，邢恕"博贯经籍，能文章，喜功名，论古今成败事，有战国纵横气习"。

意思是，邢恕是个学霸，爱当官，会当官，能来事儿。邢恕有多会来事儿？

他一开始是理学大师程颢的学生，却经常出入旧学泰斗司马光、吕公著家。最主要的是，改革派首领王安石还特别赏识他。蔡确当政，他跟着蔡确后面出谋划策，一直干到了职方员外郎。

后来，神宗不豫，邢恕建议蔡确拥立神宗的弟弟继位；失败后，他又让蔡确对外宣称是自己举荐赵煦继位的。

赵煦继位后，高太后垂帘听政，邢恕知道小皇帝与高太后之间的矛盾。于是，为长久计，邢恕议册立哲宗的亲生母亲、出身贫贱的朱贵人为"朱太妃"……

后来，蔡确去相，作为蔡确死党的邢恕同样被贬，任河阳知州。就在吴处厚举报蔡确以诗讽今的时候，"朔党"的骨干梁焘自潞州去京城任职，路过河阳。

这天，会来事儿的邢恕就请梁焘吃饭，一起作陪的还有司马光的儿子司马康（注：司马光无子，司马康为其兄子过继而来）。

席间，除了喝酒，邢恕主要对梁焘说了两件事：蔡确社稷臣也——蔡确是有能力的，当年神宗朝那是出过大力的；确有策立功——当今皇帝上位，那是人家蔡执政的功劳。

没想到，梁焘回到京城后，告了邢恕一个刁状，说他与蔡确勾连，为蔡确开脱。

这一下子终于惹怒了高太后，这个蔡确忒不老实，你讽刺我是武则天我不好整你，但是你吹自己有策立功，我就可以治你了：神宗的大儿子就是赵煦，不立他立谁？你哪里来的策立功？

抓住了这个小辫子，高太后就开始表演了——先是生气，曰"宣仁（高太后）始怒"。

接着，居然气哭了，泣谕执政曰："当时谁曾有异议，官家岂不记得？"

最后，终于亮出了底牌，"促蔡确谪命"，还让他自辩什么啊，直接贬官！

5

高太后要贬谪蔡确的诏命下来后，宰相们就有点慌了。

有人就建议，按领导的意思办吧，咱也仁至义尽了，活该蔡确倒霉，这时候被梁焘捅了一刀。也有人就给太后建议，也不能光听梁焘一个人说的，这家伙是有名的两面派，一起喝酒的不是还有司马康吗，应该问问司马康到底怎么回事。

高太后一看，不查也不行，只好派宰相文彦博去找司马康和梁焘过来对质。

文彦博：那天喝酒，邢恕有没有对梁焘说过"蔡确社稷臣"这句话？

司马康：没听见啊！

梁焘就急了：那天你不也在场吗？

司马康装作无辜道：那天有点醉，确实没听见。

梁焘更急了：邢恕说这些话的时候，才刚开始喝三杯酒，怎么可能醉？

司马康又故作思考状：哎，惭愧啊！那天太饿，光顾着吃饭填饱肚子了，没听到。

反正不管怎么问，司马康都是一句"不听得"。

司马康不肯作证，这让有些人就很不舒服，怎么说蔡确也是当年折腾你爹的主力干将之一，现在这么好机会都不用，真是"不肖"！

不过这时候，司马康作不作证已经没关系了。第二日刚上朝，高太后就已经拿出了处理意见——"蔡确英州别驾，新州安置"！

新州，现在广东新兴。宋朝时候，新州瘴疫肆虐，有史载"七十年无人入矣"，七十年宋朝都没有给这地方派过地方官。"新州安置"，等于死刑！

还有人想给蔡确求情，高太后曰："山可移，此不可移。"

最终，在安州刚过了没几天好日子的蔡确被发配岭南，不久就病死了。

经此一役，新党改革派邢恕、章惇等人再遭诬陷、贬谪，很多人病死贬所。

现在的大宋朝堂上，旧党把持着朝政，除了偶尔朔、洛、蜀党之间相互倾轧搞个小动作之外，似乎一切显得很和谐。殊不知一旦新党重新执政，被扭曲的政治理想和品性将使他们的报复更加疯狂，而随着哲宗小皇帝的长大，这一天好像也不太遥远了！

绍圣绍述：高太后做了什么，孙子宋哲宗居然骂她 "老奸擅国"

1

宋哲宗元祐八年（公元 1093 年），秋。大内福宁宫。

这座福宁宫是当年太祖皇帝的寝殿。

哲宗登基后，太皇太后高太后垂帘听政成了大宋帝国的一把手。原本朝臣们打算将她居住了二十多年的延福宫扩建，以满足她休息和处理朝政的需求。没想到，奏章上来后，高太后毫不理睬，竟然兀自搬到了已经荒废数年无人居住的福宁宫。虽说福宁宫是破点儿，但是这里厅卧书斋俱全，不仅能解决自己衣食起居和批阅奏章的问题，而且为国库省下了一笔不小的开支。一时，国之内外皆称其为"贤后"。

其实，高太后之所以选择福宁宫居住，主要是因为这里离皇帝早朝的文德殿较近。小皇帝哲宗自幼体弱多病一直跟自己一起居住，搬到福宁宫后，哲宗每日五更上朝就能晚起一刻钟。

这日，正是掌灯时刻。以往这个时候，福宁宫大殿外的广场上早就亮起了各式的宫灯，照得整个院落仿佛白昼一般。可是今晚不仅没有人去点灯，就连大殿内也只有一丝微弱的烛光透过窗纸洒在殿廊上。

缺月疏桐，荧光残烛，尤显得整个福宁宫一片寂寥。

这时，一个小黄门急匆匆从外面跑了过来，他跑到福宁宫门口才停住，轻轻推开了殿门，探头探脑往里面看了半天，这才转身向后面招了招手，进入了福宁宫——原来在他身后还有两个人。

看小黄门向他们招手，那两人这才弓着身子跟着小黄门鱼贯而入。

进殿，左转，再趋行数十步，一帘巨大的黄帐垂在前面。两人知道，里面就是当今太后的寝殿了。自从当今官家哲宗皇帝前年满十七岁娶亲之后，就已经搬出了福宁宫，高太后一直独自居此。今年年后，年过六旬的高太后突发寝疾，卧床不起，朝臣们已经很久不曾见到她了。

两人依次跪倒在高太后的寝殿外面，听见黄帐里面传来刚才小黄门的声音："太皇太后，中书范纯仁、吕大防两位宰相大人到了……"

过了一会儿，范纯仁和吕大防才听到那久违的声音："给范大人和吕大人赐座。"

声音微弱，语调颤抖，就像窗外稀薄的月光仿佛随时都会断掉一样。小黄门从帐子里面出来，扶起两位老臣，从外屋找了两个锦凳给他们坐下。

"我病将不起，命不久矣！"又是太皇太后的声音。

刚坐稳的范纯仁和吕大防惊得赶紧从凳子上滚落下来，跪在地上，异口同声道："太皇太后仁义布施，必将慈寿无疆。这次只是偶感风寒，料不致有意外情事。"

话音未落，帘内却传来一阵剧烈的咳嗽声。咳声渐止，高太后才继续说道："老婆子已经六十二岁了，死何足惜。只是当今官家年少，日后还望二位能用心护佑。"

范、吕二人已泣不成声，回道："老臣万死不辞。"

这时候，帐子后面伸出一只枯槁的手，指着跪在地上的范纯仁道："卿父范仲淹可谓忠臣。我死后，卿当效法先人，尽忠国事，毋忝所生！"

范纯仁泣啼道："太皇太后放心，臣定不辱没先人名声。"

接着，太皇太后又指了指吕大防，叹了口气，低声道："二位相公皆是国之栋梁，肩负社稷数十年。在这里，有句话老身要告诉你们，请二位相公谨记。"说到这里，高太后挥挥手让身边的侍者们都退了出去，这才断断续续地接着说道："老身死后，必定有人撺掇官家针对二位相公，到时候二位尽己所能即可，如不能使官家回心转意，二位相公应尽快辞官归隐，以保全家室、颐养天年。"

听得太皇太后在弥留之际还对自己顾念如此，范纯仁和吕大防早已哭得无法说话，只是不停地磕头称是。

说到这里，高太后顿了顿，仿佛是积攒了平生最后一丝力量，语带愤郁道："老身受先皇所托，累年保佑圣躬，粗究心力，区区之心，只欲不坠先烈，措世太平，不知二位相公知之否？当今官家知之否？天下知之否？"

说到最后，高太后居然声大如钟。

正在这时，福宁宫的大门被哐当一声推开了。

范纯仁和吕大防慌忙回头看，只见皇帝宋哲宗赵煦大步走了进来。

赵煦身穿一件黄色锦袍便服，头戴淡黄色幞头，脸色铁青。

他看都没看跪在地上的范纯仁和吕大防，径直走到高太后帐前，躬身作了一揖，算是行礼。然后，赵煦转过身，双手放在身后，目光冷峻，盯着依旧满脸错愕的两位宰执，冷冷道："太皇太后累了，你们回去吧！"

范纯仁和吕大防不敢停留，对着黄帐后面病榻上已经奄奄一息的太后连磕了几个响头，这才退出了福宁宫。

刚出福宁宫，吕大防捉住走在前面的范纯仁的衣袖，一脸忧郁道："官家亲政，你我二人将死无葬身之地！"

范纯仁回头看了看吕大防，又看了看近乎消失在暮色中的福宁宫大门，扶了扶已经有些歪的官帽，没有回答，继续向前走去……

2

元祐八年八月，执政九年的太皇太后薨，十八岁的宋哲宗赵煦亲政。

赵煦坐在文德殿那张紫檀龙椅上，抚摸着龙案上那尊螭龙玉玺，自己已经当了近九年的皇帝，可是却对眼前这本属于自己的一切异常陌生——这一天，对他而言，确实太迟了！

想当年，神宗驾崩，高太后力保年仅九岁的孙子赵煦继承皇位，自己垂帘听政，处理朝政大事。

在高太后掌权的这九年间，她先后任用司马光、吕公著、范纯仁、吕大防等能臣干吏，废新法、交外夷、兴文狱，竟然也将偌大帝国治理得井井有条、内外称颂。甚至有些人称其为"女中尧舜"！

可是，在这九年间，宋哲宗赵煦的每一天却都战战兢兢、如履薄冰。

当年，哲宗登基，就有朝臣建议要晋封哲宗的生母朱妃为太后。但是，太皇太后高太后却为了凸显自己在朝中的地位，以朱妃初为神宗侍女、出身低微为由，只给朱妃晋封为"太妃"，后宫排位在太皇太后、神宗向太后之下，甚至比皇后的位次还低。数年后，高太后也只是允许她的舆盖仪仗与皇后相同。高太后无疑在向哲宗暗示，我可以让你当皇帝，也可以随时废了你！

自己是皇帝，自己的亲妈不能当太后，这让哲宗很没面子。可是，他清楚，与皇位相比，面子不值一文。

为了减少与太皇太后的冲突，每次大臣向赵煦和高太后奏报时，赵煦都沉默不语。时间一长，遇到军国大事时，大臣们也就不再征询他的意见了。那时候，朝堂上，赵煦的御座与高太后座位相对，大臣们有事都是面向高太后奏事，背朝赵煦，也不转身向他禀报，以致赵煦登基九年每次早朝只能看到大臣们的臀背。但是有一次，高太后问赵煦为何不表达自己的看法，一时没有忍住的赵煦没好气地回道："娘娘已处分，还要我说什么？"

帝后之间的紧张关系，加上元祐大臣们对自己不够尊重，使得自尊心很强的小皇帝对高太后及这帮元祐大臣深恶痛绝，同时也使他更加叛逆。按祖制，皇帝大婚后就可以亲政，但是赵煦十七岁结婚后，高太后依旧不肯让出皇权，而元祐大臣们也不劝太后撤帘。这让赵煦更加愤恨，在他幼小的心灵中，奶奶高太后所为都是为了侵占父亲和自己的皇权，而现在他所能做的唯有等待。

还有一次，高太后令人换掉了赵煦经常使用的一张旧桌子，但赵煦又派人搬了回来。高太后问为何，赵煦毫不掩饰地回答道："因为这是父皇用过的。"

赵煦的叛逆，让高太后预感到小皇帝对自己废除神宗新法的不满，将来他一旦执政势必会恢复熙宁新法，于是更不敢放下手中的权力。直到这一天，高太后病逝，"臀背皇帝"宋哲宗才第一次独自一人坐到了文德殿的龙椅之上！

3

赵煦亲政，初掌权柄。他要做的第一件事就是撤换高太后原来安插在自己身边的内侍太监。

放在过去，这不是什么大事。新帝登基，用几个自己的人，无可厚非，何况只是后宫不涉庙堂。可对这事儿，赵煦事前没开会，事后没发文。这就让有些人不爽了：想当年，太皇太后她老人家有什么事还都跟我们商量呢，您这刚一登基就像甩膀子单干，这怎么成！不能让小皇帝把太皇太后留下的这大好局面给葬送了！

于是，前宰相吕公著的女婿、司马光的学生范祖禹就跳了出来：

"陛下亲政，未闻访一贤臣，乃先召内侍，天下将谓陛下私昵近臣。"

哲宗默然——当没听见。

这招不行，范祖禹继续上书，一边明里暗里劝皇帝不要亲近奸邪，一边拐弯抹角骂新党都不是好东西；还说保守派群众之中出了坏人，他们要联络新党，破坏老太后留下来的和谐局面。

哲宗仍然不省——还当没听见。

范祖禹一看没有办法，只好联络宰相吕大防一起使出最后一招——强谏！皇帝您不是不听吗？我们联合上书，如果您再不给答复，我们就辞职不干了，这个烂摊子就交给你自己了！

没想到，这次哲宗不装了，很快给了朱批：准吕、范辞职！保守派最大的后台、首辅吕大防就这么给免掉了！

吕大防下台，很多人立即闻到了味，他们开始不断上章要求彻查吕大防、范纯仁等人。在赵煦的默许下，甚至有人在奏折里暗指高太后"老奸擅国"，要追夺其太后封号。

不久，次辅宰相范纯仁、苏辙等人先后被贬，保守派在朝中势力被连根拔起。

接下来，赵煦迅速起用神宗皇帝当年的变法派核心曾布、吕惠卿、蔡京蔡卞兄弟，并召大宋"第一狠人"章惇入阁拜相，改年号"元祐"为"绍圣"，意思是追述前朝！

章惇等人上台后，立即废除高太后旧政，恢复王安石新法，同时展开对保守派的疯狂报复，史称"绍圣绍述"！

"狠人"章惇：朋友都是用来坑的

1

宋仁宗嘉祐二年（公元 1057 年）的那场科举，有两件大事儿。

第一件。主考官欧阳修担心选定的第一名是自己的学生曾巩会落人口实，就把第一名和第二名的名次换了一下，结果把人家苏轼的省试第一名给弄丢了，原本第二名的林希成了省元。

第二件。同科考试的除了状元章衡，还有状元的一个小叔叔，名叫章惇，亦同科中第。叔侄同科中第，这本是一段佳话，但是章惇却认为自己名次在侄子之下，太没面子，丢下御赐敕书，拒不受职。

三年后，章惇再次参加科举，考了个第五，开封府第一，这才勉强任职。因为这层关系，苏轼与章惇、章衡叔侄成为好友。

那年，苏轼在陕西凤翔任职，还特意跑到商州找正在这里当县令的章惇一起游玩。

商州多山，尤以仙游潭奇险。潭下临绝壁万仞，路狭难行，横木为桥。

走到这里，苏轼就不敢往前上走了。

没想到，章惇却毫无惧色，过之如履平地。

章惇过桥之后一时兴起，提笔在巨石上写下：章惇苏轼到此一游。章惇题完字回来，苏轼还依旧胆战心惊，搂着章惇的肩膀说："子厚（章惇）以后肯定会杀人。"

章惇大惑不解，就问苏轼为什么。

苏轼边走边说："连自己的命都不在乎的人，还怕杀人吗？"

就这样，"狠人章惇"的名气就被苏东坡给叫响了！

只不过，苏轼没有想到的是，数年后章惇真的要杀人时，会拿自己开刀！

2

宋哲宗赵煦初登基，太皇太后高太后垂帘听政，同情保守派的高太后上台伊始，就废除了神宗新法。

为这事儿，"狠人"章惇多次上疏抗辩，甚至不惜跟宰相司马光在朝堂上干仗，明里暗里没少含沙射影地讥讽高太后。最后，高太后心一横，下令将当年跟着王安石变法的蔡确、章惇、邢恕、曾布这些人统统赶出了京城。

整个元祐年间，章惇被旧党踢过来踢过去，一贬再贬，干了半年汝州知州，就被弄到杭州去了；在杭州没干俩月，又被叫回去当汝州知州。后来，为了羞辱他，甚至连地方官员也不让他当了，给他的职位是"提举洞霄宫"。

堂堂帝国副宰相，现在在寺庙收账，这让当年连屈居侄子之下当进士都不干的章惇怎么忍受？

于是，章惇上疏请求辞职。正好赶上章惇父亲去世，他就以守丧为名，回老家闲居。

可是令他没有想到的是，旧党并没有因为他无官无职就放过他，而是继续多次告他黑状。最终，章惇和前宰相蔡确一起被贬放岭南。岭南之地，瘴疫横行，历朝被贬官员皆九死一生。

蔡确到岭南后，不久就病死了。而章惇却熬过了这段黑暗的岁月，活了下来。

元祐八年，高太后薨，哲宗亲政，改年号"绍述"，恢复新法。

"狠人"章惇的机会终于来了！

3

哲宗年轻，行事干练，恢复新法手段杀伐果决，组织用人也从不拖泥带水——亲政不久，即召章惇、邢恕、曾布等变法派入京。

这次，章惇的职务是尚书左仆射兼门下侍郎，妥妥的政府一把手、大宋首辅。

章惇上任第一件事就是，"请发司马光、吕公著冢，斫其棺"。意思是，章惇请求皇帝要对前宰相司马光、吕公著开棺鞭尸。

大宋尚文，立国一百多年，风风雨雨，虽然有不少宰相、高官被人整治，但最多也就是发配流放，别说开棺鞭尸，就是砍头赐死的几乎都没有。

章惇要求对司马光、吕公著开棺鞭尸，一下子就吓坏了不少人，这其中就包括好友曾布。曾布是"唐宋八大家"曾巩的弟弟，坚定的变法派。他听说章惇要对司马光、吕公著开棺鞭尸，赶紧跑来去找章惇，说："开棺鞭尸这事是古代野蛮人干的，我们文明人怎么能干这事儿呢？"

章惇毫不客气地说："人都死了，开棺鞭尸对他们根本就没什么害处！"

曾布一听，好个狠人章惇啊，不仅要开棺鞭尸，听他这意思还有更损的招儿呢！

果不其然，章惇接着说："接下来，我要上奏皇帝，要求把司马光、吕公著等元祐重臣的后代子孙的官都给削了，永世不得录用。对了，还有那个仁宗朝宰相韩琦，他不是瞧不起王安石嘛，他后代的官也得削！"

曾布听完，浑身冒冷汗，心想我曾布也被贬数年，也恨旧党，但一人犯错就波及人家子孙后代，这也太损了。于是，他就劝章惇："这事儿我看差不多就行了，人都死了，我们还揪着这点小辫子不放，就显得太没格局了。而且，大宋百余年，还没有人干过这事呢，一旦从我们开端，以后说不定这种倒霉事也会落在我们子孙头上。"

曾布好说歹说半天，章惇毫不为之所动。好在哲宗皇帝虽然年少，但不傻，严词拒绝了章惇的请求。

最终，章惇只是拆除了司马光、吕公著坟前的御赐牌坊，为泄愤还将司马光的墓碑砸碎，还把碑文一点一点给磨平了。

后来，他的手下甚至要求销毁司马光编撰的《资治通鉴》，多亏了曾布等人以神宗皇帝曾经给《资治通鉴》作序为由给拦下了。

4

除了整死人，章惇还整活人。

第一个被整的就是苏轼、苏辙两兄弟。

当年，苏家二兄弟文章写得好，反对变法，没少拐弯抹角骂变法派，而且二人才名冠天下，整他们可以达到杀一儆百的目的。

于是，二人先后被贬。

苏轼从杭州直接被外放岭南惠州。在惠州，年近六十的苏轼因为好吃，写了首"日啖荔枝三百颗，不辞长作岭南人"。这首诗传到了章惇耳朵里，章惇一看苏东坡过得还不错啊，也不再给他留面子了，直接将他贬到了海南岛。

苏辙稍微好点，贬地是距海南一海之隔的雷州。依宋律，贬窜海南只比判处死刑罪低一等，可见章惇对苏轼的仇恨之心。

而且，在苏氏兄弟流放期间，章惇对二人近乎苛酷无情，甚至不允许二人有一个舒服的住处。初到雷州，苏辙住在公家官舍里。章惇知道后，立即命令地方官将他赶了出来。苏辙不得不去租住在一户农家，而章惇又利用这个机会，诬告苏氏兄弟强租民房，非要置二人于死地。好在地方官员秉公处理，及时向皇帝汇报，并拿出来苏辙与农户的租约，才算了事。

整完苏氏兄弟，下一个要被整的人叫刘安世。

当年章惇被贬岭南，曾经有一个大赦的机会，由于刘安世曾上书反对赦免，致使章惇对其恨之入骨。史曰，"章惇恨安世，必欲杀之"。

他首先将刘安世外放昭州。随后，章惇在朝廷派使者去执行对其他官员的死刑时，命令这名使者路过刘安世贬所的时候也去看看他。这是在暗示刘安世，你快点自杀，否则早晚整死你！只不过刘安世是有名的老好人，使者不忍心加害他，见到刘安世后只是叙谈片刻就离开了，并没有要求他自杀。

后来，章惇又曾派刺客暗杀刘安世，没想到刺客刚到刘安世家门口突发疾病死了。

这招不行，章惇只好继续将刘安世贬谪，希望在颠沛流离的生活中把他折磨死。那时候，宋朝官场流传一句话，"春、循、梅、新，与死为临；高、窦、雷、化，说着也怕"。意思是，春州、高州、雷州这八个地方是大宋境内最酷恶之地，如果官员被贬到这几个地方基本就没有活着回去的可能了。而刘安世先后被贬上述八州中的七州。

那时候，人皆称刘安世为"铁汉"！

除了苏氏兄弟和刘安世，章惇将元祐众臣全部远贬南方或西南，或充军或当酒监，再或者就跟当年的自己一样"提举某某庙"，去寺庙收账。这其中，九十一岁的嘉祐名臣文彦博也被章惇降级罢黜，遭受屈辱，一个月后就死了。前宰相吕大防被削官为民流放，不久在流放途中丧生；吕大防的女婿、司马光的学生范祖禹在流放中丧命；刘安世好友、朔党大臣刘挚、梁焘二人被贬，不久被暗杀……

范仲淹的儿子、年近七十的副宰相范纯仁此时已经辞官归隐。章惇也没有放过他，上疏要求皇帝将他与范祖禹、刘挚等人一起流放。看到章惇的奏疏，皇帝有些为难，问章惇："大家都知道，纯仁公并不结党。而且，元祐年间，他多次与那些元祐大臣分庭抗礼。"没想到，章惇给的理由很简单："他多次为吕大防求情。而且，我一上台，他就辞官，这分明就是不服，不能惯着他……"不久，范纯仁也被贬至永州安置。

章惇为了迫害元祐大臣，还专门设立了一个机构。这个机构将元祐年间官方资料全部归档，甄别管理，只要有人反对新法即被划为"元祐党人"，轻者降职外放，重者削职流徙。

　　数年之间，经章惇之手，先后惩处官员八百三十人，刻名于石上，曰"元祐党人碑"，凡名在碑上者子孙永世不得参加科举为官！经此一役，元祐众臣彻底失势。

　　而章惇执掌中书数年，虽然也谨小慎微，甚至连自己四个先后中第的儿子都没有给安排官职，但毕竟得罪人太多，谤者甚众，最终也被贬官外放，而他外放的地方正是当年苏辙被贬之地——雷州！

平夏城之战：这一仗，北宋差点灭亡西夏

1

公元 1098 年，宋哲宗元符元年。汴京。

大宋汴京河道纵横，虽只初冬，城内却早已是阴冷萧索。大内皇宫的挈壶正刚刚敲过三更，还不到早朝时候，但是文德殿却早早亮起了灯。殿内除了宰相章惇及中书一帮文臣翰林外，担任枢密院最高领导枢密使的曾布也赶了过来，他身后还站满了留候京城的武将们。

皇帝赵煦斜倚在宽大的龙椅上，一阵急促的咳嗽涨得他脸色发红，过了好一阵子才平静下来。他轻捂胸口，语气严肃道："今晚西北泾原路的八百里紧急军情大家都看到了吧？据前方斥候打探的消息，西夏人正在泾原路外的天都山以北集结重兵，总兵力可能达一百五十万人，意欲进攻我泾原、鄜延、熙河等路。诸卿有什么想法都说说吧！"

宋哲宗赵煦亲政以来，一改高太后对外忍让绥靖的政策，任命强硬派吕惠卿、孙路，武将王文郁、章楶分别出任鄜延路、河东路、熙河路和泾原路经略使，对西夏形成包围之势。在朝中则任命以知兵、善于用兵著称的曾布担任枢密使，全权负责大宋军队的调配和外交工作。

作为对抗西夏的最前沿，鄜延路吕惠卿上台伊始就跟党项人打了大大小小十余次仗。去年，西夏人动用五十万军队反扑，试图抢占鄜延路首府延安州。令西夏人万万没想到的是，五十万人围攻只有区区两万人驻守的延安州数月，不仅没有攻破城池，而且宋军熙河、泾原、河东等路还趁着夏军出兵鄜延、内部防守空虚之机全线出击占领了西夏大片领土。西夏五十万大军最后不得不无功而返。

是役，宋军不仅收回了当年被司马光、高太后割给西夏的四座城池，而且熙河路进驻女遮谷，防区推进到西夏腹地；河东路也占领西夏重要经济重镇、号称"盐仓"的盐州，建造横山城；泾原路突袭没烟峡，兵临西夏的军事基地天都山，建造新城"平夏城"，意思是要平复西夏！

当然，作为发迹于唐朝末年、以勇武著称的党项人，眼见宋军逐渐蚕食自己的领土，也绝不会坐以待毙。他们一面派出使者前往吐蕃和回鹘，请他们派人前往汴京作为中间人进行外交斡旋，一面暗自积蓄力量调集兵力试图反扑。

就在这日午夜，泾原路送往汴京的战报：

西夏调集一百五十万重兵，隐藏于天都山以北，极有可能再次反扑，请枢密院制定具体防御计划！

得到战报后，哲宗皇帝赵煦顾不得大病初愈，连夜召开包括中书门下和枢密院全员参加的这次军事会议。

哲宗皇帝的问话声刚落，时任大宋唯一宰相的章惇，立即走出班列。他冲台上的皇帝弯腰一拜，声调铿锵道："官家，依老臣之见，我们现在首要的任务是要摸清接下来党项人的真实意图。"

说到这里，章惇抬眼看了看皇帝，虽然只是一瞬间，但是他依旧能从赵煦微蹙的额头上感觉到皇帝对自己意见的肯定，于是继续说道："天都山作为西夏人传统的兵将点集之地，在鄜延、河东和泾原之间，而三路的防区跨越近两千里，在没有弄清对方真实意图之前，我们很难对三路进行统一防守。所以，当务之急是要弄清党项人的真实进攻目标，再派遣援军进行有目的的支援！"

章惇话音未落，立即得到了很多朝臣的支持，他们在下边小声嘀咕着："执政说得对啊！三路防区面积广阔，要是三区一起防守，那还不得举全国之兵都调集到西北去啊！"

皇帝赵煦点了点头。亲政五年来，这还是他第一次面临如此危机，如果真如情报所言西夏人动用一百五十万军队，那无论他们从哪一路进攻，都有可能势如破竹攻破宋军苦心经营数年的防线。到时候西夏人再长驱直入，进占汉中、饮马中原也不是没有可能。

赵煦不敢想象接下来会发生什么，好在他继承了先父神宗皇帝遇事沉稳、杀伐果断的性格。他微微欠了欠身，努力使自己平静下来，看着台下站着的章惇，轻声道："依执政所言，接下来我们该怎么办？总不能一直等下去吧！"

"这个……"章惇一下子被问住了。

虽然章惇贵为首辅，但是毕竟书生出身，既无枢密院制定军事战略才能，又无边疆领兵实战经验，让他提出具体解决方案亦不现实。章惇只好据实回奏："一直以来，军事方案皆由枢密院制定，现在事态紧急，中书还未和枢密院商议。能否容臣与枢密院知院曾布一起商议后回奏？"

赵煦这才轻轻一笑，冷冷道："来不及了！这份军报从泾原路传到京城至少需要七天，等你们一帮秀才吵来吵去拿出应对措施至少还要两天，再送回泾原路，仗都打完了！"

章惇一听皇帝的叱责，冷汗立即涌了下来。是啊，军情紧急，怎么能再等呢？想到这里，他用眼瞄了瞄站在旁边、若无其事的曾布。

身形魁伟的曾布这才正了正官帽，走到章惇身边，向皇帝躬身作揖后不紧不慢道："官家，不必心急。昨晚臣留值禁中，恰巧军报传入枢密院，臣第一个读到。臣感事态紧急，立即以枢密院名义向泾原、鄜延、河东三路发出军令，命令他们严密监视西夏军队动向、协同防护，改被动防守为主动防御，在主城外构筑城寨。如果党项大军来攻，这些城寨至少可以冲抵他们的进攻速度……"

曾布刚说到这里，一名身材丰腴、长相英俊、身着红袍的大臣就站了出来打断他道："官家，臣蔡京日前在开封府抓住一名西夏的细作。据他交代，西夏不会集中兵力包围城寨，最多也就是在边境抢掠一番。若如此，我们只需要坚壁清野将城外边民百姓迁往城内即可。曾枢密如此大动干戈，命令地方守军筑寨防守是不是过于紧张了？而且，城外筑寨耗费巨大，到时候如果敌军只是小股袭扰，我们岂不白费军饷？"

蔡京说完，立即又是一片议论声。有人不住地点头："是啊，蔡京说的也有道理，筑寨防守确实耗资甚靡！"

皇帝赵煦摆摆手，待大家安静下来后，才徐徐道："曾枢密，掌管全国军务，制定何种防御政策，朕绝不干涉你。你接着把话讲完！"

曾布这才继续道："兵书云'兵者，诡道也'，开封府抓住的西夏细作所言确有可能是真实的，但也可能是西夏人的障眼法，故意使我们放松警惕。不管西夏人用何种诡计，我们都从最危险处着眼，总不会错的。"

说到这里，曾布顿了顿，看了看旁边一脸尴尬的章惇和蔡京，继续道："刚才蔡府尹说得有道理。城外筑寨确实耗资巨大，但却是抵挡西夏骑兵的最优方式。我大宋自神宗皇帝熙河开边以来，收复青塘、熙河，使得这片自唐'安史之乱'以来就孤悬中原之外的土地重新回归中央管辖，丝路重新畅通，神庙功勋不逊太祖太宗，必将彪炳史册。但元祐初年，我朝力主绥靖，割四城、增岁币，十年来，边境军民一面要打仗一面要耕种苦不堪言，难道所费之资比现在修筑几处堡寨要少吗？"

曾布又看了看默不作声的满朝文武，朗声说下去："今年以来，我军在西夏境内左突右袭，筑横山、平夏，打通天都山，为何？目的不就是要收复夏境，将党项人赶往漠北，彻底解决困扰中原一百多年的西北边患吗？所以，城外筑寨即使今日不用，日后也会用，到那一天这些堡寨就不是我们的防御工事，而是我们踏入西夏的垫脚石，何有浪费可言！"

曾布一席话彻底扭转了朝堂上的局面，满朝文武个个摩拳擦掌跃跃欲试。有人不住地赞叹曾布的军事方略："是的，党项这群狼崽子是喂不饱的！我们从真宗皇帝那时候就给他们岁币，年年要年年给，要多少给多少，他们可曾有一天消停过？还不是每年过来打秋风，烧杀抢掠无恶不作，这一次一定要狠狠揍他们！"

龙椅上的皇帝赵煦此时似乎也精神了不少，满意地看着台下议论纷纷的群臣。突然，一丝忧虑掠过心头，赵煦指着曾布继续问道："曾相公刚才所言，修筑堡寨也只是延缓敌军的进攻。但依旧没有退兵之策啊！"

这时候群臣也才意识到这个问题，立即停止了交谈，把目光都盯在了曾布身上。

曾布不慌不忙道："刚才章执政所言，我们需要摸清敌军的真实进攻意图。这确实是接下来面临的主要问题。而修筑堡寨的目的，就是要拖住敌人进攻的步伐，摸清他们的底细，给千里之外的援军争取更多时间。"说到这里，曾布看了看已经退回班列的章惇，早已恢复平静的章惇也报以感激的眼色。

曾布装作没有看见，而是命令身边的下属展开一副西北舆图，指着其中两个位置，继续道："所以，臣斗胆请官家即刻命令汉中、长安所在的秦凤路、环庆路分别派出一支一万人的军队，前往三路防区接壤处驻扎，不管敌人进攻哪一路，这两支军队都可立即驰援。有城外堡寨的缓冲，我相信守军一定能坚持到两支援军到来。到时候，另外两路军队再协同出击，攻击夏军后方，夏军必败！"

不知道什么时候，赵煦已经在小太监的搀扶下走下台阶，来到曾布所指的舆图前面。他盯着地图看了好一会儿，才猛地将手中的折扇往地上一掷，大声道："知制诰，快！按照曾相公刚才所言，立即拟旨，命秦凤路、环庆路各派兵一万，由种朴统一指挥驰援西北三路！"

曾布这才磕头谢恩，欲退回班列。

不想赵煦一把抓住他的臂膀，盯着他深邃的眼睛，若有所思地问道："既然我军做好了反攻的准备，吐蕃回鹘那边的谈判，枢密院是不是就不要谈了？"

曾布轻轻一笑，在皇帝耳边轻声道："官家，下臣刚才说了，'兵者，诡道也'。为什么不谈？不仅要谈，而且要对他们释放最大的善意……"

2

初冬，西夏境内。

一入冬季，西北少有晴日，凄厉的寒风从早一直刮到晚，大片的雪花被狂风撕扯着扑向地面。往年一到这时候，夏境的牧民们早就收拾好毡房，赶着牛羊躲到靠近南方的温暖地带了。可是今年，朝廷突然下旨，十六岁以上能挽弓上马的男儿都要去天都山集结。

天都山，山高谷深，四周皆为峻崖，即使是再猛烈的狂风到这里也会被崇山峻岭挡住，山峰中间是一处方圆百里、水草丰美的盆地，只有西面一条不足行两骏的小路可以深入谷地，易守难攻。

所以，自西夏建国以来，天都山就成了西夏人点将集兵之地。

虽然已是深夜，山谷内却灯火如炬，一眼望去，帐篷连绵足有百里。中间那处最大的金顶军帐内，一位长相俊美的女人正端坐正中，这就是西夏梁太后。梁太后旁边坐着的是一位只有十几岁、默不作声的健壮少年，正是当今西夏皇帝乾顺帝。

乾顺登基时只有三岁，无法理政，夏遂仿宋制，由太后监国。所以，现在西夏真正的掌舵者是椅子上的梁太后。

自梁太后听政以来，为了抵消西夏贵族对自己汉族身份的疑虑，并借以转移国内的经济危机，不断对宋朝进行挑衅，多次发动战争。开始时，宋朝高太后与保守派掌权，力主绥靖政策，对西夏的挑衅睁一只眼闭一只眼，两方并没有爆发大规模冲突。可是，自哲宗皇帝亲政以来，变法派再次上台，他们不断加强备边，积极应对西夏的进攻，有时候甚至主动出击。

去年，鄜延路一战，梁太后率领五十万大军围攻延安州。本来双方力量对比悬殊，梁太后甚至做好了庆祝的准备，但是没有想到，宋将吕惠卿广筑外寨加强防御，最后自己不仅无功而返，甚至丢失了盐州、横山等重镇。经此一战，西夏国内那些质疑梁太后掌权合法性的声音甚嚣尘上。迫不得已，梁太后不得不于今年冬天再次集结兵力，对宋军发动强硬攻势，一血鄜延路之耻。

"我们现在有多少人了？"梁太后娥眉微挑，不怒自威。

听到太后的问话，台下一名身形魁梧的壮汉连忙站了出来，声如洪钟道："今天下午，臣对各路兵士进行了检点，各路士兵加起来初步估计已经有四十多万人。"

说话的叫嵬名阿埋。嵬名阿埋是党项贵族，以勇武善战著称，此时是西夏军队的总指挥。

听完嵬名阿埋的汇报，梁太后露出了满意的笑容。四十万人，号称百万，足够了！

这时，梁太后仿佛想起什么事情，继续问道："吐蕃回鹘使团那边可有消息了？"

"回太后，今晚回鹘使团已经传回消息，如无意外，宋廷很快就会答应我们的议和，并将绍圣年间所侵占土地一并归还。"嵬名阿埋兴奋地回答道。

"哦？回鹘人真的是这么说的？"听闻这个消息，梁太后并没有高兴，反而颇为怀疑地问道。

"这绝不会有假，回鹘使团的回信里附带了一份宋廷枢密院上奏皇帝的奏疏，上面清清楚楚地写着枢密院建议宋朝皇帝批准将所侵占我国的土地一并归还。只要赵皇帝签字朱批，那上千里土地就重新属于我们了。"嵬名阿埋答道。

梁太后听完，微微蹙了一下眉头。

说实话，委托吐蕃回鹘人去斡旋，梁太后并没有寄予太高希望，她深知这些土地都是宋人用鲜血浇灌出来的，那些城池也都是他们用头颅堆砌而成的，怎么可能在谈判桌上拿回来呢！明知不可而为之，她无非是想做个样子给国内的那些贵族元老们看——宋朝侵占我们西夏的领土赖着不还，我要发兵征讨，每个西夏男儿都有义务跟我一起出征。这样，他们就不会一直盯着自己汉人女子的身份，更不会一直抓着上次鄜延路失利的小辫子不放。

可是，令她万万没有想到的是，宋廷居然一口答应了归还领土。现在四十多万大军已经就位，如果打，自己原来讲的那些理由都已经不成立了；如果不打，西夏那些旧贵族们肯定会说自己在没有弄清虚实之前就胡乱调兵，浪费军饷，自己可能都回不了都城就被他们杀了。

嵬名阿埋见梁太后久久没有说话，只好轻声问道："太后，这仗我们还打吗？"

梁太后的思绪被打断了，但是她却没有任何不快的表情，而是仿佛下定决心般问道："大将军，回鹘人的邸报还没有公开吧？"

嵬名阿埋不明白其中的道理，不假思索道："没有。邸报刚刚送到，就只有现在帐中咱们几个人知道。"

"那就好，立即销毁这份邸报。"梁太后斩钉截铁般命令道。接着，她从龙椅上走下来，将侍者手中递过来的酒一杯杯分给诸位亲信，最后她拿起自己的酒杯一饮而尽，语气冰冷道："大将军，传令各军，立即埋锅造饭，备齐三日口粮，明日一早我们就出兵伐宋！"

嵬名阿埋虽是贵族，但也是从底层军队中摸爬滚打上来的，一天不打仗心里就痒痒，现在听到太后下令要发兵，顾不得想其他的，将手中的酒也一口喝完，高兴道："俺早就说嘛，谈判没什么用！俺们党项人哪一寸土地不是真刀真枪、拼刀子抹脖子抢来的？白送给我们，我们还不稀罕呢。"

嵬名阿埋的几句粗话逗得帐中各位将军一阵哄笑，大家都将自己杯中的酒一饮而尽。

梁太后也被逗笑了，她捋了捋自己乌黑的头发，轻声道："谈判也不是没有用。宋廷既然答应了割让土地给我们，他们肯定以为我们能够接受并罢兵。如此，他们就不会对鄜延、泾原、河东三路加强防备，也就给我们出奇兵取胜制造了机会。"

嵬名阿埋这才发现梁太后的重点。四十万大军悄无声息隐藏在天都山，距离宋境不足百里，如果对方没有做好充足的防御准备，这四十万人将摧枯拉朽般席卷整个宋军防区。到时候，要议和的就只能是宋朝了！

嵬名阿埋越想越高兴，恨不得现在就跨上战马与宋军大战一番。突然，他想到一个重要问题，赶忙问道："太后，我们天都山与宋军鄜延、泾原、河东三路的距离差不多，不知道我们明日出兵去进攻哪一路啊？"

梁太后此时已经回到了座椅上，她看了看依旧默不作声的乾顺帝，才悠悠说道："三路之中，章楶治下的泾原路平夏城最大、兵力最强，而平夏城守将郭成也最知兵。如果我们能把郭成打败，宋朝其他诸军将不战自溃！所以，明日我军出没烟峡全力进攻平夏城……"

3

平夏城。

这已经是夏军包围平夏城的第五天了！

十几万西夏强兵昼夜不停地对平夏城轮番攻击，城墙的西南角靠近清水河的一侧已经出现坍塌，多亏守城偏将陈开带领数十位死士及时回防，与夏军于城墙外拼死力战，终于为守城士兵重新封堵缺口争取了时间，平夏城才不致陷落。

此时，身材魁梧、满脸虬髯的平夏城主帅郭成正站在城墙上盯着远处夏军连绵数十里的营帐发愣。连日的作战已经使这位年近半百的老将筋疲力尽，但是他始终站在作战的最前线亲自指挥，丝毫不显疲态。

现在是傍晚时分，夏军营地内燃起了一缕缕的炊烟。没有风，烟柱在金色的夕阳映衬下直直地指向天空。夕阳下的关山已经不再清晰，却似乎能听到牧民们呜咽的羌笛声从远处传来……

郭成听得出了神，丝毫没有注意到他身后有人在叫他。等他回过身，才猛然发现风尘仆仆的偏将陈开已经站在不远处，也正和自己一样欣赏着这大战前少有的宁静。

两人相视一笑，郭成将陈开拉到身边，双手支撑在城墙上，继续眼望前方，低声问道："怎么样？这次出城探听消息，可有收获？"

陈开摆摆手，示意周围的侍卫退下，这才轻声说道："果不出将军所料，此次夏国小皇帝真是下了血本了，居然出动了步骑卒近五十万人，直扑我泾原路。而夏军进攻的重点就是我平夏城，投入总兵力达三十万之众。多亏将军在初冬时候得到枢密院邸报，在平夏城外加筑了六座城寨，现在这三十万夏军有五万人在进攻没烟峡两处堡寨，十万人在进攻平夏城旁边的四座城寨，剩下十五万人都在包围我们平夏城……"

"援军到哪里了？"郭成显然不关心夏军的情况，径直打断陈开，问道。

"这也是我要说的重点。"一说到援军，陈开立即高兴了起来，他眉飞色舞道："我也没想到，这次大战，秦凤、环庆的两路援军居然如此迅速，只用了三天时间就赶到了。据末将从军驿那里得到的消息，两路援军共两万人，由种谔老将军的儿子种朴亲自率领，已经抵达平夏城不远的石门山安营。此次和种朴将军一起来的还有您的义兄郭祖德，以及姚雄、姚古两位将军。"

"种家世代为国守边，种家军果然是我西北柱石！"郭成不禁感慨道。

"还有呢！"陈开继续说道："章楶章大人收到将军的邸报后，判定夏军此次入侵必是倾尽了全国之力，所以他立即给鄜延、河东、熙河等各路发出联合出兵的照会。三天前，由各路联合的近五万联军已经开拔，估计这几日也就到了。"

"好！有这七万援军在，我们灭夏的时机到了！"郭成兴奋地一拳打在城墙上，激起阵阵烟尘，他转头继续问道："我们城内还有多少士卒？"

"能上城墙的不足五千人了！"陈开有些担心道："如果援军不及时赶到，我怕我们守不了几天了！"

"五千人？够了！"郭成显然十分有把握，他拍了拍陈开安慰道：

"我跟着章楶章大人在西北奋战了数十年，章大人对付西夏人无往而不胜。他老人家有一个理论，'战兵在外，守兵乃敢坚壁'。"

说着，郭成拉着陈开来到城边，指着前方即将陨落的夕阳，幽幽道："陈将军，你看！西方阳光虽炙，但是远处多霞，五日内必有大风雪。如果我们能再守五日，到时风雪来袭，敌人席地而居忍饥挨冻，别说攻打我们的城池了，能步履成军已属不错。那时，我们与援军一起内外夹攻，夏人必败，夏国必覆，你我统一华夏指日可待！"

陈开听了郭成解释，一下子明白了前期郭成封堵城门、坚守不战的目的，可又不无担心道："裨将相信郭将军所言。只是，万一联军与种家军汇合后即刻进攻夏军可怎么办呢？那岂不等不到风雪之日了？"

郭成捋了捋自己胡须，又恢复了一脸平静的表情，喃喃道："是啊！这也正是我所担心的，万一联军一到即刻投入战斗，到时候有可能非但无法解平夏城之围，这七万联军都有可能葬身城外。"

"那可怎么办呢？"陈开焦急道："现在夏军围困城池，密不透风，想出去给种将军报信都不可能了！"

郭成回转身，帮陈开擦掉脸上的尘土，平静道："没关系。我相信种将军！"

4

平夏城外，石门山。

一身士兵打扮的种朴正在和大家一起在山前砍树，突然，一名身材健硕、身着盔甲的将军跑了过来，他一把抓住种朴即将落下的斧头，掷在地上，大声嚷嚷道："种帅，都什么时候了？您还在这里悠闲地砍树！"

种朴不用回头凭声音就已经听出，说话的正是自己的偏将郭祖德。他没有理会郭祖德，而是径直捡起地上的斧子，一面继续砍前面的那棵粗壮的大树，一面故作不悦道："什么时候？郭将军指教一下嘛！"

郭祖德这才意识到自己刚才的失礼，不过他也不想分辩，没好气地说道："我们来了已经三天了，联军的五万人也到了。驻守平夏城的第十一军只有一万人，初冬的时候修建堡寨又派出了四千多在外驻守，我估计现在城里面连四千人都不到了。十五万人围攻四千人，平夏城马上要破了！我们得想办法尽快救援，而不是在这里砍树！"

种朴和士兵们一起将断了的大树推倒，这才接过士兵递过来的汗巾擦了擦汗，转过身望着眼前这位因着急而手足无措的将军，不但没有生气，反而笑呵呵地拍了拍郭祖德身上硬邦邦的铁甲，调侃道："郭将军，现在又不打仗，你穿着这身铠甲不累吗？快脱下来，我们一起砍树！"

郭祖德显然被种朴的话激怒了，他大骂道："种朴！你别以为你是大帅，俺就非得听你的。平夏城危在旦夕，你畏敌不前，你难道忘了乃父种谔永乐城之战的教训了吗？你不发兵是吧？老子自己带兵杀过去，才不和你们老种家这群软蛋为伍呢！"

话没说完，郭祖德就要转身离开，却被赶到的姚雄、姚古兄弟一把给拦住了。

提到父亲种谔和永乐城，种朴的心被狠狠揪了一把。

神宗皇帝时期，宋朝五路大军齐发进攻西夏，当时种谔负责留守延安州。结果大军孤军深入，被夏军围困在永乐城。种谔以防备偷袭、兵员锐减为由，拒绝驰援永乐城。最终，永乐城失陷，宋朝葬送兵民二十余万。这次战役后，朝廷里的言官们将所有的罪责统统算到种谔头上，种谔因生气后背箭疮复发，不久病卒。

永乐之役，种朴原和父亲一起在延安州。他知道，当时西夏的战略就是要"围城打援"，在永乐城周围布置了不下三十万人，所有前去救援永乐城的宋军统被消灭。种谔当时为了保存延安州仅有的十几万士卒，拒绝发兵。种朴后来也想过，如果当时自己是主帅，肯定也会和父亲做出同样的决定。此中原委，明眼人都能看清，只是太多人拒绝睁开眼睛！

姚雄、姚古看种朴一直发愣，以为他生气了，连忙将郭祖德一把按倒在地上，使劲踢了几脚，大骂道："郭祖德，你个腌臜泼才，说什么呢？

还不快向种帅磕头请罪？"

郭祖德身经百战，永乐之役谁对谁错他心里跟明镜似的，只是刚才心急口无遮拦不仅骂了种朴还把种老将军给骂了，心里也着实后悔，可是要他道歉说软话还真说不出来，只好跪在地上默不作声。

种朴笑了笑，一把扶起地上的郭祖德，拉着三人来到刚砍倒的大树旁，四人并排一起坐在上面。

过了一会，种朴才转头说道："郭将军的义弟郭成将军守卫平夏城，生死难料。郭将军想要救兄弟于水火之中，此种侠肝义胆种朴着实佩服。"

说到这里，种朴看了看依旧满脸愠色的郭祖德，又看了看旁边的二姚，继续问道："姚雄、姚古两位将军，你们俩也和郭将军一样，想立即发兵救援平夏城吗？"

二姚相互看了一眼，想了一下，同时冲着种朴重重地点了点头。

"各位将军，你们知道平夏城周围有多少夏兵？"看三人意见一致，种朴这次没有笑，而是脸色严肃道："接近五十万！"

郭祖德和二姚显然没有料到敌军有如此之众，不禁有些咋舌。种朴继续说道："我们只有七万人，即使加上郭成将军的第十一军、十二军，也不够十万。如果我们现在投入战斗、全线出击，这十万人无异于羊入虎口。士兵守城，所坚持者无非有援兵在外；如果我们被消灭了，守城士卒必定军心溃散。到时候，永乐城之败，有可能重演。"

郭祖德现在总算明白过来，可又不愿放弃，只好嘟囔道："可是我义弟他们在城中只有四五千人，难道我们就干等着，见死不救吗？"

"当然不会。"种朴站起身，拍了拍郭祖德的肩膀，又用手指了指前方即将落下的夕阳，道："三位将军请看，西方日星隐耀，霞晕遮天，不出三日必将有场暴风雪。我们现在所需要做的只是伐树造营房，风雪来临的时候，让士兵们吃饱住暖，不给夏军留一根柴一片叶。如果郭成将军他们能够再坚持五日，夏军到时必定衣不蔽体，食不果腹。那时，我军再内外夹攻，夏人能有不败？"

种朴一席话，说得三人茅塞顿开。

不过，姚古还是有些不放心，问道："可是，郭成将军能坚持五天吗？"

"当然。郭公在，城何忧？我相信他。"种朴坚定道。

种朴话音未落，郭祖德猛地从地上站起来，拿起地上的斧头大踏步向前走去。

"你个腌臢腌货，干什么去？"姚古以为郭祖德还要去出兵，大吼道。

"砍树……"郭祖德头也不回地回答道。

5

平夏城。

西夏围城第十五日，暴风雪于两日前如期而至。

夏梁太后和主将嵬名阿埋万万没有想到，只有五千人的宋朝守军居然在十五万夏军精锐的轮番攻击下能够坚持这么长时间。

两天前，城墙西南角的那个缺口再次被夏军撕开，就在他们准备指挥大军由此杀入的时候，大风突然而至。一时间黑云蔽日，飞沙走石，战马几不能行，夏军赖以登城的楼车也在大风中被吹断。

这还不是最严重的，大风过后就是连日的大雪，营地内滴水成冰。夏军此次出征本就是轻装简行，力求出奇兵快速解决战斗，所携带的辎重、御寒物资本就不多。万般无奈的夏军只好去营地外的石门山伐树生火，可没想，走到那里才发现，原本树木茂密的树林早就不见了踪影，随之出现的却是一片戒备森严的宋军营地。

此时，梁太后正坐在中军大帐内来回地踱着步子。士兵的帐房内两天前就断了火，她的中军大帐也只是勉强燃起了一圈冒着浓烈烟味的篝火。

"大帅，我们的粮草还够几天的？"梁太后故作镇静地问嵬名阿埋。

"最多还能支撑到明日午时！"嵬名阿埋不敢有丝毫隐瞒，无助地回答道。

"传令下去，命令士兵拆掉营房，拆下的木头点火做饭。吃饱喝足后，我们子夜就撤。不能等到明日了！"梁太后面无表情道。

"可是……"嵬名阿埋还想说话。

梁太后打断他道："没有可是了。区区五千人把守的平夏城，居然坚守了十五天，这说明宋朝根本就没打算议和，他们早就做好了战争的准备。而回鹘使团传回的密信，恰恰是宋廷为了麻痹我们而特意为之，石门山上突然出现的宋朝援军已经说明了这些，否则他们不可能在如此短时间内奔袭数千里地赶到这里。如果我没有猜错，明日一早宋军就将全面反攻，内外夹击，到时候如果再撤就不可能了。"

梁太后的分析鞭辟入里，即使是身为夏军主帅，嵬名阿埋也不得不佩服，可惜这一切都已经无法挽回。

"大帅，在撤退之前，请您以夏国太后的名义派出一队使臣前往辽国，请求他们发兵抗宋。"说到这里，梁太后声音哽咽，缓缓道：

"你我能不能活下去，夏国国祚还能不能延续，就要看辽国愿不愿意帮我们了！只要辽国肯发兵，任何条件都答应他们！"

嵬名阿埋没有想到十几天前还意气风发，气吞万里如虎的夏军，此刻居然面临被人全歼的风险，可自己面对这一切却又无计可施，他轻叹一声，只好出帐传令去了……

夏军撤退的消息并没有等到第二天早上，就被郭成派往城外监视夏军动向的斥候发现了。

平夏城内的宋军得知夏军溃退，立即展开了反击。对面石门山上的宋朝援军也同时出兵，两军会合一处，对正在撤退的夏军展开了追击。

随后，泾原路经略使章楶又派出一万骑兵归郭成指挥。宋朝十万大军分六路穿过没烟峡，深入西夏腹地天都山，一直追着夏军到达沙漠地带方才退兵。

是役，宋朝歼灭夏军四十万，生擒主帅嵬名阿埋，占据天都山、横山，鄜延、河东和麟府三路连成一片，沿横山绵延超过三百里，将西夏人驱赶到沙漠以北。

史载，"夏自平夏之败，不复能军"，北宋彻底解决了西夏对西北边疆的军事威胁，直到北宋灭亡，西夏都不能再对宋进行大规模入侵，史称"平夏城之战"。

宋朝最牛皇后：两废两立，两次挽救宋朝，为宋续命一百五十年

1

有一个时期，宋哲宗赵煦夫妻关系不是很和睦。

这个问题的根本原因还是因为赵煦的媳妇——孟皇后的容貌问题。

孟皇后虽说也是大家闺秀，名门之后，生得也是秉质幽兰、操行端淑，但是这个长相吧，总差那么点儿意思，用史书上的话说是"容不胜德，色不过中人"——长得连一般人都赶不上。这就让皇帝赵煦颇为郁闷。

既然赵煦没看上孟皇后，为啥还娶了人家呢，最后还给封了皇后？

还不是因为当年赵煦登基日久，一直想亲政。但是，奶奶高太后垂帘听政把持朝局，不肯交权。这让赵煦跟高太后之间的关系十分紧张。赵煦一直以为，太后不愿意交权是因为自己还年轻，如果自己结婚成人了，太后是不是就应该还政了呢？于是，他就接受了高太后的建议纳孟氏为皇后。可是令他没想到的是，虽然自己成婚了，高太后依旧没有撤帘的意思。久而久之，赵煦自然而然就将对太后的不满发泄到孟皇后身上。

而恰在这时候，皇宫里出了一位刘氏，是个美人胚子，曰"轻秾合度，修短适宜，夷嫱比艳，环燕输姿"。那时候，赵煦才刚十八九岁，正是血气方刚的年龄。太后一个没留神，让赵煦给钻了空子——把这个刘氏给临幸了。太后没办法，只好封刘氏为婕妤，成了皇帝合法的嫔御。

自从刘婕妤上位成功之后，就开始恃宠而骄，不把孟皇后放在眼里，甚至逾规越矩擅自使用皇后轿辇出行。好在孟皇后性本和淑，也不跟她一般见识，所以后宫表面上还算一团和气。可是，刘婕妤的所作所为却让皇

后身边那些下人们很不满，一直想找个机会报复下刘婕好。

那年，冬至。按祖制，后宫所有的妃嫔都要至隆祐宫谒见太后。

那天，太后临时有事来晚了，妃嫔们只好到旁边的偏殿内坐着等候。

循旧例，皇后的座椅是朱漆金饰，其他人只能坐普通椅子。大家都坐好后，唯独刘婕好不愿意坐下。她身边的大太监郝随心眼多，立即就明白了刘婕好的意思，赶紧给她也换了一把跟皇后一样髹朱饰金的椅子，她才坐下。

就在这时候，突然有人大声喊道："太后来了！太后来了！"孟皇后和大家赶紧站起来迎驾。

可是等了好久，并不见太后过来，大家只好重新坐下。

刘婕好看大家重新入座，也没多想，径直坐了下去，没想到却坐了个空，一屁股坐在地上——原来，有人趁刚才的机会，偷偷撤掉了刘婕好的座椅！

刘婕好坐到了地上，一时花容失色，云鬟蓬松，惹得满堂哄笑，就连平时一向严肃的孟皇后也忍不住笑出声来。

刘婕好当时就气不打一处来，吵嚷着要抓出那个使坏的人。多亏太后及时驾到，刘婕好才只好作罢。

事后，刘婕好身边的大太监郝随一口咬定是皇后指使人撤去的座椅。刘婕好与孟皇后的梁子就这么结下了！

虽然，为这事，刘婕好没少在赵煦那里告孟皇后的黑状，但是，赵煦始终认为孟皇后为人敦厚谨慎不可能做出这样的事，也就给糊弄过去了。直到有一天⋯⋯

2

那阵子，孟皇后的女儿福庆公主得了一种奇怪的病，药石无效，眼看就要不久于世。

孟皇后有个姐姐颇通医道，经常来后宫给孟皇后和福庆公主瞧病。可是，孟姐使出浑身解数依旧无法治好福庆公主，只好在宫外的道观里求了一些治病符水送进宫来。

可是，她不知道的是，历朝历代皇宫里面一直视这类灵符药水、巫蛊下神之类的事情为禁忌。一旦抓到有人做这些事情，轻者逐出宫掖，重者鞭笞流徙。

这事儿被孟皇后知道后，她第一时间申斥了姐姐，藏起了这些符水，然后请皇帝赵煦过来，向皇帝承认了这些错误，并当面焚毁。

哲宗也爱女心切，没有多想，甚至宽慰孟皇后说，姐姐这么做也是为救福庆公主，人之常情。

皇后及众人都以为这事就这么过去了。可没曾想，后来孟皇后的养母燕氏为皇后立位祈祷，被太监郝随发觉并上报皇帝：宫中有人行巫蛊，恐怕会有内变。

哲宗赵煦一看这事糊弄不过去了，只好下令大内押班和皇城司严查。

皇城司查来查去，所有的矛头均指向孟皇后，于是，先后拘押了皇后身边三十余人。一番严刑下来，这些宫女太监虽然断肢折体，甚至有人被割断了舌头，但都没有供认是孟皇后指使。等到负责审判定罪的御史录口供的时候，竟"气息仅属，无一人能应对"。

郝随一看这样不行啊，如果扳不倒皇后，皇后回过头来非得把自己脑袋拧下来。于是，他竟然用刘婕好的名义恫吓御史，匆匆捏造了供词。

哲宗皇帝本来也不喜欢孟皇后，早有废后立刘婕好的意思，一拿到供词，就立即草诏：废孟皇后，令出居瑶华宫，法名冲真。

让孟皇后出宫当了女道士！

3

四年后，年富力强的宋哲宗赵煦英年早逝。因哲宗无子，他的弟弟端王赵佶在向太后的支持下继位，即宋徽宗。

上台伊始，宋徽宗并没有多少实权，帝国真正的掌舵者是向太后。而向太后与当年的高太后一样支持的是守旧派司马光的拥趸。

向太后初掌权柄，第一件事就是建议徽宗重新将孟皇后迎入宫中，封为"元祐皇后"。

到现在，孟皇后已经不仅仅是一个过气的皇后那么简单，她已经成了一个代表高太后、向太后、守旧派的符号。而一旦成为这个符号，也注定了她将在这场奔流激荡的政治旋涡中身不由己。

果不其然，孟皇后被重新迎入皇宫的次年，向太后即病逝。随即，大宋朝堂又发生了对后世影响深远的"元祐党人"事件，徽宗不得不再次起用以蔡京为首的变法派，贬责守旧势力。

最终，重新上台的变法派迫使徽宗皇帝再次废除孟皇后，贬居瑶华宫。

"两立两废"，就在大家以为孟皇后就此消失在历史大潮中的时候，没想到她的人生才刚刚开挂，宋朝甚至整个中国的历史也将因她而改写！

4

二十五年后，宋徽宗联合北方的女真人南北夹攻灭掉了横行中国一个多世纪的契丹辽国，宋朝也因此得到了从中原被割占百年的幽云十六州中的数州。

可是令宋廷万万没有想到的是，宋军的屁股还没在幽州坐稳，甚至连光复庆典都没来得及举行，女真金国的军队又打了过来，把宋朝五十多万军队一直赶到了黄河南岸。吓得宋徽宗匆忙将皇位传给了儿子赵桓，自己在蔡京、童贯等人的护送下跑往南方。

赵桓登基，即宋钦宗，年号"靖康"。

"靖康"这个年号的意思，大家一看就能明白——希望能平定北方。

可是，赵桓登基不久，金人两次南下兵临首都开封，陈兵开封城外向宋廷索要各种费用，不给就攻城。

就在这样的历史背景下，孟皇后出场了。

那天，她居住的瑶华宫发生了一场大火。火势很大，瑶华宫转眼就付之一炬。朝廷只好将这些被贬宫女、妃嫔悉数迁往了不远的延宁宫居住。

可是令人唏嘘的是，延宁宫又再次失火，片瓦无存。

而朝廷此时正在跟金军进行谈判，甚至连徽宗的亲儿子、钦宗的弟弟康王赵构都被派去金营当了人质，哪里还有精力照顾这些被废嫔妾们，只好任由她们自行找地方居住。

无处可去的孟皇后只好去了在京城当小吏的侄子家居住。

不久，金人攻陷汴京，俘虏了徽、钦二帝。根据当时金人的要求，所有王公贵族、妃嫔媵妾只要有宫籍的人都要被押解往金国。

金朝士兵对着《宫籍簿》查来查去，确定所有的皇室贵族都到齐了！这才押着两个皇帝、王子公主、妃嫔贵族们出发了。可是，他们万万没有想到，虽然自己工作做得很细，但还是漏了一个人。

这个人就是当年的孟皇后——因为她已经被废，名字不在《宫籍簿》里！

就这样，孟皇后逃过一劫，没有被金人抓住，成了汴京城内唯一的皇族。

当然，在京城外还有一个漏网之鱼——从金营逃出、被大将宗泽保护起来的康王赵构，皇族唯一的血脉。

身陷金营的徽宗、钦宗知道此去将再无归期，而金军兵锋虽盛，但却兵力不足，不可能将赵宋江山一口吞下。所以，京城虽丧，但宋朝还不至亡国。但是若自己一旦离开京城，谁还能登基为帝、号令天下兵马勤王救主呢？

答案只有一个——康王赵构。

而此时，康王赵构却远在千里之外。

宋钦宗现在能为大宋朝做的最后一件事情，就是写好传位诏书送给康王，以助其顺利登基，保住风雨飘摇中的赵宋江山。

而一旦自己离京，能有分量压住群臣证明诏书不伪的人现在只有一个——孟皇后！

最终，宋钦宗在被押解北行的最后时刻成功将传位诏书命人偷偷送给了孟皇后……

史载：渊圣（钦宗）欲留孟后为兴复基本，因遣人入城取物，纸尾批廋词曰"赵氏注孟子相度分付"。

意思是，如果我们这边遭遇不测，孟皇后和康王看情况自己决定家国之事就行了！

金人在离开汴京之前，扶持宰相张邦昌建立楚国，定都汴京，张邦昌被称为楚帝。

张邦昌本来就是一介文人，手里无兵无权，平时杀只鸡都不敢，别说让他造反当皇帝了。只不过历史跟他开了个玩笑，让他坐到了龙椅上。

金兵一走，张邦昌在下属的建议下立即将孟皇后迎入宫中，尊为"太后"，请其垂帘听政。

意思是，这个天下还是你们老赵家的，我张邦昌就是临时来代管一下。

孟皇后掌权后，立即派人联络手握重兵的康王赵构，并将诏书公示天下，请赵构即日登基为帝。

随后，赵构于应天府（今商丘）称帝，即宋高宗，改年号"建炎"。同时，孟太后撤帘，军国大事悉数交给赵构管理。

这是孟皇后第一次挽救宋室于既倒。

不久，金兵再次南下，孟太后随赵构避难江南。

5

又过了三年。

建炎三年（公元 1129 年），被金兵追来追去的赵构决定定都杭州，于是他命令大将苗傅、刘正彦带领军队护送孟太后携只有三岁的太子先行，自己驻守在扬州。

没想到，苗傅和刘正彦对于赵构的不抵抗政策早就心怀不满。他们一离开赵构就立即发动了兵变，逼迫赵构退位禅让太子，请孟太后垂帘听政。

孟太后再次被推到了历史前台。

此时，已历经三十年宫斗、政斗、军变而不倒的孟太后早就不是那个初出茅庐的黄毛丫头了。她决定先跟造反派周旋几天！

这天，孟太后将造反派叫到宫中，教训道："你们为什么造反啊？"苗傅等人心虚，只好草草对之曰：皇帝管理水平太差，招引祸患，致使国家只剩下半壁江山，还是请孟太后出来主政吧！

孟太后一听，就拉下脸来，反驳道："不对啊！当年是徽宗皇帝任用蔡京、王黼、童贯等人，导致国家祸乱。跟现在皇帝没关系啊！而且，当今皇帝挽江山于即颓，那是于江山于社稷有大功的人呢。如果非说当今皇帝失德，也是一开始的时候没有用对人，被黄潜善、汪伯彦那两个老小子所误导了，但是现在两人也都被驱逐了啊。"

苗傅、刘正彦一看抬杠也抬不过孟太后，只好耍无赖：事情都这样了，军队这些大兵们对皇帝不满要换皇帝，我们几个兵头也就是出来代表讲讲话，不管怎么样都得请太后出来主政！

太后一听这话就为难了，只好说："现在国家风雨飘摇，外面强敌环伺，我一个妇人抱着个三岁的小孩能干什么啊！容我想几天！"

这事就这么先糊弄了过去。一散会，孟太后立即派人给远在扬州手无寸兵的赵构送信。

赵构一得到信，立即宣布退位，传位给太子，请孟太后垂帘听政！现在，孟太后再次成了帝国名义上掌权者，全国的宋朝军队理论上都要听从她的谕旨行事。

这段时间里，孟太后和宰相朱胜非两人假意屈从造反派，每次召见权臣都对他们夸赞有加，"每见傅等，曲加慰抚，傅等皆喜"。

就这样，孟太后一面逐渐稳定了朝局，一面派人联络外面的勤王军队。当她听说，外面勤王军队的主将韩世忠的夫人梁红玉被造反派控制在这里当人质的时候，她立即想方设法偷偷与梁红玉见面，并赐诏书，请她交给韩世忠，让韩世忠立即入京勤王。

梁红玉果然不负重托，当夜连行数百里，将勤王诏书送到韩世忠营中。韩世忠立即发兵，在杭州北以少胜多战胜造反派，苗傅、刘正彦等人逃离杭州。

造反派被赶走之后，孟太后高兴道："吾责塞矣！"

老娘又给大宋朝续了一命！

她立即写信给赵构，让他赶紧来杭州重新登基。赵构赶到杭州后，孟太后宣布撤帘，还政给赵构。之后，宋高宗赵构逐渐在江南站稳了脚跟。

后来，赵构因太子早丧，宋太宗赵光义一枝的子孙悉数被俘往金国，只好找到宋太祖赵匡胤的七世孙赵眘收为养子并承继大统，传一百五十二年，史称"南宋"。

宋徽宗继位：论站队的重要性

1

公元 1099 年，大宋哲宗元符二年，冬。

刚用过早饭，住在慈德宫的向太后就早早换上了一套凤冠霞帔祥服。这时候，内侍省的都知太监就匆匆进来禀报，说端王赵佶向她请安来了。

向太后在几名侍女的陪同下走进寝宫隔壁的暖阁，只见端王赵佶已经坐在那里等她了。她刚刚跨进暖阁的门，赵佶就连忙站起来跪在地上朝她施礼，大声道："孩儿给母后请安！"

"快起来！快起来！地上多凉啊！"向太后走过来扶起地上的赵佶，招呼身边的太监赶紧给赐座。

向太后今年六十多岁了，是真宗朝宰相向敏中的曾孙女，神宗皇帝还是颖王的时候就嫁给了他。神宗继位后，便封向氏为皇后。向皇后虽然贵为皇后，无奈肚子不争气，直到神宗皇帝病逝仍没有一儿半女，最后只好由朱妃所生的皇长子赵煦继承皇位，即宋哲宗，自己被封为太后。

因为膝下无子，后宫事宜又都有哲宗皇后料理，这慈德宫历来清净，少有人来。

唯有神宗的十一子、哲宗的弟弟端王赵佶，无论寒冬腊月抑或雨露寒霜，只要有时间就来给向太后请安。再加上这赵佶自幼丧母，人前人后皆母后母后地叫着，让向太后觉着他总比其他皇子显得亲近。而且，赵佶又是个琴棋书画佛释儒道样样精通的主儿，无论向太后聊什么做什么他总能妥善迎对。

这会儿，向太后也靠着暖背儿坐了，看着赵佶满面晨霜，心疼地说：

"天这么冷，不在家避寒，怎么又跑出来了？"

向太后虽是语带责备，但却难掩心中的喜悦，边说边将刚亲手点好的茶交给宫女，递给坐在下边的赵佶。

赵佶接过茶，来不及细品就放下，回答道："母后说哪里的话，当儿子的理应给母后请安。看看母后这几年身体也大不如前，身边又没个体己的人，儿子心里委实难过，可惜我已出阁另住，否则儿子当每日前来请安才是！"

几句话正好说到了向太后的心坎里，后宫争宠由来已久，尤其在那个母以子贵的大内，因为自己没有生育，当年在后宫没少受神宗那些妃嫔姬妾的冷嘲热讽。虽然贵为皇后，几十年来也不得不战战兢兢如履薄冰。可如果自己有一个儿子，那就是神宗嫡子，将来的皇位继承人，情况就完全不一样了。

想到这里，向太后的眼泪不禁簌簌流了下来。赵佶一看也慌了，赶紧扔下茶碗，跪在地上不住地磕头谢罪道："母后怎么了？是不是孩儿刚才说错话了？请母后责罚！"

向太后这才回过神来。她走下台阶，扶起地上的赵佶，摸着他的头宽慰道："我儿快起来，刚才母后只是一时想起故事，禁不住流了几滴泪而已，不用紧张。有你在母后身边，母后就很高兴了！"

赵佶这才站起身，拿袖子给向太后拭去脸庞的泪，也哽咽道："赵佶孤苦，亲生母亲在孩儿七岁就去世了，多亏了母后您事无巨细抚养孩儿长大，教儿臣读书习字，在孩儿心目中您就是我的亲生母亲！"

说到这里，向太后再也无法抑制自己心里的激动，一把将赵佶搂进怀里，大声哭了起来，边哭边说道："娘的好孩子啊！有你这些话，不枉为娘的这么多年来对你的苦心啊！"

赵佶更是难以抑制情感，也哭了起来……

过了好一会儿，赵佶才起身，掏出锦帕缓缓给向太后擦泪，边擦边安慰道："母后别哭了！您看咱们娘俩光顾着哭了，把正事儿给忘了！"

向太后这才止住哭声，在宫女的搀扶下回到座位上。她边用暖茶碗敷自己哭肿的眼袋，边问道："佶儿有什么话快说吧！看为娘的有什么能帮你的？"

赵佶这才涨红了脸，吞吞吐吐道："母后，儿臣……儿臣……也都满十七了。古语说，男大当婚女大当嫁。儿臣想请您赐婚！"

向太后一听这个，双手不禁拍了一个响亮的巴掌，高兴道："是啊！你看，我都老糊涂了，居然把佶儿的年龄都给忘了。今年满十七，正好是成家的年龄。想当年，咱们官家也是十七岁大婚的。快说，佶儿看上谁家姑娘了，不管是王公贵族还是皇亲贵胄，老身给你做媒，包你满意！"

赵佶这才难掩激动，扑通一声跪在地上，磕了个响头道："母后您不要多想，赵佶少孤，对王侯之家也不敢奢望。只求母后从自己身边物色一个品行端正，可以持家过日子的宫女赐给孩儿就行了。"

向太后听完，啧啧连声，不住地点头道："娘亲果然没有看错你。我身边的这几个宫女虽不是出身簪缨世家，但也都是地方的名门望族，个顶个的是端庄贤惠才艺俱佳。"

说着，向太后指了指旁边站着的两个宫女道："这两个姑娘，一个姓王，是当今德州知府王藻家的闺女；这个姓郑，其父是直省学士郑绅。这俩姑娘自小入宫就跟着我，我把她们当亲女儿一样看待。今天也不让你从她俩之中选了，两个我一并赐给你，等钦天监选好吉日就过门儿！"

赵佶听完，免不了又是一阵磕头谢恩……

2

就在赵佶请向太后给自己赐婚的同时，离皇宫不远的棋盘街八府仓胡同里，散朝回家的宰相章惇刚坐下还没来得及换下朝服，相府的官家就匆匆跑进来禀报，说简王赵似拿着很多书帖卷轴又来请教书法来了。

章惇不敢怠慢，赶忙命官家将赵似领往书房，自己则趁着这个时间整理了下朝服，重新戴上刚摘下的幞头。

简王赵似是当今官家哲宗的同母弟弟，虽然只刚满十七岁，但却生性豁达、为人仁孝，又勤奋好学、敏悟通达，在士大夫心目中地位甚高。这两年，赵似突然又迷上了书法，王颜欧褚诸家字体皆有所涉。

章惇也是酷爱书法，其笔力遒劲、气势宏远，意超欧褚、神似二王。而且章惇对其书法亦颇自负，竟也不把当世名家蔡、苏、黄、米放于心上，兼之其独相数年、朝中威信甚隆，他的墨宝更是被当时世人奉之为"墨禅"，悬挂于多处名闻中外的名寺古刹甚至殿宇庙堂之上。

为了研习书法，赵似早就向官家表明有结交章惇之意，但碍于宋朝"诸王皇亲不得与外臣交游"的祖制，一直未能成行。直到最近，官家身体不豫，再加上小皇子早天，哲宗为显仁德，特诏许自己的同母弟弟赵似可入相府向章惇讨学书法。自那之后，赵似对章惇即以"相师"相称，隔三岔五就往八府仓胡同的相府跑。

赵似走进书房的时候，章惇已经立于房内迎候了。

二人行过礼后，分宾主坐下，赵似即迫不及待地将手里的卷轴展开铺在书案上。

当赵似刚刚展开卷轴，章惇立即从座位上站起来，一眼不眨地紧盯着桌子上的这幅字，顾不得抬头道："简王，这难道就是欧阳询公的《虞恭公温彦博碑》拓片？"

赵似看出章惇对这幅字极感兴趣，有些得意道："相师果然好眼力！这正是前朝大家欧阳询八十一岁时写的《虞恭公温彦博碑》，只不过该碑已毁，只有为数不多的几张拓片得以传世。此帖虽不及书圣《兰亭集序》之珍贵，但也可谓是难得的一件宝物了。这是我在大内的翰林书艺局库藏里发现的，特地哀请皇兄赐给我的。"

一高兴，赵似说话就有点多。但章惇似乎一点都没有听进去，他弓着身子趴在书案上，心无旁骛地逐字研看，遇到兴奋处甚至用右手食指在左手掌心内临摹一番。

赵似见章惇已经沉浸在对古人书法的研习之中，只好知趣地站在一旁，默不作声。如此竟过了一个时辰，章惇才直起身子，揉着已经发酸的脖颈，被赵似搀扶到圈椅上坐定。

赵似不失时机地问道："相师，以为如何？"

章惇这才咂了一口管家刚给送进来的热茶，脸露喜色道："终唐一世书法大家之中，世人皆喜'颠张醉素'之草行狂态，却不知楷书形之精妙、意之深远绝非其所能比拟也。欧阳询公这篇《虞恭公温彦博碑》为其书法巅峰之作，全篇八百多字尽脱谄时媚俗之气，雄浑厚重之风郁郁芊芊发于笔墨之间。"

"是吗！有这么好？"赵似故作不解状。

一听此言，章惇立即站起来，拍了拍赵似的肩膀道："哎！简王初学书法还未领略其中精要。依老夫之见，欧阳公这篇碑帖自诞生三百年来，几无出其右者！别说当世书法名家蔡襄、苏轼等辈，就连老夫恐怕也要再修习数年才能达到此种高度。"

赵似听完十分高兴，轻抚双掌，看着章惇道："既如此，那就将这幅碑帖送于相师吧！请相师一定收下！"

章惇听完难掩心中激动，但依旧不露声色道："使不得，使不得。此乃国之瑰宝，也是官家赐予简王的，简王怎么能轻易赠给别人呢！老夫能于今世，得览此帖已属幸运，承赠则万万使不得！"

赵似没有理会，边将碑帖收起放在书架上，边径直道："相师谬矣！古人云，良琴识知音，宝马赠英雄。此帖再好，在我处也只是废纸一张，但若是在相师处，那就是千古一帖流传古今。"

"这个……"章惇正在犹豫。

看章惇似乎还有拒绝之意，赵似忙继续说道："您是我的书法老师，将此帖赠您，以后我来随老师学习书法的时候您可以随时照帖讲解，也免了我来回携带之苦。再说，这么珍贵的碑帖，学生随身携带，时间长了免不了会有破损，我想这也是老师不愿看到的吧！"

"那好。那就暂时由老夫代简王暂为保管!"

赵似盛情难却,章惇最后终于下定决心,将碑帖收下了。

两人又聊了几句,赵似言官家近来龙体大惭,今日还要入宫给皇兄问安,就匆匆别过了……

3

两月后。元符三年(公元 1101 年),正月初八。深夜。大内垂拱殿内却灯火如炬。

一脸哀戚的向太后坐在龙椅旁边的煖凳上,一言不发地看着台下站着的群臣。

因为哲宗皇帝自去年冬日以来身体一日不如一日,为备不虞,向太后命令中书三省及枢密院、皇城内外诸司每日派人于值房值守。宰相章惇和枢密使曾布作为宋帝国最有权势的两位重臣,更是不敢擅离,过年都没有回家,一连数月都在大内听候。

子时刚过,各位值守重臣就突然接太后诏,要大家立即前往垂拱殿集合。

在赶往垂拱殿的路上,章惇和曾布等人已经看到迩英殿、文德殿及后宫各宫门已经撤去了那些大红宫灯,换上了贴有一个大大的黑色"奠"字的白纱灯。于是,大家都已经猜到——皇帝驾崩了!

可是当大家到达垂拱殿,从早已经等候在那里的向太后口中得知确切的消息时,还是依旧免不了悲从中来,放声大哭。

哭了好一阵子,还是向太后及时止住了哭声,开口道:"各位阁老大臣,现在不是哭的时候。国家不幸,大行皇帝无嗣,也无遗诏,国不可一日无君,现在需要立即在神宗诸皇子中择贤继立,以慰安中外。大家有什么意见都说说吧!"

向太后这几句话娓娓道来,说得不紧不慢,但却字字千钧,分量极重。

在座的各位重臣都清楚，作为神宗长子的宋哲宗赵煦没有皇子，所以能继皇帝位的人只能从神宗的儿子、哲宗的兄弟中选出。而除了刚死的赵煦，年龄最长的是申王赵佖，但是赵佖幼年得病一只眼睛不能视物，如果选他当皇帝可能有伤国体；然后就是生性风流、喜好声色的端王赵佶；还有与哲宗同母的亲弟弟简王赵似；以及燕王赵俣和越王赵偲。

这五位皇子之中，最有可能继承皇位的就应该是简王赵似。因为他不仅是哲宗的同胞弟弟，哲宗在位时就对其信赖有加委以重任，而且赵似与当今宰相章惇关系莫逆、情同师生。而章惇最看不上的就是那位不学无术的端王赵佶，如果章惇带头拥立赵似，估计朝臣都会响应。不过，在章惇明确表达意见之前，大家是不会说话的，所以，大家都将目光转向了站在前面的章惇身上。

看大家都不说话，向太后很不高兴。她看了看还在隐隐啜泣的章惇，又看了看旁边面无表情地曾布，只好点名道："章相，你是当朝宰辅。你说说吧！"

章惇这才止住哭声，拭去眼角的泪水，走出班列。章惇为人亢直，说话从来都是直来直去，一谈到朝政他立即恢复以往的做派，大声道：

"简王赵似是大行皇帝的胞弟，依礼律论，当立简王赵似……"

"礼律？哪里的礼律？"章惇还有话要说，向太后却立即打断了他的话，厉声道："要说礼律。老身身为神宗皇帝的皇后、当今的太后，老身无子，其他诸子皆为庶出。自古庶出无高低之分，怎么能说简王就比其他诸王优先呢？"

向太后语气生硬，语调铿锵有力，再加上逻辑清晰，分析地头头是道，一下子就把章惇的气势给压下去了。最主要的是，这让在场的朝臣一下子明白了——向太后不赞成简王赵似继位！

章惇也知道自己理亏，一时不知道如何是好，只好退而求其次，继续道："既然无法区分嫡庶，我们就以长幼来论，就应该是申王赵佖继承大统了！"

向太后冷哼一声,厉声道:"章相你难道不知道,申王有目疾无法理政吗?不能处理政务怎么能当皇帝?"

说到这里,向太后站起身走下御阶,绕着章惇走了一圈儿,才斩钉截铁道:"我看,还是立端王赵佶当皇帝吧!况且先帝曾言,端王有福寿,且仁孝,当立!"

一听要立赵佶当皇帝,章惇浑身打了一个冷战。他知道如果端王上台,自己将再无好日子过,于是做最后一搏,亢声道:"太后!庙堂内外皆知,端王轻佻,绝不可选他君天下……"

"放肆!"章惇话还未说完,一直默不作声的曾布突然大声喝道:"章惇你身为臣子,如何敢出言忤逆太后?"

说着,曾布就站出班列,跪倒在向太后面前,道:"回禀太后,章惇刚才所言并未与枢密院及各执政商议。微臣认为,端王赵佶为人豁达、学贯古今,是继承皇位的不二人选。微臣谨遵太后懿旨,选立端王赵佶为帝!"

身为枢密使的曾布这么一说,其他诸臣也都纷纷跪地,齐声言谨遵懿旨,山呼万岁!

章惇一看,自己势单力微,大势已去,也只好不再争执,跪地听命了。

于是,向太后宣旨,召端王赵佶即刻入宫,即位于哲宗灵柩前,赵佶即宋徽宗!

卷八

宋徽宗赵佶 宋钦宗赵桓

蔡京的崛起与童贯的阴谋

1

宋徽宗崇宁元年（公元 1102 年），杭州望湖楼。

天一黑，望湖楼周围的夜市就喧腾起来，远近的酒肆勾栏、歌楼妓馆都悬挂起了各种颜色的纱灯，或红或绿，或艳或淡，映照在旁边的西湖内如霞似锦，连绵不断。

望湖楼始建于宋太祖乾德年间，它紧邻西湖，与湖南岸的凤凰寺隔岸相望，登楼远眺，远处吴山胜景，脚下碧波荡漾，实是杭州游山玩水、游目骋怀的绝佳去处。前些年，大诗人苏轼曾在杭州为官，于楼上写下著名的《望湖楼醉书》，更使得该楼名噪一时。凡士子佳人、散官游僧只要来杭州，望湖楼必是第一去处。

不过这几年，不知道从哪里来了一富商，出重金盘下了这座楼。富商又于楼外建栅，栅内修墙，将其改造成为杭州最负盛名的酒楼。楼内装修极尽豪奢，进门数级石阶，两边皆是青竹翠蔓、蒙络摇缀、参差披拂，进得门来更是朱梁画栋、锦漆雕甍，杭州城的达官贵人、缙绅豪族每逢佳节皆在此宴饮饷客。

这日戌时刚过，一乘四人抬的绿呢小轿就进了望湖楼的轿厅。轿子还未停稳，一位眼疾手快的店小二就赶紧迎了上去，麻利地为主人掀开了轿帘，大声唱喏道："楼上'方行义'的贵客到！"

伴着小二的吆喝声，只见一位手拿描金折扇、身着苏绣紫衫的中年人从轿子中缓步走了出来。来人虽身形魁伟，但眉清目秀，一看就知道此人是来自皇宫大内的宦官。

　　来人刚走出轿子，就听见楼梯上"噔噔"的脚步声，从上面下来一位少年后生。后生看到来人赶忙行了个大礼，熟练地伸出手扶住来人，极尽谦卑道："童主管来了，我是蔡攸！家父已等候多时，请移步楼上一叙！"

　　这位被称为童主管的宦官名叫童贯。

　　童贯以前只是一名宫掖给事黄门，自从徽宗赵佶登基之后，他百般逢迎、巧事顺承，再加上自己颇通文墨，很快赢得醉心书法丹青的赵佶的信任。这年，赵佶在杭州设立明金局，专门为他收集流落民间的名家书画珍藏，童贯就被委任为这里的负责人——供奉官。今天是童贯走马上任的第一天！

　　而刚刚前来迎接他的人，名叫蔡攸，是前殿前承旨蔡京的儿子。赵佶刚登基那会儿，蔡京被人举报私自结交内侍欲图谋不轨，于是被薅职贬谪到江宁，任洞霄宫提举，居住在杭州。

　　听完蔡攸的介绍，童贯微微笑了笑，伸出手，做了个请的姿势，就一起径直上楼来了。

　　"方行义"是这座酒楼最豪华的一间包厢。童贯刚进来，就看见一位头戴褐色圆顶小帽，身上穿着一件大红锦袍的老人迎了出来，这就是今晚的主人蔡京。他虽然已年逾半百，但因为保养得当，依旧神采奕奕，看上去不过四十来岁。

　　蔡京一看见童贯，脸上立即堆满了笑容，一把抓住童贯的双手，嘘寒问暖道："童主管，哎呀呀，京城一别快一年了吧？没想到我们在这里又见面了！来来来，快让老夫看看，童主管果然越发精神了！"

　　蔡京曾为殿前承旨，那是常年待在皇帝身边，地位仅次于几位枢相的大人物。可是，蔡京为人却极为谨慎谦虚，即使当年在京城的时候也是对这些宫廷内侍们礼敬有加，宫里上自后主妃嫔，下到宫女太监，都对蔡京一片赞誉。两人当年曾在宫中见过几面，并无过多交集。今日，蔡京虽然被夺职赋闲，但那毕竟是做过大官的人，能对他一个小小的明金局主管纡尊降贵，已属难得。

　　童贯忙欠身行礼，连声道歉："蔡承旨别来无恙啊，晚生给您行礼了！"说着，就要拜下去。

　　蔡京连忙扶住童贯，故作不快道："童主管这么说可就折煞老夫了。哪有什么承旨啊？老夫戴罪之身，哪能承受童主管揖拜？今日老友重逢，只话高山流水、契阔金兰，那些个俗文礼法就免了吧！"

　　说着，蔡京就将童贯按在主宾的位置上。

　　就在蔡京童贯说话的空档，菜品已经摆好，蔡攸知趣地示意伺候的丫鬟们退了出去。待蔡京坐好后，自己坐在了门口位置，亲自充当起了筛酒递声的角色。

　　蔡京举起手中的酒杯，欠了欠身，温言道："童主管自京城远道而来，老夫本应设洌酒以迎。可惜我们南人不善酿酒，唯有这杯本地产瑶琳洞藏还算可以入口。那今天这第一杯酒，就算我父子二人为童主管接风洗尘了！"说着，头一仰，喝了下去。

　　童贯忙揖手作谢，端起桌上的酒杯一饮而尽。喝完，童贯不住地赞叹道："早闻桐庐瑶琳仙境集江南山水之精华，瑶琳洞藏更是在陶罐恒温之下历经数月发酵而成，今日一饮果然入口柔绵，浸润回甘，不愧为江南之佳酿。晚生平生能得饮此杯，盖相公所赐，不胜感激！"

　　蔡京听了心花怒放，夹了一块鱼肉放在童贯面前的小碟里，道："童主管再品尝一下这西湖醋鱼！"

　　童贯早就对这名闻天下的西湖醋鱼垂涎已久，可最近一直忙于公务也无暇来吃。听完蔡京的介绍，他拿起筷子，夹起眼前的鱼肉，放入口中，缓缓咀嚼，果然肉质鲜嫩、酸甜清香，还带有一丝江南特有的湖蟹的香味！

　　童贯正要表示感谢，眼明手快的蔡攸已经为三人重新斟满了酒，并不失时机地轻声道："童主管有所不知，本来我们想着就从鱼市买几尾鲜鱼为您做这西湖醋鱼。可是家父坚决不同意，说是鱼市的鱼都不是从西湖打上来的，他一定要让您吃到最新鲜最正宗的西湖醋鱼。您可知道，这鱼是家父今日天不亮就去西湖里垂钓，亲自钓上来的？"

宋朝管理宦官的机构有内侍省和入内内侍省之别：内侍省主要负责殿前洒扫、管理皇家文书档案书画珍玩等，而入内内侍省才是伺候皇帝、妃嫔公主等日常起居的。所以，真对比起来，这入内内侍省的宦官才是皇帝身边的人，身份地位自然也高。而童贯虽贵为明金局主管，但毕竟也只是内侍省的小勾当，今日居然得到曾贵为殿前承旨的蔡京亲自接待，自然十分感激。再加上刚才蔡攸所言，蔡京居然为自己一个小宦官亲自钓鱼烹调，不禁眼睛一热，差点掉下泪来。他忙举起酒杯，冲着眼前的蔡京道："相公高义，童贯无以为报，唯借此杯中酒敬相公！"说着，童贯即满饮一杯！

蔡京和蔡攸对视，浅浅一笑，也一起饮下。蔡京一面招呼吃菜，一面继续说道："这西湖醋鱼不比其他菜，老夫为什么非得坚持要给童主管用这西湖里面的鱼呢？这里面还有一段典故呢！"

听到这里面还有典故，童贯立即放下筷子，谦卑地探过身去，请蔡京讲下去。

蔡京咂了口儿子刚给点的龙井茶，这才喃喃道："据当地百姓言，我朝初创之时，太祖秉政，吴越国主钱俶入京请降，从杭州出发时最后一顿饭吃的就是这西湖醋鱼。试想当年同时期入京请降诸王，唐之李煜、蜀之孟昶、湖湘高氏，哪一个得了好下场？"

说到这里，蔡京故意顿了顿，看童贯听得入神，才继续说道："唯有这钱俶，太祖非但没有怪罪于他，反而对其奉为上宾、礼敬有加，封官加爵、恩荫子孙，现在一百年过去了，吴越钱氏依然在庙堂上强盛不衰。所以，余杭百姓皆言都是因为钱俶临行前吃了这西湖醋鱼，才给他带来的好运。童主管今日得蒙圣眷，主宰一方，正有鱼跃龙门之势，希望童主管接下来能继续大展宏图造福一方！来来来，我们再饮一杯……"

听完蔡京一席话，童贯更是高兴，举起酒杯喝尽。他放下酒杯，盯着蔡京看了一会，又环顾了一下屋内，确定屋子内没有其他人，这才低声道："先不说晚生是否是那条鱼，也姑且不谈能不能跃龙门！依晚生之见，蔡承旨也绝非池中之物，此刻囿于余杭，无非敛翼待时尔！"

蔡京闻听此言，手不禁抖了一下，刚夹起的一块鱼肉掉在酒杯中。不过，他依旧不动声色地放下筷箸，若无其事地问道："何以见得？请童主管赐教！"

蔡京的一举一动，童贯都看在眼里。他呵呵一笑，伸手将蔡京面前的酒杯换下，又伸手指了指门上贴的"方行义"三字，道："赐教不敢当。晚生所言，都在这三个字里！"

蔡攸此刻听得有些云里雾里，禁不住问道："童主管，这'方行义'就是酒家为包间取的雅名，有甚稀罕？"

童贯呵呵一笑，轻轻拍了拍蔡攸的肩膀，故作神秘道："公子有所不知，如果晚生没有猜错，这'方行义'三字取自前朝邺侯李泌的《咏方圆动静》诗。姑且不说这诗，只说作者邺侯李泌，历唐玄宗、肃宗、代宗、德宗四朝而不倒，且平安史之乱救社稷于倒悬，靖吐蕃回鹘致'贞元之盛'，时人皆称其为'山中宰相'。"

说到这里，童贯故意停下来，端起桌上的钧窑茶碗咂了口茶。他看了看一脸惊讶的蔡京，知道自己至少已经猜透了七分，这才狡黠一笑，继续道："以晚生对蔡承旨的了解，蔡承旨宴客绝不会随意选择包间。这'方行义'，一方面是相公对晚生的砥砺，另一方面岂不也是相公自勉之语？'山中宰相''山中宰相'呵！看来，蔡承旨的眼光不只在这吴山之中，而在这'宰相'二字！"

童贯话音未落，蔡京连忙站起来，伸手堵住了他的嘴，躬身做了一揖，道："童主管果然智慧过人。既然已经被童主管堪破，蔡京也就无所隐瞒了。"

说着，蔡京就走到窗前，推开窗，外面吴山影影绰绰，映照在微波粼粼的西湖之上更显幽邃。

蔡京叹了口气，轻声道："我蔡京五岁习文，数载寒窗，二十三岁中第，四十岁主政户部，精研百家君子之学，胸藏治国理政之道。一着之失，不想为奸人所害，远窜庙堂，流徙南邦，老夫心有不甘呢！"

"相公所言，童贯深以为然。"蔡京回过头，发现童贯已经站在自己身后，正笑吟吟地看着自己。看蔡京转过头，童贯立即收敛笑容，低声正色道："不过，侬晚生看来，相公东山再起，重返帝京，也不是没有可能！"

蔡京早就听说，童贯为人城府极深，做事机警谨慎、又擅巴结逢迎，深得当今官家赏识，如果能由此人在官家那里替自己说上几句话，也许真有些用处。于是，蔡京盯着童贯的眼睛，一脸卑微道："还请童主管赐教一二！"

童贯拉着蔡京的手回到座位上，做了个请的姿势，三人一同又浮了一大白。童贯抹了抹嘴，故作神秘道："相公要想返京，需天时地利人和，三者缺一不可！而在晚生看来，这三者都已具备！"

"请童主管快快指点迷津！"蔡攸着急道。

童贯没有再故弄玄虚，径直说了下去："天时者，人主也。先皇哲宗皇帝尚武主战，力主绍述神宗武功，驱除蛮酋，恢复汉唐故地。而蔡承旨一介文士，远无靖边拓地之功，近无构划枢密之能，说难听点，即使相公沉谋远虑、奔突驰骛，在前朝亦难入阁拜相。"

"而现在不同了。"童贯看了看二人，继续道："当今官家虽也意图绍述，但毕竟是一介文人。您看，圣主登基伊始就在杭州设明金局，搜罗天下古籍刻本珍藏，不就说明了这点吗？而蔡承旨与当今书法第一大家蔡襄同出一门，书法丹青造诣更是青出于蓝而胜于蓝，只要相公依蔡襄大名多造声势，天下必将为之侧目。到时候，您再书就几幅精品屏障扇带，由晚生代为进呈官家，密表揄扬，不由得官家不属意相公。此为其一，天时也！"

蔡京和蔡攸对视一眼，情不自禁地点了点头。

"那地利呢！"蔡攸继续问道。

"地利者，庙堂之势也！"童贯讲得有点舌燥，咂了一口蔡攸刚给点的新茶，缓缓道："当今庙堂之上，首相韩忠彦师从其父韩琦力循旧制，而副相曾布则力主绍述先皇用王安石新法。左右二相不和，而曾布势微，只要蔡承旨修书一封给他，尽述自己绍述之志，愿结为政友。曾布必会在官家面前代为赞颂，引以为援，到时候蔡承旨不想入京都难。此为其二，地利也！"

听童贯讲到这里，蔡京父子面露喜色。蔡攸更是一拳砸在桌子上，嘴里不住地念叨着："高啊，实在是高！童主管沉谋缔构，庙堂内外、君臣法术势如数家珍。请童主管再介绍这其三，人和！"

"这人和，自不必解释。不过，我们用到的人却不是普通人，而是官家身边的人。"

"这就有些难了。我朝祖制，外臣不得擅自结交内侍宫卫。想找他们为老夫说上一句好话，难比登天呢！"蔡京眼色黯淡道。

没想到童贯呵呵一笑，将手中的酒杯举起兀自饮下，道："蔡承旨所言非虚。这事操作起来确实很难，稍有不慎被朝中言官知晓，小则降职远窜，大则人头不保。可是，自古富贵险中求。如果蔡承旨患得患失，那也只能固守一隅，在这美如仙境的嘉浙余杭终此一生了！"

蔡京听出童贯的话音，无非是激将之法。可是看看自己已年过半百，空有一手好字、满腹诗书，终老余杭绝非自己所求。终于，蔡京握紧了右拳重重砸在自己左手掌心，痛下决心道："听童主管所言，似有可解之策！"

"当然！"童贯听出蔡京决心已定，这才继续道："童贯不才，这么些年在宫中苦心经营，颇结交了些称心的友伴，现在他们大都已入内侍省常伴帝后之侧。下次童某还京，还望蔡承旨多备礼品，童某一定让他们代为传话，在帝后面前多多美言。而且晚生听说好友邓洵武今日被擢为起居郎，随侍官家左右，邓洵武与蔡承旨亦有父执之谊，我再去求他为君美言，想必他也不会拒绝。到时候，蔡承旨入阁拜相指日可待！"

听完童贯一席话，蔡京不由自主地站了起来。他整理衣衫，冲着座位上的童贯就是一拜，道："如蒙童主管费心经营，日后蔡某必将竭力以报！"

童贯也吓了一跳，连忙起身还礼，道："承旨礼重了！童某话既出，必将妥为周旋，助君早登枢府……"

史载：童贯以供奉官诣三吴访书画奇巧，留杭累月，京与游，不舍昼夜。凡所画屏幛、扇带之属，贯日以达禁中，且附语言论奏至帝所，由是帝属意京。……道其平日趣向，谓非相京不足以有为。……已而宫妾、宦官合为一词誉京。韩忠彦与曾布交恶，谋引京自助。……二年正月，进（蔡京）左仆射（宰相）。

高俅：我不仅会踢球，还是苏东坡的私人秘书！

1

元祐年间，苏轼身陷党争风波，被迫辞去翰林学士之职去杭州当地方官。

这次任翰林学士，苏轼得到了欣赏他的太皇太后高太后的支持，在短短十个月内三次破格拔擢，官至翰林学士兼侍讲，距离入阁拜相仅有一步之遥。

没想到，就在所有朝臣都以为苏轼即将备位中枢之时，同属保守派的洛、蜀、朔三党闹起了内讧，相互攻讦。名气最大又是"蜀党"之首的苏轼自然成了他们攻击的首选目标，最后身心俱疲的苏轼不得不辞职外调。

经过这件事，已在官场数次沉浮的苏轼是彻底死了心，决计不再回京城了。而且，他考虑到既然要到地方工作，这薪俸自然比在京城挣得少很多，所以，就将京城的房产地契能卖的都卖了，那些丫鬟童仆能解散的也都解散了。到最后，有一个人，苏轼不知道怎么处置！

这个人就是：高俅。

史载：高俅，东坡先生小吏，笔札颇工。

意思是，高俅是苏轼的秘书，而且文笔不错。

苏轼是个恋旧的人，再加上高俅这孩子聪明伶俐，几年下来两人处得不错。但是，高俅是京城人，自己远行又不能把他带走，所以，苏轼就想着给高俅再找个下家，也不枉两人主仆一场。

这时候，苏轼想到的第一个人是曾布。

曾布是"唐宋八大家"之一的曾巩的弟弟，当年与苏轼、曾巩同科中第。所以，苏轼与曾布算是同窗兼好友。

不过，虽说两人是同窗，但是曾布与苏轼的政治观点完全不同。当年，王安石变法，苏轼是坚决的反对派，而曾布却是变法的中坚力量。现在，支持保守派的高太后掌权，身为保守派的苏轼都被排挤出了京城，曾布更是过着朝不保夕的日子。

所以，当苏轼说要把自己的秘书送给曾布的时候，曾布毫不客气地拒绝了。

史曰："文肃（曾布）以使令已多辞之。"

曾布不要，苏轼只好又去找了另外一个人——驸马王诜。

王诜出身贵族，长相英俊，能诗善画，但却桀骜不驯、风流倜傥。他娶了神宗皇帝的同母妹妹蜀国大长公主，被封为驸马。算起来，王诜是当今皇帝哲宗的亲姑父。

别看王诜平时吊儿郎当，他对朋友却是相当义气。想当年，还是神宗朝的时候，苏轼因"乌台诗案"被人陷害，说他谤讪朝廷，致使龙颜大怒，朝堂上下几百大臣没有一个人敢出来仗义执言。最终，皇帝下令派人去南方抓捕苏轼，并没收他的书信查证真伪。

那时候，苏轼身为文坛领袖，与之交游的人甚多，除了保守派的司马光、苏辙、黄庭坚、米芾等人，甚至连王安石、曾布、章惇这些变法派核心也经常与之通信，切磋诗文。如果别有用心者以此做文章，估计这些人都会受牵连。

王诜当天晚上得到皇帝要抓捕苏轼的消息后，第一时间派出信使赶往江南，在抓捕苏轼的差役到达之前将消息送给了苏轼苏辙兄弟。

苏轼得以及时销毁了相关书信往来，这才避免了一场有可能撼动整个宋朝甚至中国文坛的腥风血雨。

不过，最后王诜也因此被治罪，贬地方多年。

神宗死后，哲宗登基，才恢复了王诜驸马都尉的身份。

这次，苏轼开口，好友王诜当然不会拒绝。于是，高俅得以进入驸马府当了王诜的跟随，迈出了辉煌人生的第一步！

2

苏轼走后，王诜依旧过着那种锦衣玉食、声色犬马的日子：高兴了，就去郊区骑马蹴鞠；不高兴，就在家里待着写字画画，研究金石古玩之道。就这样，王诜在京城的纨绔子弟圈也逐渐混出了些名堂，当时有人说他是"风流蕴藉，有王谢家风气"。

这里的"王"，即以王导、王羲之代表的琅琊王氏；"谢"就是谢玄、谢安代表的陈郡谢氏。这个评价在任何时候都算是高的了！

高俅在这样一个人身边做随从，也逐渐练就了一套虚与委蛇、躲闪腾挪的本领。

那时候，还未登基的宋徽宗赵佶还是端王。因为王诜和赵佶都爱好琴棋书画，喜欢蹴鞠跑马，所以两人经常混在一起。

"时裕岭（赵佶）在潜邸，与晋卿（王诜）善。"

有一天，王诜去上朝，在皇城门口遇到了也来上朝的赵佶。

是日早上，风大，把一向注意仪表的赵佶头发都给吹乱了。于是，赵佶就问好友王诜："今天出来着急，忘了带梳子，能借你的梳子梳梳头吗？"

王诜二话没说，就从腰间取下一把装饰精美的梳子递给赵佶。梳完头，赵佶将梳子递给王诜，禁不住夸赞说："这梳子真漂亮！"

王诜是个直脾气，径直回答道："这是我最近刚找人做的。正好做了两把，还有一把没有用，散朝后我就让人给您送去！"

当晚，王诜就命人给赵佶送梳子去了。

3

替驸马王诜给赵佶送梳子的人就是高俅。

高俅到了端王府，正赶上赵佶在和手下人蹴鞠。高俅不便打扰，只好站在旁边看。

当时的大宋，已经没有宋初那种尚武尚酒的戾气。庙堂之上十有八九也都是文人的表演场，甚至枢密院和军队里也是"文人授节钺"。文人一多，在战场上就鲜有胜绩。战场上不行，这些人就试图在球场上找回一点尊严。

所以，那时候，蹴鞠踢球之风盛行！而且，不仅寻常百姓踢，就连王公贵族、簪缨子弟也都纷纷效仿，仿佛赢得一场球就能找回当年乃祖那种战场冲杀、马革裹尸的功勋荣耀一般！

在这些人里面，端王赵佶的球技绝对算是上乘。

能跟王爷一起踢球，这群手下的脚下功夫自然也不会太差。不过，球场上风头最盛的肯定还是赵佶。其中原因，大家心知肚明。

这种情况下，场边的观众自然也不能闲着，吆喝声呐喊声必须整齐地一边倒——只要赵佶触球，场下必然掌声雷动、锣鼓喧天；只要赵佶射门，进不进球必然都是一阵高过一阵的喝彩声……

而在这所有像是打了鸡血一般狂热的观众里面，只有一个人默不作声。这个人就是高俅！

而且，高俅不仅不说话，还表现出一副嗤之以鼻的表情。史载，"（高俅）睥睨不言"……

毫无疑问，那天的比赛虽然过程暗潮涌动、险象环生，但是结果毫无悬念——以赵佶的小胜结束！

比赛结束，赵佶怏怏地坐在下人搬过来的长椅上，擦着汗，心想：今天场边这个人面生得紧，也不知道是谁，忒没眼力见儿了。你不喝彩也就算了，还一副不以为然的样子！你是对老子不满，还是对老子球技不满？

今天，老子非得治治你！

过了好一会，赵佶这才指着高俅，面无表情道："你是何人？"

高俅赶忙跪下，压低声音道："奴才高俅，是驸马王都尉府上的小吏。王都尉命奴才给端王送梳篦来了！"

说着，高俅就将手里抱着的锦盒交给赵佶身边的内侍。

赵佶接过锦盒，连看都没看就扔在长椅上，瞪着眼前的高俅，面露不快道："高俅？刚才我们踢球的时候，你为什么一副不屑一顾的样子？难道看不上本王的球技？"

听赵佶这么一问，高俅心里不禁一乐，看来刚才老子的戏没有白演！

于是，高俅连忙磕头请罪，然后不慌不忙道："回禀王爷，您的球技在京城绝对算得上一流。只是……"

"只是什么？"

高俅看赵佶一副迫不及待的样子，禁不住心中暗笑，却又故作为难，道："只是……只是您这群属下的球技实在差劲，有几个必进的球早早丢掉了球权！"

赵佶一听高俅并非对自己不敬，而且所言确实也很有道理，于是语气稍显平和道："听你所言，似乎对蹴鞠颇有心得。要不今天我们就在此地再比赛一场如何？"

高俅等的就是他这句，所以没有丝毫犹豫，抬起头轻轻一笑，道："恭敬不如从命！"

……

最终，这场球的结果正如史书中所写的，"深惬王意"——让赵佶很高兴！

于是，赵佶对身边的小厮说："去告诉驸马王都尉，就说他送的梳篦很好，本王留下了。而且，送梳篦的人本王也留下了！"

就这样，高俅就从驸马府跳槽进了端王府！

更可笑的是，没过俩月，端王赵佶在向太后的支持下接替了英年早逝的哲宗皇帝荣登大宝，成了皇帝。高俅也一下子成了徽宗赵佶的潜邸旧臣，深得徽宗信任。

后来，在徽宗的安排下，高俅到军中锻炼，跟着大将刘仲武补足了基层工作经验，十年后就官拜太尉掌管全国军队，随后晋位使相，封国公！

大师们的好时代

徽宗好道，这就带动了一个圈子的蓬勃发展。圈子里的人自称大师，史书上一律称之为"术士"。

用一些人的话说，这些大师们有一个共同的特点——敢大言，敢赌，敢玩套路，而且把套路往大了玩，玩到庙堂上去！

为此，《宋史》还专门为这些大师们留了一块铺面，曰《列传·方技》。

1

那年，徽宗赵佶还没登基，有一天退朝路上遇到一个叫郭天信的侍卫。

这个郭天信不仅是一个侍卫，而且通晓阴阳术数、堪舆算命之法，在京城颇有些名气。

郭天信离老远就认出眼前的这人就是端王赵佶，于是就凑到他身边道："王爷，用不了多久您就能登基称帝！"

赵佶早就听说过这个号称郭神仙、郭大师的郭天信，今天听他这么一说，赵佶心里禁不住地高兴。可是，现在赵佶的哥哥哲宗皇帝还没驾崩，侍卫这么说，若是被人听了传出去，言者和听者皆重罪。所以，赵佶只是哼哼哈哈地敷衍过去。

没想到，不久之后，赵佶果然登基成了皇帝。于是，他开始对这个郭天信青睐有加，还封其为"枢密都承旨"，长伴自己左右。

自那之后，郭天信就充分发挥了自己敢大言、敢玩套路的赌徒风格，在江湖术士这条光明大道上一路疾驰。而郭天信的这些"大言"又颇合徽宗口味，不久，就晋郭天信为"定武军节度使、祐神观使"，俨然国师一般待遇了。没事的时候，徽宗还经常将朝中的事情讲给他听，有时候甚至让郭天信帮着拿主意。

这样一来，郭天信就得罪了时任宰相、大权独握的蔡京，为此两人明里暗里没少斗法。

那时候，资政殿大学士张商英的名气也很大，而且与郭天信关系不错。郭天信就想着用张商英来取代蔡京，于是经常在皇帝身边讲张商英如何如何了得，顺带着把蔡京给贬一下。

有一次，日食。

徽宗很害怕，赶紧找郭大师问问。

这一次，郭天信没有藏着掖着，而是直言道："日中有黑子！"古时候，皇帝就代表太阳。郭天信这句"日中有黑子"，意思再明白不过了——皇帝，你身边有坏人！再不除掉这个坏人，上天就要降临灾祸了。

不用说，这坏人肯定就是蔡京。

于是，"帝甚惧，言之不已"。皇帝吓坏了，嘴里念念叨叨，考虑着蔡京死总比自己死强，最后还是决定贬谪蔡京，提拔张商英为宰相。

就这样，郭天信一句话把深受重用的蔡京赶下了台。

不过，没多久，蔡京就抓住了郭天信与张商英勾连的证据，并上报朝廷。由是，蔡京复位，张商英被贬。郭天信也被逐出京城发配广东，没多久就被人整死了。

不过因为郭天信的道行太深，蔡京对其十分忌惮，担心他是利用法术假死。在郭天信死后数月，放心不下的蔡京特地派人前往广东，开棺验尸。直到确定郭天信确实死了，蔡京一颗挂到嗓子眼儿的心才算落了地。

2

经郭天信这事儿后，蔡京也明白过来一个道理——皇帝好道，他身边这个道士得是自己人才行！否则，自己这个宰相也干不长久！

于是，经过多轮选拔，蔡京向皇帝推荐了一个名叫王老志的道士。这个王老志一开始当过小官。可能是嫌当时基层公务员工资待遇不高，再加上"不受赂谢"，在大宋官僚体制内混不下去，他就对外说自己遇到了"八仙汉钟离"，汉钟离给自己吃了粒仙丹。然后他就跑到山上建了草庐，给人算命去了。

徽宗好神仙，但也不傻。看到蔡京的推荐信，没有轻信，而是淡淡地说："先让他给朕写封信再说吧！"

于是，王大师就给皇帝写了一封信。

徽宗拆开信一看，呀，不得了啊！

原来信里写的是自己去年秋天和两个贵妃说的情话！这些事儿，只有我和两个贵妃知道，这个王老志是怎么知道的？于是，"帝稍信之"，并且封他为"洞微先生"。

这一下，整个东京官场和大师圈都轰动了。

"朝士多从求书"——朝中的官员都来找王老志算卦；而且，"应者十八九"——十之八九都能应验。

于是，王大师的名号越来越响，前来求书者络绎不绝，其门如市。不过，王老志的大火，不仅没有让蔡京舒心，反而令其颇为担忧——王老志天天跟这些朝臣聊道侃经，别哪天再出一个张商英，自己岂不白费心思了！

于是，蔡京就找王老志商量，咱是给皇帝服务的，不能把身份段位放低了！只要能令皇帝满意，咱就算超前完成任务！

经蔡京这么一说，"王大师卦摊"很快就关门了。王大师也就成了皇帝御用卦师，给皇帝创制"乾坤鉴法"，让徽宗很是满意。

接触时间一长，王大师也看出来这个蔡京不是什么好东西，在他身边待久了早晚落得个身败名裂的下场。于是，他就上书请求回老家，并劝皇帝说，你这群手下没几个好人，没事的时候坐下来好好想想鉴别一下，否则日后必有大难！

徽宗一开始不允，可也架不住王大师一来二去请辞，最后只好同意。王老志听说皇帝允准，立即启程回家，刚回到老家就去世了。

3

王老志走后，好道的徽宗皇帝陆陆续续又用了几个道士。一时，金门羽客，黄冠浸盛，眷待隆渥，出入禁掖，无敢谁何！

不过，此时的徽宗已经不再满足于求卜问知这些雕虫小技了，他开始想是不是找个机会也给自己加加戏，让自己也过把神仙的瘾！

政和三年（公元 1113 年），冬至。循旧例，皇帝要去圜丘祭天。

车驾刚出南熏门，徽宗向东眺望，禁不住大声称奇，问身边的蔡攸道："蔡爱卿，你看东边空中有什么？"

蔡攸是蔡京的长子，从小跟着蔡京在官场浸淫，早就练就了一套虚与委蛇、避实就虚的本领。一听皇帝这么问，他立即就明白了其中的道理，于是大声道："陛下是不是看着东方有云气啊？"

徽宗一听，还是这小子伶俐，立即点头道："朕不仅看着有云气，怎么还有亭台楼榭似隐还无的呢？"

蔡攸不敢怠慢，赶紧下车往东面山上跑。在山上观察了半天，才跑回来对皇帝回奏说："臣这回看清了，东面云雾里真的有楼殿台阁，可能是天上的仙府！"

徽宗忙不迭地继续问："能看到里面有人吗？"

蔡攸立即回答道："有几个人，打扮很像道士和道童。一定是官家您的尚道之心打动了上天，神明才降临的！"

于是，徽宗大喜，下旨于此地建筑道观，刊碑勒石，言：某年某日，帝德格天，神明下凡……

4

随后，徽宗身边的道士换了一茬又一茬。难怪后人嗟叹，"道流也有兴替，无怪朝臣"！

直到一个叫林灵素的道士出现。

相比前几位大师，林灵素的大言更大，套路更野，当然，这名位利禄上的收获也更盛。

最早时候，林灵素是个和尚，因为常犯戒律，没少挨打，才跳槽当了道士。

第一次见到皇帝，林大师就给徽宗强行加戏，道："您知道自己是谁吗？您可是当今天帝的长子长生帝君下凡。"

这话一下子说到徽宗的心坎里，这几年光看你们这群江湖道士表演了，这回可给朕一个机会了。于是，徽宗高兴地问："此话可当真？"

林灵素一听，有戏，得赶紧把自己也拉进来。于是他不慌不忙道："这还能有假，不然怎么能轮到您当皇帝呢。不光您是天上的神仙，我也是。我本来在天上就是您的下属，叫褚慧。因为您下凡来治理天下，所以上天也让我下来辅助您呢！"

当然，林灵素也没忘把徽宗身边的这些妃嫔近臣也拉拢一下，说皇帝的宠妃刘氏是九华玉真安妃下凡，蔡京是天上的左元仙伯，王黼是文华吏，就连童贯这些个宦官也都是上天派来的！

徽宗这几年没少见各路大师，多少也摸清了些这里面的套路，一般人忽悠不住他了。听完林灵素的话，徽宗呵呵一笑，试探道：

"大师您说自己能呼风唤雨、驱鬼役神，正好今天天热，您给朕求场雨降降温吧！"

林灵素在释道两圈摸爬滚打几十年，一听就明白这是皇帝不相信自己，不拿点真本领出来怕过不了这道坎，于是，毫不含糊道："近日天意主旱，不能得雨。要不我就借点黄河水给大家避避暑！"

说着，林灵素就披发仗剑，望空拜祷。不多时，天空黑云密布，蔽日成阴，果然下了场大雨，而且雨点降下都很浑浊。

过了一会儿，太监来报，刚才只有皇宫下了雨，宫外一滴未下。徽宗这回真是开了眼，奉林灵素为天人，赐号"通真达灵先生"，赏赐无算。

从这以后，徽宗甚至把自己的称呼都改成了"教主道君皇帝"，走到哪里也不穿龙袍了，穿道袍。

而林大师也不怯场，每次开坛讲课，羽扇纶巾，升高正坐，而皇帝只能坐在他侧面。见到宫中皇后贵妃、朝中大臣，林大师也不参拜，曰"在仙班与臣等列，礼不当拜！"

意思是，除了皇帝您是领导，其他人我都不认！

后来，徽宗还封了他"金门羽客""冲和殿侍臣"，加"应道军节度使"。林大师还让皇帝给自己在皇宫旁边建了"上清宝箓宫"，假帝诰、天书，每设大斋，耗钱数万……

就这样一路忽忽悠悠，林大师从一名在基层混不下去的术士，摇身一变成了一方节度使，可谓把套路玩到了极致。一时间，"朝士之嗜进者，亦靡然趋之"——连皇帝都跟他混，朝臣们要想进步自然也得跟上！

难能可贵的是，就这么玩，林大师愣是没玩露馅。后来要不是因为太能装，在路上跟太子抢道，得罪了太子，被徽宗斥还故里，林大师还能在那个大师的好时代再玩几年。

5

赶走林灵素之后，徽宗还认识了个茅山派的著名道士——刘混康。

茅山道士刘混康不同于前几位大师，他不仅颇通阴阳术数之法，而且在整个中国道教史上还是赫赫有名的。

那时候，皇帝子嗣不盛，徽宗乃求刘大师破解。当然，刘大师还是道行颇深的，掐指一算，说："京城西北角地势过低，主子嗣不利。如果将西北那块荒地垫高，皇帝一定多子多孙。"

于是，深信不疑的徽宗下令征劳役垫高京城西北。

令人不解的是：这之后，后宫嫔御果然连诞数子，就连早不生育的皇后也生了一子一女。

不过，征役一开，徽宗就没有停止：京城西北垫高之后，徽宗又决定在上面建宫殿；宫殿建成后，又于京城东北造一更大花园景观，一时殿阁亭台、假山楼池连绵数十里不绝，名曰"艮岳"。

为了营造这一巨大工程，徽宗发天下民力，在全国广征嘉蓈名木、怪石幽岩运往京城，称"花石纲"。最终，沉重的劳役和税赋造成天下的农民们不堪重负，终于引发了著名了"方腊起义"和"梁山宋江起义"，加速了北宋的灭亡。

周邦彦：我的情敌居然是皇帝

1

汴京，金线巷。

这金线巷位于大内晨晖门外，是一条仅能容两台小轿并列通行的小巷。巷子狭长，但却久负盛名，盖因街道两旁遍布酒楼食坊、瓦肆勾栏，每至夜晚放灯时候，歌姬舞娃争来卖笑，坠鞭公子、走马王孙亦来此寻花问柳、逐艳评芳，为大宋第一风流去处。

宋人文艺，虽然都是皮肉生意，但却分得很细：那些贩夫走卒普通百姓去的地方名叫勾栏；而朝中大员簪缨贵族们去的地方叫青楼。

总之一句话，勾栏内谈的是生意，青楼里谈的是"理想"！

沿金线巷深行，有一座建筑宏伟的三层木楼耸立在五丈河边。此楼名为"丰乐楼"，始建于仁宗年间，距今已有数十年。

丰乐楼巍峨耸峙，门楣高悬，乃是金线巷最有名的风流烟花之地。上至皇亲贵胄、士子佳人，下至凡夫俗子、平流百姓，皆慕名而来。一到夜里，丰乐楼绣闼雕甍、椒房彩烛映照在河水之上，迤迤逦逦，袅袅娜娜……

今日，楼内正在上演一场盛宴，而宴会的主角自然是丰乐楼的头牌——李师师！

此时，李师师正坐在旗楼暖阁内，焚香啜茗，凭栏下望。李师师不仅生得娇艳绝伦，且善唱讴、工酬应，琴棋书画诗词歌赋更是样样精通，以致其艳帜高张，声名早已闻于汴都。

宋人尚文。青楼之内也常比较诗文，士子恩客们以诗赋文采高低排序择进。今天，正是李师师旗楼赛诗、择客陪侍的日子。

楼下大厅内百盏杂陈，万目骈集——密密麻麻坐了数不清的浪子恩客。大家虽然都鲜衣亮服，翘首以盼，希一睹李师师芳泽，但所有人也都明白李师师每次旗楼赛诗可谓集汴京英才于裙下，其难度不亚于皇家选才的科举考试。所以，大多数人都是抱着侥幸心理来的……

看人到得差不多了，李师师方款款站起。原本嘈杂的大厅内立时安静下来。

"妾自习文以来，最喜辞赋！今日群贤毕至，少长咸集，各位可尽显才华赋写几篇，也不枉虚设了这良辰美景呢！"李师师轻声道。

话音刚落，一名长相英俊的书生站起，冲着楼上双手一揖，朗声吟道：

> 远山眉黛长，细柳腰肢袅。妆罢立春风，一笑千金少。
> 归去凤城时，说与青楼道：遍看颍川花，不似师师好。

书生语罢还未坐下，大厅内立即响起一阵热烈的掌声。在此间隙，早有书记员迅速将诗誊抄于众人中间的大红屏风上。

李师师不觉也站起身，探身向楼下望去，口里还不住地吟唔着"妆罢立春风，一笑千金少"。过了一小会儿，李师师才冲着楼下的书生欠身万福道："此诗以景入情，以花比奴家，尤其这句'妆罢立春风，一笑千金少'更是神来之笔，自柳词之后，奴家已经鲜少见到如此神作了。请问相公大名？"

此时，刚刚入座的书生又立即站了起来，局促道："在下姓秦，名观，字少游。"

书生话音未落，李师师不由得带头鼓起掌来，浅笑道："原来是'苏门四学士'的秦观秦少游，我说是谁家相公居然有如此才气，出口即已成章，文采冠甲天下！早就闻听相公大名，没想到相公今日光临蔽舍，真是蓬荜生辉啊！"

秦观虽已过不惑，也是这金线巷的常客，可是被李师师一夸也是禁不住地心神荡漾，两颊绯红，不好意思地重新入座。

秦观坐下后，所有人或啜茶轻饮或把玩手中笔砚，皆低头不语。看大家都不说话，李师师立即明白了：秦观与黄庭坚、晁补之、张耒同出苏东坡门下，被苏东坡赞为"苏门四学士"。赛诗刚刚开始，秦观就出来了，这接下来可怎么比啊？后面的人多少有些紧张，所以都不再说话了。

李师师手扶栏杆，浅浅一笑，道："秦学士的诗固然无可挑剔，论文采风流说其比肩柳词亦不为过。可惜，在奴家看来依旧稍显稚弱，美艳有余而精气略淡，依旧没有跳出柳词婉约之风。请各位各抒己才，不吝赐教！"

李师师刚一说完，立即得到了很多人的拥护。楼下很多人不住地赞叹："是啊！秦学士的诗是不错，可就是缺那么点力量！"也有人不同意李师师的观点，和身边人低声交流道："这青楼赛诗，又不是写边塞原野，谁还能写出来'葡萄美酒夜光杯'不成！我看秦学士的诗就很好！"……

这时候，一位脸色黝黑、书生打扮、身材矮小的中年人站了起来，应声道："晚生自山东远道慕名而来。晚生不善诗词，就此情此景胡诌几句，请姑娘不要见笑。"说着，黑脸汉子就吟道：

天南地北，问乾坤，何处可容狂客？借得山中烟水寨，来买凤城春色。翠袖围香，绛绡笼雪，一笑千金值。神仙体态，薄幸如何消得。

想芦叶滩头，蓼花汀畔，皓月空凝碧。六六雁行连八九，只等金鸡消息。义胆包天，忠肝盖地，四海无人识。离愁万种，醉乡一夜头白。

如果说秦观的诗婉约柔媚，那黑脸汉子这首《念奴娇》可谓澎湃激荡了。所以，黑脸汉子语毕，其他人都对着已经誊抄在屏风上的这首词品头论足，窃窃私语起来。

李师师站在旗楼上，在心里也默念了一遍，心头不禁涌过一丝忧虑。不过，她立即又恢复了往日的平静，淡淡一笑："多谢相公谬赞，奴家一笑岂能值千金？不知尊下大名？"

"晚生姓宋，名雨。山东郓城人。"黑脸汉子看了看同桌数位一起吃酒的壮汉，犹豫了半天才谦恭地答道。

李师师立即确认了对方的身份，心头一紧，但依旧不漏声色，故意转移话题道："宋相公一首《念奴娇》可谓意境深远，不过就文采而言，比刚才的秦学士确实差距甚远。不知道廊下诸位可还有人赋诗词一首，与秦学士一较高下？否则，今晚奴家可就只能陪秦学士一人喽！"

话音未落，只听见楼下一人大声嚷道："师师姑娘才貌双全，今夜良辰美景，岂能容一人独享。周某不才，愿赋一首《洛阳春》，不知能打动姑娘春心否？"

说着，一名白衣书生径直走到诗屏前，从侍者手中接过已经饱蘸浓墨的大笔，挥手于屏上写道：

> 眉共春山争秀，可怜长皱。莫将清泪湿花枝，恐花也如人瘦。
>
> 清润玉箫闲久，知音稀有。欲知日日倚阑愁，但问取亭前柳。

一首工整的《洛阳春》横空出世，翻译一下就是：

你峨眉如黛，胜似春山。你的美丽是一条河流么？即使只是轻轻地饮泣，那些花儿都已被你感动，不然它们为何如此消瘦？没有你，那高山流水我已很久未弹。想知道我每日的思念吗？那就去问问你我第一次约会时，立于旁边的细柳。

这首词一直在赞美女子的美貌，但却并不直抒心意，全篇不着一个"美"字但却令人心驰神往，更将男子对恋人的思念表达得淋漓尽致。

李师师虽早涉情场，却也禁不住地两眼含情，双腮绯红，反复读了几遍，才双眼脉脉地对书生道："不知相公贵姓？可否相告？"

书生掬身一躬，道："在下周邦彦。"

2

史载，周邦彦"博涉百家，却疏隽少检"。意思是，周邦彦这个人很有学问，可是生活放荡、不守礼法。

神宗那年，年仅二十多岁的周邦彦向皇帝献长达七千余字的《汴都赋》，声震北宋文坛。这篇皇皇巨作，模仿汉赋格局，极言汴京繁华盛景，且文章中多古文奇字，甚至连翰林学士李清臣在给皇帝朗诵时也不得不只读这些字的偏旁。

今日，周邦彦又凭着这首《洛阳春》成功俘获大宋第一名妓李师师的芳心。自此以后，周邦彦也成了金线巷丰乐楼的常客。而李师师也对周邦彦青眼有加，只要周邦彦来，不论自己正在接待哪位恩客，她必定立即放下，转投周邦彦这里。当然，只有一个人例外。

这个人就是：宋徽宗赵佶。

赵佶虽然登基当了皇帝，后宫佳丽三千。但是，他独独对这位名妓李师师欲罢不能。

这日，李师师与周邦彦正在一起，徽宗又不请自来，微服至丰乐楼。

虽说大宋开放、宋人风流，可作为大宋皇帝逛妓院这种事情，也是不能被下边人知道的。所以，听闻徽宗来了，慌不择路的周邦彦急忙钻进了李师师的床底。

毕竟是皇帝，宫禁规则森严，徽宗也不好过久停留。云雨过后，徽宗即穿衣离开。

师师只好披衣相送，瞩曰："已经三更了，马滑霜浓，你要小心。"待徽宗的马蹄声远，大才子周邦彦才从床下出来，再想想自己刚才的狼狈状，他拣起桌上的笔挥笔写下：

　　并刀如水，吴盐胜雪，纤指破新橙。锦幄初温，兽烟不断，相对坐调笙。

　　低声问：向谁行宿？城上已三更。马滑霜浓，不如休去，直是少人行。

　　周邦彦这首《少年游·并刀如水》描写了自己躲在床下偷听情人与他人亲热的无奈，可谓宋词历史上"吃醋"第一帖。

　　此词一经刊出立即在京城文艺圈引起轰动，被人疯狂转载，争相传颂。

　　令周邦彦万万没想到的是，在自己的这些粉丝读者中，居然也有徽宗赵佶！

3

　　这日，徽宗正在书房练字。他冲台下站着的宰相蔡京问道："最近周邦彦表现如何？"

　　"启禀圣上，周邦彦才气过人，最近又精研词律，是我大宋不可多得的人才！"不明就里的蔡京回答道。

　　"哦！既然是这样，我们就要珍惜人才，好好培养。明天起，就让他离开京城去下边锻炼吧！没我的命令不准回来！"

　　……

　　第二日。

　　正在上班的周邦彦突接人事调令：擢周邦彦任庐州（合肥）教授！

谁是北宋方腊起义的罪魁祸首？

1

宋徽宗有三大爱好：美女、书法、建房子。

还没当皇帝那会儿，向太后就赐给当时还是端王的赵佶两个美女。后来，当了皇帝，赵佶更是将这一爱好发挥到极致，史书中有记载的赵佶深宠的妃子就有郑皇后、王贵妃、乔贵妃等十几位。另外，徽宗还干了一件前无古人后无来者的事情——封艺伎李师师为李明妃，还在她所住的丰乐楼里设置御座，两人经常宴饮于此。

书法艺术从晋唐发展到宋朝，前有"苏黄米蔡"号称"宋四家"，后有蔡京、蔡卞兄弟独步天下，给世人留下发挥的空间其实不多了。可是，宋徽宗却独辟蹊径，将楷书字体吸纳百家风格，运笔挺劲犀利，笔道瘦细峭硬，自创"瘦金体"。如果不是因为自己是"苏黄米蔡"的主子，不能与之一起排名，否则"宋四家"肯定会变成"宋五家"。

至于"建房子"，从徽宗一上任到退位的二十六年里就没停过：先是修缮大内皇宫，后于政和四年（公元1114年）改造位于汴京西北的延福宫，又斥巨资修建王公侯府、道观宫掖……

政和七年（公元1117年），在徽宗的亲自操刀下，宋朝历史规模最大的一次房地产工程——艮岳，上马了！汴京城人口众多，虽经后周、宋初多次扩建依旧十分狭促。可是为了修建艮岳，宋徽宗下令将内城东北方圆十几里内全部清空，凿池为海，引泉为湖，建设殿阁亭台，鹤庄鹿砦。

为了装饰这些落成的宫殿楼宇，徽宗在苏州、杭州设置应奉局，收罗天下奇珍异石、嘉葩名木，不惜耗费巨资运往京城。其中，苏州应奉局专门负责采办花石，号"花石纲"。

此时，苏州应奉局的一把手名叫：朱勔。

2

朱勔的父亲名叫朱冲。

朱冲当年穷困潦倒，靠着自学医术开药铺发了家。朱冲朱勔父子后来买田置地，修房筑园，成了远近闻名的开发商。

那年，蔡京被贬杭州任洞霄宫提举，负责苏杭等地庙宇修缮建设工作。他去苏州考察时，决定建设一个寺庙，但身边没有得力的人出资和督造工程。寺庙的和尚就向蔡京推荐了朱氏父子。没想到，朱氏父子接了任务后，数天内就筹集了近千根木料，仅用了几个月整个项目就完工了。

蔡京后来在大太监童贯的运作下重返京城，特地将朱氏父子带在身边，还让童贯安排他们在军队里顶了军籍，领了军功。就这样，朱冲朱勔父子摇身一变从大开发商变成帝国着绯衣紫的朝臣军官。

那时候，徽宗刚登基正在兴头上，喜欢玩些奇花异石、古董珠串。朱氏父子就在蔡京的安排下先给徽宗送了三件稀世罕有、高约八九尺的黄杨木雕，很得徽宗欣赏。随后，两人又多次进献奇珍异宝，让徽宗欲罢不能。

后来，朝廷在苏州设置应奉局，这一把手的位置自然就给了当地出身的朱勔。

朱勔当了应奉局提举后，每次去内务司领取采购花石的钱财都数以百万计，但是采购的时候却都是巧取豪夺，从不付钱，剩下的那些钱财自然都流进了朱勔自己的腰包。

那时候，苏州的百姓家里只要有一块可堪把玩的石头，朱勔必定带衙役冲进来贴上封条，就算自己采办到的花石纲了。如果有人敢有一句怨言，朱勔立即以大不敬治罪，敲诈勒索，弄得人家倾家荡产，家破人亡。朱勔却大发其财。

那时候，品质最好的花石莫过于产于吴郡的太湖石。由于这些石头保留着流水冲刷的痕迹，呈现出瘦、漏、透、皱的特点。而这些石头一般都产在绝壁深崖或万丈深渊底部，所以甚是难得。而且，这些太湖石即使被拉出水面，但是石体上很多孔洞沟回，运输过程中很容易损坏。

后来有人发明了一种方法：先用胶泥将石头上的孔洞封堵住，外面再裹上一层厚厚的掺了麻绳的胶泥保护层，做成圆球形，然后放在太阳下晒干，胶泥保护层结实后再运往京城。石头运抵京城后，再放入水中浸泡，剥掉胶泥层，露出孔洞。

朱勔为了采办这些太湖石，动用了数万石匠船夫深潜太湖湖底挖湖找石，甚至不惜抽调官船漕船运送这些花石。有时候，石头过大，船载不动，朱勔就打着皇帝的旗号拆房修路、凿城断桥，征调农民的耕牛拉运。

随着石头采办的增加，朱勔的官也越当越大，家产越积越多。据史料载，朱勔"甲地名园，几半吴郡"，家中"服膳器用逼王食"。据统计，当时朱勔共计有田庄 10 所，良田 30 万亩，岁收租课 10 万多石。

除了搜刮民脂民膏，朱勔还效仿徽宗在苏州营造"同乐园"，据称园林之大，湖石之奇，堪称江南第一。而且，吴越一带刺史郡守、缙绅望族也多出其门下，这些官吏与朱勔官官相护沆瀣一气，境内的民众敢怒不敢言。

朱勔在吴越的横征暴敛，终于导致了一场规模空前的起义——方腊起义。

3

方腊，睦州青溪县人，漆园主。

和苏州的花石纲一样，青溪县是著名的江南漆器生产地之一，也是朱勔的苏杭应奉局重点盘剥的行业。那时候的漆器作坊在朱勔的压榨下已经十室九空，"皆去而为盗"。

宣和二年（公元 1120 年），方腊聚集不堪重负的数百漆园佣工，在安徽歙县起义，自称圣公，建元永乐，口号就是"诛朱勔"。

不到十天起义军就发展到上万人，在青溪县息坑打败驻军蔡遵部，此为一战。

随后，起义军据守息坑，全歼前来救援的两浙官军蔡颜坦部五千余人，此为二战。

三战，起义军进军青溪县城，克城，俘获县尉翁开。

四战，起义军攻克睦州、歙州，全歼宋军东南主力郭师中部，直逼花石纲的指挥中心——杭州。

这时候，处州、衢州等地也爆发农民起义，响应方腊，起义军猛增至数十万之众。起义军攻陷杭州后，一度占领了宋朝东南六州 52 县，切断了宋朝的经济命脉，大有据江而治的意思。

这时候，宋徽宗才惊恐万状，一面下令罢免朱冲朱勔父子职务，撤销花石纲，一面命令童贯、谭稹等全力围剿起义军。

不久，起义军在秀州战败，杭州随后沦陷。这时候，已被招安的宋江起义军也加入对方腊的战斗中，歙州、睦州相继沦陷。

方腊无处可去，退守帮源洞，力战，最终被小将韩世忠俘虏。方腊起义失败！

4

方腊起义后，黎民百姓朝中权贵都以为朱勔即将倒台，没想到朱勔却再次被徽宗任命为提举官，恢复爵位。

而且，这次徽宗对朱勔的信任更胜以往，经常把他召入大内面授机宜，传达圣旨，有时候甚至有妃嫔在场也不让他趋避。

朱勔仗着徽宗宠信，二次得志后不但不思悔改，反而气焰更炙，控制江南官场，卖官鬻爵，无恶不作，当时人都称其为"江南小朝廷"。史载，朱勔"流毒州郡二十载",天下为之扼腕。

直到靖康之难后,宋钦宗继位,朝野同声要求诛杀蔡京、童贯、朱勔为首的"六贼",这才下旨严查朱勔,将其流放,于途中赐死。

"北宋六贼"：一个连高俅都混不进的高级圈子

徽宗赵佶爱好广泛，歌姬舞娃琴棋书画一样没落下。领导有爱好，下边人总是要附庸一下。于是，围绕着他就产生了各种圈子，有勾栏斗艳圈，有酒肆娱乐圈，也有书画文艺圈等。

这其中，有一个圈子最高端，高端到那位"誉满古今"、身拜三公的高俅太尉都混不进去。

这个圈子是怎么来的呢？

公元 1126 年，宋徽宗宣和七年，灭辽之后的金军乘胜而下，渡过黄河，进攻宋朝。宋徽宗眼见大势已去，听从了主战派李纲的建议退位让贤，传位给了太子赵桓即宋钦宗，自己逃往江南避难。

后来，由于西北、东南各路勤王军队陆续抵达汴京，抢掠一番的金军暂时撤离宋境。得到喘息机会的宋钦宗，这才决定整理一下内务，看看到底谁该为这次灾难负责。

不久之后，身为太学生的热血青年陈东上书：

今日之事，蔡京坏乱于前，梁师成阴谋于后。李彦结怨于西北，朱勔结怨于东南，王黼、童贯又结怨于辽、金，创开边隙。宜诛六贼，传首四方，以谢天下。

意思是：我朝有蔡、梁、李、朱、王、童六个大坏蛋，今天这个局面都是他们造成的，必须杀了这六贼才能告慰社稷。

于是，"北宋六贼"就这么叫开了。

1

公元 1102 年，徽宗刚刚登基两年。

彼时，蔡京被人抓住小辫子被贬谪到杭州任洞霄宫提举，负责苏杭两地的庙宇寺观的管理建设工作。一般的寺庙修建工程都是用各个寺庙的香火钱，如有亏欠朝廷再稍拨款，所以，洞霄宫提举这个职位可谓责任小油水多，任务轻权力大，最主要的是还没人监管——一言以蔽之，这其实算个肥缺！

但是，此时的蔡京早已靠着一手好字和锦绣文章名满天下，歆动公卿。所以，虽然过着锦衣玉食的生活，但，回京任职，出阁入相，才是他所盼望的。

这年，正好赶上朝廷在杭州设置供奉局，给徽宗搜罗流落民间的古董字画。供奉局的提举是宦官童贯。

童贯初到杭州，就得到了不差钱的蔡京的热情招待。所不同的是，此时蔡京是戴罪之身被贬苏杭，而童贯却是内府新星、皇帝新宠。

蔡京正是看中了童贯的这个身份，敏锐地感觉到眼前这位彪形燕颔、瞻视炯炯的宦官绝非久翔浅底之辈，所以，他对童贯有求必应、大献殷勤。而此时的童贯虽然初得龙眷，但那也只限于内廷，要想真正发达永享富贵建功立业，必须在朝中有自己的奥援，而名动天下的蔡京不正是一个现成可用的资源吗？

于是，两人各取所需，一拍即合。

经过童贯的多轮运作，一番闪转腾挪，宋徽宗最终决定召蔡京回汴，接替闹得不可开交的两位宰相韩忠彦和曾布。于是，蔡京开启了自己在徽宗朝四次拜相，独相近二十年的辉煌纪录。

而此时，童贯在军事和外交上的才能也逐渐展现，多次作为皇帝使臣出使吐蕃、西夏和辽国。

有一年，蔡京申请攻打青唐地区的西夏人，收复被他们抢占去的领土。因为此时的西夏内忧外患，已经不堪一击，此战必胜。这种好事肯定留给自己人，于是蔡京向皇帝举荐曾多次出使吐蕃的童贯任监军。大军刚至湟州，因为宫中失火，徽宗认为是凶兆，于是派出信使给童贯，令他放弃出兵。看完皇帝手诏后，立功心切的童贯将信揣进了靴子里，没给大家看。有主将问皇帝信里说了啥，童贯就谎说官家催促尽快出兵。果然，此战童贯一战成名，收复四州国土，威震西北。

后来，随着自己在军中官职越来越大，童贯开始不把蔡京放在眼里。这引起了蔡京的不满，也多次阻止皇帝加封童贯。不过由于两人在军政两界政敌甚多，谁也不能一枝独大，分分合合最后还是成了最坚固的政治盟友。

2

蔡京自杭州回京任职之时，除了自己的家人，他还带了一对父子随他一起入京。这对父子就是：朱冲、朱勔。

朱氏父子是江浙吴越一带有名的房地产开发商。那年，蔡京刚到苏州那会儿要改建一座寺庙，可是手里头缺钱缺人，是朱氏父子二人出资出力帮蔡京完成了任务。一来二去，蔡京就跟朱氏父子成了莫逆之交。

蔡京回京任职，他深知新上台的这位主子赵佶是京城有名的玩家子，要想在他手底下混出些名堂就得舍得下本钱。可是自己家世代读书为业，虽说也有点家底儿，但是要想获得赵佶欢心还差得远。而朱氏父子在苏杭吴越经营数年，家财万贯，于是蔡京就想到了这个用别人的钱替自己办事的方法——让朱氏父子跟随自己入京。

朱氏父子果然没有让蔡京失望，入京不久，就通过蔡京给赵佶进贡了三件稀世罕见的黄杨木雕，让蔡京在皇帝面前挣足了面子。当然，蔡京也没亏待他俩，让执掌禁军的童贯安排朱氏父子顶了军籍，又冒领了军功，二人摇身一变成了军队官员。

　　就这样，蔡京、童贯加上大开发商朱勔，三人结成了政治上的同盟，在朝廷中互为奥援，在"六贼"圈子中称为"蔡派"。

　　作为三人中权力最大、位置最高、套路最深的蔡京是大宋唯一的宰相，将朝堂之上也悉数换成了自己门生故吏，可谓一人之下万人之上，是帝国最有权势的人。童贯也没闲着，多次出使各国，靠着蔡京的推荐进入军中掌权，从监军干起一路晋升太尉、宣抚使，领陕西、河北、河东三路军务，后来更是出将入相，担任九镇主帅，掌管枢密院。当时，人称蔡京为"公相"，童贯为"媪相"。

　　开发商出身的朱勔读书少，套路没那么多，不能像蔡京、童贯一样出将入相，但在蔡京的引导下也充分发挥了自己最大特长——敛财。

　　为了帮宋徽宗建园子，蔡京在苏杭设置应奉局，提举就是朱勔。朱勔上任后打着为皇帝进奉"花石纲"的名义，在吴越大肆搜括，横行无忌，贪赃枉法，还公开卖官鬻爵。那时候，江浙一带有一半的土地是朱家的，朱勔吃喝用度的奢侈程度甚至超过王公贵族。而且，因为皇帝很喜欢朱勔，吴越一带刺史郡守的任命大都征询他的意见，所以，这些官吏与朱勔官官相护沆瀣一气，境内的民众敢怒不敢言，最终激起了以"诛朱"为口号的"方腊起义"。

3

　　蔡京身为宰相，军中有童贯支持，地方经济上有朱勔竭力帮衬，按说位置已经做得很稳了。但是，他却依然对一个人很忌惮。

　　这个人就是梁师成。

　　梁师成也是个太监，外表忠厚老实，实则狡诈慧黠。因为当今皇帝好文嗜画，喜谈礼文符瑞，梁师成就狠下功夫学了一些这方面的知识，居然很得皇帝赏识，很快被提拔为徽宗的近侍。

　　当然，要得到文艺大佬宋徽宗的青睐，光靠这点表面功夫是不行的。

于是，为了给自己延誉，他自称是大文豪苏轼的私生子。苏轼当年被贬，匆忙间将还是婴儿的梁师成送给了梁家人抚养。那时候苏轼的儿子苏迈、苏过已经返京，经常借居梁宅。梁师成更是吩咐下人："凡小苏学士用钱，一万贯以下，不必告我，照付就是。"

有了与苏家这层关系，再加上他经常购置名人书画卷轴，邀请名仕俊贤来家中品评，梁师成名门之后、翰墨之家的名声才打了出来。徽宗对他也是礼敬有加，甚至连诏命都交给他起草。他就找了几个小太监专门模仿徽宗的瘦金体，将自己的好恶取舍加入诏命之中颁布实施。

后来，梁师成瞅准机会将自己的名字加入了进士籍，也跟朱勔一样成了国家官员。再加上徽宗对其无比信赖，给他加封了一百多个官职，经常让他决定官吏的进退封贬。所以，梁师成权力很大，贪心又重，朝中官员都称其为"隐相"，连蔡京见了梁师成都得低头哈腰、诌媚阿谀。

那年，"六贼"之一的另一名太监、大内总管李彦出使西北。他搜刮民田，焚民故券，贪财数百万，还对不服从的百姓严刑拷打，致死者逾万人，西北一带民情激愤。有人告到徽宗面前，徽宗尚未发言，一旁的梁师成却说："皇上身边的人官职虽微，也列诸侯之上，李彦那样做，怎么算是过分呢？"告状的人惧怕梁师成专权狠毒，只好撤去诉状。

和蔡京一样，梁师成也清楚：轿子坐得稳不稳，主要看抬轿子的人行不行！所以，他急需在朝中找到一个听话的大臣作为自己的支柱。

很快，一个人进入了他的视线！这个人名叫王黼。

4

梁师成权大城府深，能看上王黼，是因为王黼有两大优势。

其一，王黼是个美男子。史书上说他"美风姿，面如敷粉，须发目睛色尽金黄"。这很符合徽宗赵佶的审美标准。

其二，王黼在京城官场圈口碑不佳。当年王黼还在地方任职的时候，副宰相何执中很欣赏他，引荐他进京工作。不曾想，王黼到京后居然上书皇帝说了何执中二十条罪状，气得何执中大骂其"畜生乃尔"。除了得罪何执中，王黼还经常给宰相蔡京拆台，蔡京也多次整他。

长得帅，得罪人多，所以当"隐相"梁师成的鱼钩刚垂下来的时候，王黼就咬钩了。王黼拜梁师成为义父，对外称"恩府先生"。就这样，太监梁师成、大内总管李彦和大臣王黼三人，组成了"六贼"中的"梁派"。

不久，王黼被任命为宣和殿学士、通议大夫、尚书左丞，一年内八次晋升，官至"少宰"，成了副宰相，朝中地位仅次于蔡京了。

为了抱紧梁师成这棵大树，王黼更是将自己家搬到了梁师成家隔壁，并在两家院墙上开了门，从此两人经常互通有无、暗谋密令。不久，王黼就在梁师成的帮助下将蔡京整下了台，自己接替蔡京成了宰相。

当了朝廷一把手之后，王黼逐渐暴露了自己的真面目。

他先是设应奉局，让自己兼任提领，搜刮天下财力给自己用。进奉给宋徽宗的奇珍异品王黼都要亲自过目，其中不到十分之一给了皇帝，其余的全归王黼占有。那时候王黼有多少钱？史书上说，"（王黼）库内黄雀鲊自地积至栋，凡三楹"——金银财宝装了满满三间大房子！

除了贪财，王黼还好色。他在自己的卧室里放了一张床，用金玉为屏，翠绮为帐，床周围一圈摆上十几个小床。每次睡觉，王黼睡在中间，那十几个小床上都睡着美女……王黼还给这种"睡姿"取了一个文艺的名字——"拥帐"！

随后，方腊起义，短短数月之内起义军攻陷六州五十二县，震动东南。虽然，起义是由"蔡派"朱勔引起的，但是兼职应奉局的宰相王黼也难辞其咎，所以，他为了粉饰太平，扣押战报，将皇帝赵佶蒙在鼓里。后来还是童贯奉命出征方腊，将实情透露给了徽宗。徽宗这才慌忙发罪己诏，同时罢应奉局。平叛之后，王黼为了自保，不暴露自己依靠应奉局横征暴敛的事实，到皇帝那里控告方腊起义的真实原因是蔡京的苛捐杂税，并不是童贯说的应奉局、徽宗和"花石纲"。这使徽宗对童贯十分气恼，罢免了童贯军中的职位。

从此，王黼和童贯的矛盾公开化了。王黼想依靠梁师成除去童贯，童贯则想再次举荐蔡京取代王黼。

只不过各方还未来得及出手，突然又赶上"联金灭辽"这盘大棋要下，无论"梁派"还是"蔡派"都需要靠这个百年难遇的机会立不世之功，而两派又都没有能力单靠自己把这盘棋走好。所以，暂时两派只好握手言和。于是，王黼推荐童贯加太师衔，重新执掌军务，出征辽国……

5

最后，事情的发展如前所说。灭辽之后，金国南侵，徽宗禅位，匆忙南遁，钦宗登基。

宋钦宗继承皇位后，太学生陈东上书直叱"六贼"为国贼禄鬼，祸国殃民，应明正典刑。

不久，最没有存在感的大内总管李彦被赐死。随后，王黼被贬永州，途中被秘密处死。

年龄最大的蔡京被贬海南，半路就病死了。太监梁师成贬为彰化军节度副使，途中被赐死。童贯被贬海南，途中被赐死。

朱勔被贬广东，不久又被斩首。

联金灭辽：北宋如何将一把王炸打成了烂牌

公元 1111 年，宋徽宗政和元年，宋朝大太监童贯奉命出使辽国。

在回来的路上，童贯遇见一个人，正是这个人的出现改变了后来的中国历史版图，宋、辽、夏三国鼎立的局面被彻底打破，女真金国异军突起走上历史舞台。

1

这个人，名叫马植。

作为辽国贵族的马植，前阵子刚刚从辽国公务员——光禄卿的位置上辞职下海。听说宋徽宗身边的大红人童贯出使辽国，马植就一直在童贯回国的必经之路上等着。

马植见到童贯之后，向童贯献上一计——联金灭辽：

女真恨辽人切骨，而天祚荒淫失道……与之相约攻辽，其国可图也。

彼时，童贯和蔡京的政治联盟刚刚建立，外无开边拓土之功，内无安民定策之力，根基还不稳。如果能联金灭辽，收复被契丹人抢去百年之久的幽云十六州，那可是彪炳千秋的大功一件，在大宋朝堂上也再没有人敢说因为自己是太监不能建功受封了。于是，童贯二话没说，"载与归"——把马植带到汴京面圣。

事情的发展正如童贯所料，好大喜功的宋徽宗赵佶听了马植的建议，也是相当高兴。虽说自"澶渊之盟"以来，辽宋之间一直和睦相处。但幽燕之地自古属汉，收复中原旧地，一直是宋朝历代帝王的梦想。

于是，徽宗赐马植赵姓，改名赵良嗣。在接下来的数年里，宋徽宗多次派赵良嗣为使从山东登州乘船入渤海，绕过辽国领土，从高丽登陆与金国进行谈判。最终，双方约定：

金国从北方平州起兵，宋朝从宋辽边界白沟进入辽国，南北夹击。灭辽国后，双方以长城为界，东起山海关西到雁门关划定疆域，宋朝将赐给辽的岁币转赐金国。

历史上称宋金这次结盟为"海上之盟"。

2

那时候的辽国作为疆域最为广阔的帝国，东西连绵数千里，有五座都城，分别是上京临潢、中京大定、东京辽阳、西京云州大同、南京幽州。

由于，上京、中京、东京都在长城以外，云州大同和幽州属于当年幽云十六州的中原地带，所以宋、金双方商定，金国攻取上、中、东三京，西京大同和南京幽州由宋朝去攻打。

金朝皇帝完颜阿骨打起兵后，兵分两路，自东向西，对辽国展开战略进攻，很快占领东京辽阳。

其后，金东路军于泽州城外打败御驾亲征的辽皇帝天祚帝，攻陷辽上京。

然后，金东路军围攻辽中京大定，天祚帝兵败逃往西部沙漠地区的夹山，辽中京陷落。

占领辽三京之后，金军没有停止进攻的步伐，西路军一路西进围攻西京大同，不久西京陷落。

金太祖完颜阿骨打率领的东路军此时已经屯兵居庸关外，距离辽国最后一个都城南京幽州只有一步之遥。

就在金朝对辽国展开灭国大战的时候，宋徽宗主政下的宋朝派出由大太监童贯、蔡京的儿子蔡攸担任主副帅的十五万大军出兵北上。

此时，辽国两线作战，主力全部放在了北线对金国的战场上，南部的防御主要由南京幽州方面不足五万的驻军完成，由辽将耶律大石率领。

十五万对五万，童贯、蔡攸自认此战必胜。蔡攸甚至在出征前与徽宗辞行时，口出狂言，自己得胜归来之时要徽宗将心爱的两个妃子赐给自己当老婆。

但是令人万万没有想到的是，两军甫一接触，耶律大石就在白沟外将冒进的宋军前锋杨可世的数千铁骑一举消灭。

是年五月，耶律大石又对唯一一支还在前线对垒的宋军西北精锐种师道部展开进攻，直接将种师道赶到雄州城下。此时，童贯驻守雄州，他担心城门一开，敌军蜂拥而入，所以坚决不让西北军进城。最终，耶律大石在雄州城外将种部全歼，一时"死尸相枕藉不可胜记"。

被打败的宋军暂时退还宋境。

九月，耶律大石所部涿州驻军随主将郭药师投降宋朝。童贯带领十万大军再次北进。而此时，耶律大石手下只有区区两万人。两军沿着幽州城南的卢沟河两岸列阵对垒。

十月，郭药师为了给宋朝献上投名状，带领自己部队偷袭幽州，被防守幽州的辽军主将萧干击退。郭药师全军覆没。宋军大惧，以为辽军来攻，纷纷拔营逃窜，耶律大石紧追不舍。就这样，十万宋军被耶律大石的两万人全部斩杀。是役，宋军精锐尽丧——"自熙丰以来所畜军实尽失"，再也无力对抗北方少数民族的入侵，这也为后面为金国所灭埋下了伏笔。

从五月至十二月，宋军二十多万军队在宋辽边境逡巡六个月，甚至没能打到幽州城下，最后反而被辽军打败。宋徽宗只好请求金军进攻居庸关，帮助自己攻打幽州。

十二月初，完颜阿骨打兵临居庸关。十天后，破居庸关。两日后，陷幽州城，耶律大石逃往西北夹山投奔天祚帝，辽国灭亡。

至此，辽国五京尽被金国占领。

3

辽国灭亡后，宋金两国开始讨论如何切分战果。

根据"海上之盟"约定，西京大同和南京幽州都应该由宋朝攻打。但是，宋朝损兵折将不说，居然一座城池都没有打下来。好在当时的金国皇帝完颜阿骨打诚信，说，既然如此那就把西京大同、南京幽州在内的幽云地区还给宋朝吧，宋朝适当补偿我大金攻城造成的损失即可！

完颜阿骨打这句话，让宋徽宗高兴了好几天——打仗不行，我大宋有的是钱啊！

就这样，公元 1123 年，宋徽宗宣和五年，宋朝支付了数百万贯钱之后，从金国手里接手了幽云六州土地，宋在幽州设燕京府进行管辖。现在，只有包括辽西京云州在内的三州还未归还宋朝。

此时，金太祖完颜阿骨打突然病逝，金太宗完颜吴乞买继位。

完颜吴乞买本打算继续执行太祖既定政策向宋归还幽燕地区，但是却遭到了主将完颜宗翰和完颜宗望的拒绝。就在金太宗与主将们僵持之时，幽州前线发生了一件彻底改变战局的大事，最终导致了金国怒不可遏决意南侵。

金国将幽州归还宋朝后，在离幽州不远的平州留下了一路军队。这支军队的主帅名叫张觉。

张觉本来是辽国居庸关的守将，居庸关被攻破后投降金军。金太祖完颜阿骨打自幽州、平州撤军，特意留下熟悉地形的张觉担任平州留守，负责转运投降后被迁往金境的辽国遗民。令人万万没有想到的是，张觉认为金国初创，国贫地瘠，还是宋朝财力雄厚，如果改投宋朝肯定能加官晋爵享不尽的荣华富贵。于是，张觉于平州城外刺杀了投降金朝的辽国原宰相左企弓等人，举兵叛金，并将前来征讨的金军打败，带领所部五万人投奔燕京的宋朝。

此时，被金钱外交冲昏头脑的宋徽宗以为天上掉馅饼，除了幽云六州还能白捡一个平州。于是，宋徽宗任命投降的张觉为节度使，在平州组建泰宁军，并奖给了张觉数万两白银。

宋徽宗的举动终于激怒了金太宗完颜吴乞买！

同年十一月，金太宗任命东路军主帅完颜宗望以讨伐张觉为名，进攻燕京。

次年，迫不得已的宋燕京宣抚使王安中在徽宗授意下被迫斩杀张觉，交给完颜宗望处理。但是，这已经无法遏制金国对宋朝背盟的怒火，金太宗命令金军继续南下伐宋。

4

公元 1125 年，宋徽宗宣和七年，八月，金国兵分东西两路，南下攻宋。

东路军由完颜宗望率领，出平州，攻燕京，然后在古北口击败宋军，一路南下势如破竹，克易州、定州，渡过黄河，兵临汴京城下。

西路军由完颜宗翰任主帅，出云州，克朔州、中山，围攻太原。在太原，金军遭到了当地军民的奋力抵抗，西路军在太原围攻数月不下，从而导致宋将种师道率领的宋军西北精锐得以赶往汴京勤王。太原也成了自金军起兵灭辽以来，第一座没有攻破的城池。

金东路军渡过黄河后，距离东京汴梁仅有一步之遥。宋徽宗吓得昏死过去，醒来之后听从主战派大臣李纲的建议，匆忙宣布禅让，传位给太子赵桓，自称太上皇，携蔡京、童贯、朱勔、高俅等人逃往亳州避难。

太子赵桓继位后，下诏改年号"靖康"，即宋钦宗。

宋钦宗继位后一面重用李纲负责京城防御工作，一面让宰相李邦彦和张邦昌与完颜宗望议和。

此时，金将完颜宗望也意识到，完颜宗翰带领的西路军被阻在太原，种师道率领的大宋精锐西北军陆续抵达汴京城，自己取胜的希望越来越渺茫。于是，完颜宗望提出和议条款，宋钦宗签字后，金军撤军。

金军渡河北去后，宋钦宗听信谗言罢免主战派李纲、种师道职务。而且宋钦宗听信投降派大臣建议，废除了种师道布防在黄河两岸的军队，致使种师道气得吐血而死。

不久，金军再次南侵，由于黄河两岸无兵把守，金军渡天堑黄河如入无人之境。最终，金军攻陷汴京，俘虏徽钦二帝，史称"靖康之变"，北宋灭亡。

靖康之变：宋人口里的"靖康耻"到底有多耻辱？

1

公元 1126 年，宋钦宗靖康元年，金国撤军后，宋钦宗听从主和派大臣的建议，迅速撤去了种师道布防在黄河两岸宋军，然后将主战派李纲赶出京城，不久令其出知扬州。

七月，金国东路军主帅完颜宗望派出使者向宋朝索要第一次南侵的战利品：金银数千万两；中山、太原、河间三州。

这时候，宋钦宗才犯了难——

金军围攻汴京，索要很多金银。当时为了让金国撤军，已经将汴京内搜刮一空，国库早就空了，哪里还有钱给他们？而且，中山、太原、河间三地作为西北重镇，自古名将辈出，虽然朝廷已经发诏将三地割让，但是三地军民拒不接诏，反而自发组织起来抗击金军。毕竟三州土地、数十万军民都是祖宗留下来的，就这么划给金国，宋钦宗这时候也有点舍不得了！

金国派来的两名使者，分别是萧仲恭和耶律余睹。

这两人倒是熟人，想当年辽国没亡时，二人是辽国贵族，经常作为使臣来汴京。既然是熟人，宋钦宗就想着从这方面做点文章——我大宋打架不行，套路还是有的！

于是，宋钦宗派人偷偷给萧仲恭和耶律余睹送了一封信。信的大意是，二位老兄你们是大辽贵族，怎么能屈身侍敌呢？咱们两家联合，你们在平州造金国的反，我们大宋从燕京发兵，里应外合，肯定能打败金国。

宋钦宗自认此计甚好，最起码套路是有了，只要二人能同意，接下来肯定能给金国以颜色，报汴京被围之仇！

可是，令宋朝君臣万万没有想到的是，萧仲恭和耶律余睹是俩直肠子，看完信之后，两人骑马就跑回了金国，把信交给了东路军主帅完颜宗望。

看到萧仲恭和耶律余睹送来的信后，金太宗完颜吴乞买终于忍无可忍，命令东西两路大军再次出兵，进攻宋朝。

东路军作为金军主力，这次攻宋可谓是轻车熟路，一路几乎没有遇到任何有效抵抗，就攻克定州、澶州，渡过黄河，再次兵临汴京城下。

西路军由主帅完颜宗翰率领，九月自云州出发，克太原、中山，陷洛阳、郑州，十二月抵达汴京，与东路军会合。

2

金国东西两路大军围攻汴京，宋钦宗这才发现这盘棋局自己已经无子可下。

金军第一次南侵的时候，在朝中有李纲主持京城保卫战，城外有种师道、种师中兄弟率领的西北军与金军对垒。现在却不行了，金军第一次撤退后，李纲代表的主战派全被打倒，不是被贬官就是被发配，朝中再无可用之人保卫京师。而且，由于战争初期投降派一意言和，竟然飞檄天下，令各镇军队原地待命，无诏不得勤王，致使完颜宗翰的西路军有足够的时间攻陷洛阳，将大宋西北精锐全部阻击在了潼关之外，副帅种师中殉国。为此，西北军主帅种师道忧愤异常，居然被气死了。

内无守城防御之材，外无征募可调之兵，宋钦宗无计可施，只好再次向金军求和。为表诚意，宋钦宗这次派出曾在金营当过人质的弟弟康王赵构（宋高宗）前去。没想到，赵构还未到金营，在磁州就被老将宗泽留下了。宗泽告诉赵构，此次金军兵盛，随时可能攻陷汴京，现在去谈判已经没有必要了。于是，赵构立即改道转赴相州。

果然不出宗泽所料，靖康元年（公元1126年）十一月，金军攻破汴京城。

十一月三十日，风雪交加，宋钦宗亲至金营，递送降表。在金人的要求下，宋钦宗带领众臣在泥泞的雪地中面北而拜，表示奉金国为君主。礼毕后，宋钦宗自南熏门返回汴京，见到了前来迎接的大臣和民众，便号啕大哭。

其后，金人索要黄金一千万，银二千万，布帛一千万匹，骡马一万匹，少女一千五百人。此时的汴京城内，国库、府库早已空空如也，朝廷只好抢夺权贵、富户、商家甚至平民百姓家的钱财，对于胆敢反抗者一律锁拿，甚至连福利院中的贫民、僧侣、妓女都在搜刮之列。一时汴京城内，十室九空，百姓大臣被杖毙者比比皆是。为了凑够给金人的一千五百名少女，钦宗甚至交出自己的妃嫔抵数。

即使如此，宋朝也无法交出数量如此巨大的财物，钦宗只好再赴金营为人质。此时的汴京已被围困数月，百姓无以为食，只好吃树叶、狗、猫，后来这些也吃光了，只好以吃饿死的人的尸体。这么一来，汴京城饿死、染疫而死的就有十几万人。

这时候，已经逃往河北的康王赵构在岳飞等人的帮助下开始招募当地壮勇组建新军，并且以大元帅的名义传檄河北各州兵马会于大名府，准备切断金两路大军的北撤之路。

这时候，金军完颜宗望和完颜宗翰才意识到问题的严重性。东西两路大军是金国打天下的老本，现在孤军深入，虽然通过搜刮汴京得了些钱粮但却不足以维持数月用度，一旦被赵构在河北切断归路，自己将有全军覆没的危险。

宗望和宗翰都已久经沙场，当得知这个消息后，立即组织大军北撤。

3

靖康二年（公元 1127 年）四月，金太宗下诏贬宋徽宗、宋钦宗为庶民，东西两路大军依旧分两路北撤。

东路由完颜宗望监押包括徽宗、郑皇后、亲王、公主、驸马等八百多辆马车，从滑州撤退；西路军由完颜宗翰监押钦宗、朱皇后、太子、赵宗室及部分官员，沿郑州北行。此次被金人掳去的皇亲贵族、宫廷内侍、倡优、工匠等不下十万人。

在北撤的路上，徽宗赵佶的多名妃子、女儿被凌辱致死，很多宫女也被金兵奸淫，死者甚多。徽宗最宠爱的妃子王婉蓉被金将强行索去，成了金人的小妾。行程不到半月，燕王就病饿而死，徽宗大哭，只好找了个马厩装了燕王的尸体藏在路旁。宋钦宗也不幸运，不说那些妃嫔媵嫱，就连自己的朱皇后都沦为了金人的玩物。金国东西两路军队到燕京汇合后，原来的十万宋朝俘虏剩下的已经不到一半了。

在燕京短暂停留后，徽钦二帝等俘虏再次被金人押解前往金上京（哈尔滨）。到上京后，金太宗下令要在金太祖完颜阿骨打的墓前完成受降仪式，并对所有宋朝俘虏无论男女施行"牵羊礼"。

所谓"牵羊礼"，就是要求包括徽钦二帝在内的皇后、公主、驸马、大臣赤裸上身，然后再给他们披上一层羊皮，趴在地上由金国人牵着爬到金太祖的墓前。"牵羊礼"完成以后，徽宗的皇后郑皇后和几名公主就上吊自尽了。

接下来，徽钦父子两人分别被封为"昏德公"和"昏德郡公"，多次变换被关押的地方，他们的妃嫔公主和宗室妇女也多被卖为娼。徽宗病死后，金人甚至将他的尸体熬制成了灯油点燃娱乐。

这之后，逃出生天的康王赵构在南方建立了较为稳固的政权——南宋，并且多次击溃金国人的进攻，甚至一度要收复汴京。

为了缓和与南宋关系，数年后，金人才将宋徽宗的灵柩送归。而宋钦宗赵桓就没那么幸运了，他又被关了十几年，后来被金海陵王完颜亮用乱马铁蹄践踏而死。